« RÉPONSES »
Collection créée par Joëlle de Gravelaine
dirigée par Dorothée Cunéo

CAROLINE SOST

S'ÉPANOUIR À L'ÉCOLE

De nouvelles clés pour une éducation au service de la vie

Robert Laffont

ISBN 978-2-221-19995-4
Dépôt légal : janvier 2018

Au rire des enfants qui nous montre
qu'un monde meilleur est possible

Introduction

J'ai souhaité écrire ce livre à l'intention de tous les éducateurs, qu'ils soient parents ou professionnels, qui ont à cœur l'épanouissement des enfants et des jeunes. C'est donc à une immense majorité d'acteurs du monde de l'éducation (parents, grands-parents, enseignants, animateurs, auxiliaires de puériculture ou de vie scolaire, éducateurs spécialisés, directeurs, conseillers, formateurs, assistants, aides, bénévoles…) que je m'adresse, car au fond je sais que nous avons tous à cœur de transmettre le meilleur de nous-mêmes.

La société s'intéresse de plus en plus au bien-être des enfants et des jeunes. On ne compte plus les sites, les blogs, les livres, les magazines ou les approches qui encouragent une nouvelle forme de parentalité plus impliquée et bienveillante. Les programmes de l'Éducation nationale incluent désormais les notions de bienveillance, d'estime de soi, de partage des émotions et des sentiments. Les réseaux d'enseignants, les blogs ou les sites qui invitent à une pédagogie positive se multiplient. Le 22 décembre 2016, le Parlement français a voté une loi interdisant la fessée[1]. Il y a donc un mouvement de fond qui s'opère et ceci me réjouit profondément. Car un enfant heureux, c'est un futur adulte heureux. Et un adulte heureux, c'est un adulte qui crée un peu plus de bonheur et un peu moins de souffrance dans notre société. Vous en conviendrez certainement, nous en avons tous grand besoin.

Les intentions sont là et c'est une bonne chose. Maintenant, la concrétisation de ces intentions est nettement plus délicate, car elle

1. Hélas, le Conseil Constitutionnel l'a censurée le 26 janvier 2017.

implique que nous changions. Que nous nous changions nous-mêmes. Et l'être humain a toujours un peu peur du changement. Souvent, j'entends des parents me dire : « J'avais pris comme bonne résolution d'être plus zen, mais parfois, quand mon aîné m'énerve, malgré moi je me mets à hurler. » Les enseignants aussi me font part de leur vécu : « J'avais décidé d'arrêter les récompenses et les punitions avec mes élèves, mais devant la difficulté de la gestion de classe, je suis revenu à mon ancien système », « Parfois, je pousse mon cri qui tue, c'est radical, ça ramène le silence… mais au fond de moi, j'ai toujours un sentiment d'inconfort, je sais qu'il doit y avoir moyen de faire autrement. »

Comment trouver cette cohérence entre nos aspirations profondes, nos valeurs, nos intentions constructives pour les enfants et les jeunes et notre façon d'être avec eux au quotidien ? Comment créer cet alignement entre notre volonté de contribuer à leur bien-être et le poids de nos habitudes ?

J'adresse aussi ce livre à toutes les personnes en quête de sens, celles qui aspirent à un monde plus solidaire, plus juste, un monde plus humain. De nouveau, je sais qu'une majorité d'éducateurs me rejoindra sur cette aspiration, car quand on a la responsabilité d'éduquer les enfants et les jeunes, on ne peut que leur souhaiter de grandir dans un monde meilleur. Partout autour de nous, de nombreuses initiatives positives émergent. Des entreprises, des associations, des organisations qui mettent au cœur de leur modèle le fait de transformer positivement la société et le monde. Le merveilleux documentaire *Demain* de Cyril Dion et Mélanie Laurent nous a permis d'en découvrir quelques-unes. Face aux enjeux planétaires, l'éducation doit plus que jamais permettre l'émergence de citoyens épanouis et responsables qui contribueront à une réelle évolution de l'humanité.

Il y a dix ans, j'ai eu la joie de créer une école écocitoyenne innovante, Living School, dans le XIXe arrondissement. Notre école accueille 87 élèves de la maternelle au CM2. D'emblée, nous avons souhaité œuvrer en nous inspirant de la maxime de Gandhi : « Soyez le changement que vous voulez voir dans le monde. » Autrement dit, nous avons posé comme prérequis que le changement de la société passerait d'abord par un changement intérieur. C'est cette expérience et tous ses résultats concrets que j'ai à cœur de partager avec vous dans cet ouvrage. C'est l'histoire d'une école où les enfants viennent en courant, le sourire aux lèvres. Une école où ils apprennent dans le plaisir et la joie. Une école où ils apprennent à être et à se connaître. Une école où les adultes, enseignants, professionnels de l'éducation et parents, continuent de grandir et d'évoluer. Une école, enfin, où par des actions concrètes, telle une petite ONG, nous contribuons à notre niveau à transformer positivement la société. Voici donc le récit de notre expérience en espérant qu'il pourra vous inspirer, vous nourrir ou vous conforter dans votre pratique.

Bien sûr, certains d'entre vous pourront se demander si ce modèle d'école privée payante, qui s'adresse majoritairement à des familles aisées, peut s'appliquer à des contextes plus difficiles. L'approche sur laquelle se fonde notre pédagogie a déjà été déployée avec succès par des enseignants ou des bénévoles que nous avons formés en REP[1], en ULIS[2], en centre social, dans des quartiers défavorisés en France et même dans le Bronx... Les retours sont unanimes : le climat s'apaise, les enfants s'épanouissent et sont plus bienveillants entre eux, leur motivation est décuplée.

Dans la première partie de ce livre, j'ai fait le choix de partager mon expérience personnelle. Ce cheminement intérieur est à la base de la création de Living School et je suis certaine que nombre d'entre vous se retrouveront dans mes questionnements, mes prises de conscience et mon évolution.

La deuxième partie décrit notre pédagogie en action. J'ai souhaité vous faire vivre l'expérience Living School de l'intérieur, en partageant avec vous à la fois les éléments théoriques sur lesquels repose notre pédagogie et de nombreux exemples pratiques tirés du quotidien de notre école. J'ai voulu rendre nos contenus les plus accessibles possibles afin que vous puissiez, si vous le souhaitez, vous en inspirer. Les repères qui y sont présentés, qu'il s'agisse du « plein potentiel », du « centrage » ou encore du « repère intérieur », sont, à mon sens, de vrais cadeaux pour les parents et les professionnels de l'éducation. Des cadeaux pour qu'on s'épanouisse tous, adultes et enfants. Bien sûr, comme je l'évoquais plus haut,

1. Réseau d'éducation prioritaire.
2. Unités localisées pour l'inclusion scolaire.

une compréhension intellectuelle de ces repères ne suffit pas à changer en profondeur sa façon d'être… mais c'est le début du chemin. Et je vous promets – si toutefois vous en doutiez – que ce chemin d'évolution, même s'il est exigeant, est un chemin qui apporte énormément de joie et de mieux-être.

Dans la troisième partie, j'ai souhaité vous montrer combien, loin d'être une expérience isolée, notre école Living School fait partie d'un mouvement bien amorcé en France et dans le monde. Ce qui est enthousiasmant dans ce mouvement, c'est que chacun peut y trouver sa place. N'importe qui peut, avec son talent unique, décider de contribuer à un renouveau de l'éducation et permettre, comme le dit si bien Edgar Morin, à l'humanité d'accéder réellement à son humanité. C'est certainement ce que vous faites déjà, là où vous êtes, que vous soyez parent ou professionnel de l'éducation, dans le public ou le privé. Ou alors, c'est certainement ce que vous souhaitez faire au fond de vous. J'espère sincèrement que le livre que vous tenez entre vos mains pourra contribuer à vous donner de l'élan sur ce beau chemin !

1.

« Du rêve à la réalité »

Écouter mon rêve

Tout a commencé par un rêve. En fait, si on y réfléchit bien, c'est ainsi que tout commence toujours. Il faut avoir des rêves pour les faire advenir. Et pour cela, on doit s'autoriser à rêver.

L'éducation que j'ai reçue ne m'a pas appris à écouter mes rêves. J'ai même grandi en oubliant que je pouvais en avoir. J'étais une bonne élève, une enfant modèle. Issue d'une famille plutôt bourgeoise, mes parents attendaient de moi que je suive la « voie royale ». En terminale, quand la question de mon orientation s'est posée, mes parents et mes enseignants étaient unanimes : il fallait que je fasse une prépa aux grandes écoles. Et parce que je n'étais pas excellente en physique-chimie, c'est la prépa aux écoles de commerce qui s'est imposée à moi. Je ne me suis pas posé de questions. J'ai intégré ce qui était à l'époque l'une des prépas les plus élitistes de France – Sainte-Geneviève à Versailles – et au bout de deux années, je faisais ma rentrée à l'École supérieure de commerce de Paris. Pour compenser les deux années de « pougne » (c'est ainsi que nous parlions du travail à Sainte-Geneviève), j'ai levé le pied en école de commerce et investi le domaine associatif. J'ai passé une année mémorable au bureau des élèves. L'élève modèle voulait sa revanche et, debout sur le bar dans les soirées étudiantes, j'avais le sentiment de faire enfin ma crise d'adolescence. L'autre fait marquant fut un semestre d'études aux États-Unis, à l'Université du Wisconsin, à Madison. Je suivais des cours de MBA en marketing. Dès la première heure je me souviens avoir été totalement décontenancée par le modèle éducatif qu'on me proposait. Je me rappelle encore ce qu'avait dit le prof : « Pour la semaine prochaine, je vous demanderai de lire le chapitre 3 de ce livre. Nous en débattrons ensemble. » Je m'étais immédiatement tournée vers mon voisin américain : « On va en débattre avec qui ? » Mon voisin s'était exclamé : « Avec lui, bien sûr ! » À l'époque, je ne voyais pas l'intérêt de débattre avec un prof qui de toute façon en savait plus que nous… Autant dire qu'au bout de quelques mois, mon conditionnement éducatif à la française en avait pris un coup. J'étais bien obligée d'admettre que mes années d'études m'avaient beaucoup inhibée, coupée de ma créativité et empêchée de penser par moi-même.

Hélas, ce sursaut n'a pas changé le cours des choses et, de retour en France, fraîchement diplômée, je me suis lancée corps et âme dans le département marketing d'une jeune entreprise de jeux vidéo. Je travaillais dans le secteur « Éducatif et culturel », nous étions une dizaine de jeunes, tous issus de grandes écoles, encadrés par de jeunes managers, eux-mêmes issus de ces mêmes grandes écoles : le parfait « entre soi ». Nous travaillions énormément, prolongions nos « nocturnes » par des restos et des cinés tard le soir. Nous faisions la fête le week-end ensemble. Je me donnais sans compter, parce que c'était *fun*, parce que je gagnais bien ma vie, et parce que en comparaison de mes copains de promo qui travaillaient dans l'audit et la finance, j'avais le sentiment d'être plus créative… J'en souris aujourd'hui. Notre dévouement était tout à l'avantage de notre employeur, qui cultivait cette ambiance « bon enfant ». J'étais ambitieuse, tout en gardant la *cool attitude* qui était de mise dans l'entreprise. J'avais l'intention de gravir les échelons, de passer à l'international. J'étais impatiente, ça n'allait pas assez vite à mon goût… et pourtant le rythme était déjà effréné. Parfois même, il m'arrivait de ressentir que je vivais sous pression et que j'avais besoin de cette pression pour me sentir vivre.

Et puis un jour, un grand groupe de jeux vidéo est venu me débaucher pour travailler au lancement européen d'un site de jeux *online*. Flattée, j'ai dit oui. J'ai quitté Paris, ma colocataire, mon petit ami de l'époque, mes amis, ma famille pour rejoindre Dublin, où la filiale irlandaise du groupe nous accueillait. Nous travaillions en mode start-up, à trois d'abord, puis à neuf. Nous avions tous les désagréments de la start-up (le stress, les nocturnes avec plateau-repas, les délais intenables) sans les avantages (la liberté, la prise de décision, la créativité), puisque nous restions sous la tutelle d'un grand groupe ; il fallait respecter la hiérarchie en place et seuls les *big boss* prenaient les décisions. Nous étions des pantins. Des pantins avec stock-options.

Un soir, à 23 heures, nous étions encore quelques-uns à occuper l'open space immense, petit îlot de lumière dans une mer d'obscurité, nous venions d'ingurgiter notre quatrième pizza de la semaine, j'avais envie de rentrer me coucher à la *guest-house* (le lieu que nous habitions tous en attendant de déménager à Londres où l'on prévoyait d'installer le siège de la start-up) mais, hélas, je dépendais de mes collègues pour quitter les lieux car nous ne disposions que d'un minivan pour nous cinq. J'étais la seule femme. Un de mes collègues finissait le design d'une partie du site. L'autre travaillait sur le plan marketing de lancement. Les deux derniers étaient en train de jouer à un de nos jeux en ligne. Dans le jargon, on appelle ce genre de jeux des « *Shoot them up* », littéralement, « Descendez-les tous ! ». Le principe en est simple, vous êtes armé jusqu'aux dents et vous devez descendre tous les ennemis qui se présentent à vous.

Intriguée, je me suis approchée des écrans mais j'ai vite été prise de nausée tant à cause de la violence du jeu que des vertiges que me causait le défilé agressif des images. J'en ai fait part à mes collègues et l'un d'entre eux m'a expliqué qu'au début, il était lui aussi sujet à ce genre de vertiges, si bien que lorsqu'il était en compétition avec d'autres joueurs en ligne, il plaçait un seau près de lui pour pouvoir vomir sans interrompre la partie !

Ce soir-là, nous ne sommes pas rentrés à la guest-house avant une heure du matin. Et là, seule dans ma chambre, je me suis mise à pleurer.

Que faisais-je là ?

Ces jeux me répugnaient. Je me sentais si éloignée des préoccupations de mes collègues. J'étais épuisée. J'avais la sensation d'avoir tout perdu : mes amis, mon chez-moi, mon petit ami… et surtout, j'étais profondément malheureuse. J'étais seule, avec le cœur gros, si gros que j'ai explosé en sanglots. Des sanglots ininterrompus, dont certains avaient été contenus pendant tant d'années. Là, tout à coup, je n'avais plus rien à quoi me raccrocher, plus aucune compensation pour continuer à me leurrer. Ni le salaire, ni les stock-options, ni le prestige de mes responsabilités internationales ne pouvaient combler ce manque immense, ce vide que je sentais s'ouvrir en moi. Il avait fallu toucher ce niveau de désarroi pour enfin me tourner vers ce que j'avais fui toute ma vie : moi-même. Moi-même avec ce que je ressentais, ce que pensais, ce que j'aimais vraiment... Qui étais-je au fond ? Que voulais-je faire de ma vie ? Pourquoi ne m'étais-je jamais posé cette question ? Tout mon parcours n'avait été qu'une vaste aliénation : faire plaisir à mes parents, faire plaisir aux profs, faire plaisir aux employeurs, être la bonne élève, être la cadre parfaite qui serait bien vue. Je me sentais profondément lasse. Je n'avais aucune idée de ce que je voulais faire, mais je commençais à avoir une petite idée de ce que je ne voulais plus faire.

Profitant d'un passage de l'équipe à Paris, j'ai alors pris rendez-vous avec une amie de la famille qui était psychologue. Au bout d'une demi-heure de plaintes larmoyantes sur mon vécu dans la start-up, elle m'a interrompue et demandé : « Pourquoi ne pars-tu pas ? »

Encore aujourd'hui, je suis abasourdie que l'idée de démissionner ne m'ait pas traversé l'esprit. À quel point étais-je donc aliénée pour ne pas y songer ? Au fond, j'avais tellement peur de décevoir ceux que j'appelais « mes boss » et d'être mal perçue que je ne l'avais pas envisagé. Et pourtant, la perspective de partir me déchargeait d'un poids immense. J'avais l'impression que j'allais pouvoir revivre. Je me sentais libre comme jamais. En sortant de ce rendez-vous, par peur de revenir sur ma décision, j'ai appelé mes amis et je leur ai dit que j'allais démissionner. À l'époque, leur annoncer à eux ma décision m'engageait beaucoup plus que de simplement la prendre. Je mesure avec le recul la puissance qu'exerçait le regard des autres sur moi.

Comme prévu, j'ai fait part de ma décision de partir à mes responsables. Hélas, je manquais alors de conviction et eux n'étaient pas ravis de me voir m'en aller : « As-tu bien pensé à tout ce à quoi tu renonces ? Les stock-options, les responsabilités internationales, les possibilités d'évolution dans notre groupe leader dans les médias alors même que tu viens d'être identifiée comme "haut potentiel". Nous avons tous énormément travaillé sur ce lancement. C'est normal que tu sois à bout. Tu n'y vois plus très clair, parce que tu es fatiguée. Prends quinze jours de vacances et nous reparlerons de tout ça quand tu reviendras ! » L'homme – gentil au demeurant – qui me répondait avait lui-même renoncé à rendre visite à sa petite fille hospitalisée, parce que la *big boss* avait besoin de lui pour présenter notre projet en comité de direction.

J'ai donc pris quinze jours. Je suis allée au Maroc avec une amie. Je n'ai cessé pendant tout le séjour de peser le pour et le contre, me prenant la tête et celle de mon entourage, au grand dam de mon amie qui aurait souhaité des vacances plus légères... Est-ce que le monde allait s'effondrer si je quittais ce grand groupe ? Retrouverais-je du travail ? Comment allais-je gérer la transition financièrement ?

C'est au retour, dans le RER entre l'aéroport et Paris, que j'ai eu la réponse à ma question. J'avais emporté avec moi un livre de Paulo Coelho, *La Cinquième Montagne*. J'en avais commencé la lecture par la note de l'auteur. J'ai encore des frissons quand je repense à ce moment déterminant. La note s'ouvre d'ailleurs avec cette phrase de l'*Alchimiste* : « Quand tu veux quelque chose, tout l'univers conspire à te permettre de réaliser ton désir. » Paulo Coelho raconte ensuite un épisode de sa propre vie : en 1979, il avait atteint le sommet de sa carrière en tant que producteur de disques. Il avait certes mis de côté son grand rêve – être écrivain – mais à quoi bon : « En fin de compte, la vie réelle était très différente de celle que j'avais imaginée ; il n'y avait aucun espace pour vivre de littérature au Brésil. Cette nuit-là, je pris une décision et j'abandonnai mon rêve [...] un avenir brillant m'attendait dans les multinationales de musique. À mon réveil, je reçus un appel téléphonique du président : j'étais remercié, sans autre explication. » « Certains événements sont placés dans nos existences pour nous reconduire vers l'authentique chemin de notre Légende Personnelle », dit Coelho. J'ai été touchée au plus profond de moi-même par le parcours de cet homme. Il avait finalement réalisé son rêve. Je me sentais si proche de lui. Je ne connaissais pas mon rêve, mais j'avais moi aussi envie de suivre le chemin de ma Légende Personnelle.

Cette fois, j'allais m'écouter, j'allais dire ma vérité et j'allais partir. Et c'est ce que j'ai fait.

Une rencontre déterminante

Il y a parfois des rencontres qui changent le cours d'une vie. J'ai eu la chance immense de faire la connaissance d'une femme exceptionnelle qui œuvre chaque jour à un monde meilleur. C'est elle qui m'a ouvert les yeux sur l'état du monde dans lequel nous vivons ; c'est elle qui m'a fait sentir que nous avions tous des capacités et des ressources, ce qu'elle appelle du potentiel, et un talent unique pour contribuer positivement à la société ; c'est avec elle enfin que j'ai découvert l'importance du savoir-être.

Cette femme s'appelle Edel Gött. Elle est la fondatrice d'un nouveau courant de leadership, le leadership éthique, et la créatrice de la psychologie d'évolution. C'est une véritable pionnière.

En 1992, son cabinet était le seul organisme de formation français présent au Sommet de la Terre à Rio où elle donnait une conférence intitulée « De l'écologie humaine à l'écologie planétaire ». En 2012, elle était à nouveau à Rio pour Rio+20 en tant que présidente de l'association The Planetary Week for a Better World (La Semaine planétaire pour un monde meilleur) qui a pour vocation de faire passer à l'action des millions de personnes dans le monde pour le transformer positivement aussi que la société.

En 1999, sur le conseil de ma mère, j'assistai à une soirée de présentation de son cabinet. Dès qu'Edel Gött a exposé son approche, la psychologie d'évolution, j'ai ressenti la joie de l'évidence : enfin, ce soir-là, quelqu'un mettait en mots tout ce qu'intuitivement j'avais toujours senti. Nous disposions tous d'un potentiel infini de création pour imaginer, créer, prendre conscience, nous repositionner, évoluer. Je sentais bien que j'avais ce potentiel au fond de moi et j'étais heureuse de trouver un endroit où il était reconnu, non seulement pour moi, mais pour tous les êtres humains sans exception. Ça me changeait des termes d'élite et de « hauts potentiels » si chers aux entreprises.

Ce soir-là, j'ai aussi compris que nous avions tous un ego négatif lié aux impacts que nous avions reçus dans notre enfance et que cet ego nous faisait entrer dans des états émotionnels et réactionnels tels que l'agressivité, la peur, la résistance passive, le déni. Plus encore, c'est l'exemplarité des formatrices, Edel et son associée Rina, qui m'a profondément convaincue de la richesse de leur approche. J'avais devant moi deux femmes rayonnantes. Rayonnantes, je précise, et non pas brillantes, car leur lumière émanait de l'intérieur. Elles étaient épanouies et heureuses. Elles avaient visiblement trouvé le métier qui leur correspondait : permettre aux êtres d'accoucher d'eux-mêmes et de se réaliser.

Je me souviens de m'être dit : « J'aimerais être comme elles, à ma façon. J'aimerais avoir les yeux qui pétillent, être habitée par la joie d'avoir trouvé mon projet de vie et être heureuse de me lever chaque matin ! »

J'ai donc signé pour une première formation.

Accoucher de moi-même

Le travail de développement personnel n'est pas un travail facile mais c'est un travail qui m'a procuré et qui continue de me procurer une joie immense. Lors des premières formations, j'ai pris conscience de mon conditionnement, de mon aliénation et de ma souffrance. J'ai revisité les moments très inconfortables et douloureux de mon passé. J'ai été en colère longtemps, puis j'ai appris à accepter et à pardonner. J'ai aussi compris, comme me l'ont enseigné les formatrices, que « chacun fait du mieux qu'il peut avec ce qu'il est, ce qu'il a et ce qu'il sait à un moment donné. ». J'étais déterminée à avancer, à me libérer de mes chaînes. Par-dessus tout, c'est la prise de conscience de mon potentiel, de toutes mes ressources en profondeur, qui m'a aidée à me dépasser et à évoluer. C'est ce dont il est question en psychologie d'évolution : s'identifier progressivement à son plein potentiel et développer son autonomie.

J'ai d'abord appris à voir clair, autrement dit à discerner. J'avais tendance à me voiler la face sur de nombreux aspects de ma vie et de mes relations. Peu à peu, j'ai eu une vision plus claire et plus globale des choses et développé une analyse plus juste des situations.

J'ai ensuite appris à m'affirmer. Dépasser les injonctions du « Sois parfaite ! » et « Fais plaisir ! » pour m'écouter, accéder à mon ressenti premier et prendre des décisions n'a pas été une mince affaire... Cependant, j'en ai très vite récolté les fruits.

De retour à Paris, je m'étais mise en quête d'un nouvel appartement. J'avais trouvé un petit deux-pièces dans le quartier de Bastille. À la remise des clés, l'appartement était dans un état pitoyable : cire de bougie collée au sol, taches sur le plancher, toilettes entartrées. Avant, je me serais précipitée pour tout récurer moi-même, du sol au plafond. Mais là, j'ai pris une grande inspiration, décroché mon téléphone et appelé l'agence en leur expliquant la situation. Le lendemain, une entreprise de travaux mandatée par leurs soins me demandait de venir choisir le nouveau revêtement qu'ils allaient mettre au sol.

Je m'étais affirmée et cela faisait des merveilles. J'ai donc poursuivi dans cette voie, même si mes débuts furent souvent maladroits. La peur de m'affirmer me faisait parfois dire des choses du bout de lèvres et bien sûr elles n'étaient pas entendues. À l'inverse, la peur de ne pas m'affirmer me faisait parfois passer en force et je créais de fait une résistance de la part de mon interlocuteur. En multipliant les tâtonnements et les expériences, j'ai commencé à me faire davantage confiance et à faire entendre ma voix.

Enfin, je suis sortie peu à peu de la suprématie du mental pour ouvrir de plus en plus mon cœur. Tout mon parcours éducatif m'avait conditionnée à me fier à ma tête et à ignorer mon cœur. En prépa, nous maniions l'ironie avec brio. J'excellais dans cet exercice dévastateur. Une pique, un bon mot aux dépens des autres, était la preuve que nos esprits brillants étaient affûtés et que nous étions des « dominants ». Peu importe si nous blessions les autres. J'ai mis longtemps à me débarrasser de cette attitude. Une amie d'école de commerce qui m'a vue évoluer m'a d'ailleurs dit un jour : « Avant, avec une remarque ou un jeu de mots, tu pouvais nous tuer sur place ! Je suis soulagée que tu aies changé. » En entreprise, le conditionnement se poursuivait. Nous étions là pour faire du business, du profit à court terme. Il n'était pas question d'humanité ou de contribution positive à la société ou au monde – « Mais voyons, quelle idée ! Nous ne sommes pas des philanthropes tout de même ! » Écouter son cœur, révéler ses sentiments, tout cela avait un côté gentiment naïf et « cucul la praline », l'apanage des gens « un peu cons » qui n'avaient pas fait de grandes études, comme nous. En fait, je commençais à voir que c'était là le drame de l'élite de la France : nous avions été sélectionnés sur les intelligences linguistiques et logico-mathématiques et nous avions appris à fonctionner dans l'abstraction la plus totale (loin de la réalité et du vécu réel des êtres humains). Coupés du cœur, nous étions entrés de force dans un moule mortifère que nous reproduisions ensuite sur des millions de personnes… Et je faisais partie de cette élite-là. Le « démoulage » m'a pris un certain temps, ce d'autant plus que ce formatage était assorti de tout un tas de compensations et bénéfices secondaires, comme le sentiment de supériorité ou le statut social, dont il n'est pas facile de se défaire au début.

Je me souviens qu'Edel Gött m'avait un jour interpellée : « Imagine qu'un ouvrier se joigne à ton groupe d'amis d'école de commerce. Comment cela se passerait-il ? » Sur le coup, j'avais été vexée par la question : « Mais non, je suis ouverte ! Je peux très bien avoir un ouvrier comme ami… », me disais-je. Et puis, en m'écoutant plus en profondeur, j'ai senti tout le fossé qui pouvait me séparer de quelqu'un de socialement différent de moi. Aujourd'hui, cette barrière mentale n'existe plus et je suis heureuse d'avoir pu éliminer progressivement ces cloisonnements qui existaient dans mon esprit.

Au fur et à mesure que j'ai pu investir davantage cette dimension affective, relationnelle et émotionnelle, j'ai eu envie de plus de dimension humaine dans l'entreprise. Surtout, j'ai commencé à me passionner pour le savoir-être.

En psychologie d'évolution, ce que l'on appelle le savoir-être, c'est l'ensemble de nos dispositions de base, l'ensemble de nos qualités, de nos défauts, de nos croyances sur nous-mêmes, sur les autres, sur la vie. Et ce savoir-être agit à la façon d'un sachet de thé. Si vous trempez un sachet de thé dans une tasse d'eau chaude, toute l'eau va se teinter de la couleur du sachet. De la même façon, l'ensemble de nos savoir-faire, de nos réalisations et de notre impact dans le monde est teinté de notre savoir-être.

Prenons l'exemple d'un manager au savoir-être positif et encourageant. Ces dispositions vont bien sûr avoir un impact sur son savoir-faire et sur les résultats qu'il va obtenir. Du point de vue de son management par exemple, il aura tendance à voir les réussites de ses collaborateurs et à les valoriser. Il saura motiver les autres par son optimisme. En conséquence il y a fort à parier qu'il aura comme résultat concret des équipes motivées et un climat de travail agréable.

À l'inverse, un manager qui manque de confiance en lui et qui hésite aura des résultats bien différents. Il aura peut-être tendance à repousser le moment de la prise de décision ou alors à demander beaucoup l'avis des autres ou encore à attendre de son responsable qu'il tranche pour lui. Il aura du mal à exprimer son propre avis, il risque de manquer de clarté et d'être flou. La confusion, des flottements, un manque de réactivité dans son équipe en résulteront, générant certainement beaucoup de frustration de part et d'autre.

Des ressources humaines vraiment humaines

Quand j'ai découvert à quel point le savoir-être était toujours à la source de toute création de qualité ou de non-qualité, j'ai eu envie d'introduire cette notion dans les entreprises. N'était-ce pas à ce niveau-là qu'il fallait traiter les problèmes et non, comme on le faisait classiquement, au niveau des systèmes, des processus et de l'organisation ? Nous, les êtres humains, sommes à la source de toute création et aujourd'hui, quand on me parle d'un dysfonctionnement dans une entreprise ou un service, je commence toujours par interroger mon interlocuteur sur la qualité humaine des responsables et collaborateurs de cette entité. Si, par exemple, seuls les dirigeants d'une entreprise prennent les décisions, ce n'est certainement pas une mission sur les descriptifs de postes qui va résoudre le problème, même s'il y est question de niveau de responsabilité. C'est plutôt un travail avec le comité de direction qui va permettre d'identifier les freins à la délégation, les peurs... Et si les personnes de ce comité de direction sont réellement ouvertes et prêtes à changer, alors c'est toute l'entreprise qui en sortira grandie.

J'étais profondément enthousiaste à l'idée de mettre en pratique ces découvertes. Il me semblait que le meilleur moyen pour le faire était de rejoindre le domaine des ressources humaines.

J'avais pris ma décision : je voulais faire des « ressources humaines vraiment humaines » !

J'ai donc activé le réseau des anciens de mon école de commerce, en contactant des DRH[1] et des consultants en ressources humaines. Je garde de cette époque un excellent souvenir. Chacun m'a ouvert sa porte avec gentillesse pour m'expliquer son métier, ses joies et ses difficultés. J'ai apprécié l'authenticité de nombre d'entre eux qui, voyant ma motivation pour des ressources humaines vraiment humaines, m'ont dissuadée de rejoindre leur cabinet ou leur entreprise. « Tu sais, nous on n'est pas des humanistes, on est là pour faire passer la pilule après la mise en place d'un nouveau système d'information, alors c'est bien loin de ton idéal ! » me confiait une consultante en conduite de changement.

Et puis un jour, par hasard, je suis tombée dans la rue sur mon ancienne responsable. Elle travaillait toujours dans le groupe de jeux vidéo où j'avais débuté. Incroyable mais vrai, elle venait d'être missionnée par la direction sur la mise en place d'une véritable fonction « ressources humaines » dans l'entreprise. Lorsque je lui ai expliqué où j'en étais, elle m'a proposé de la rejoindre dans ce tout nouveau service. Forte de mes progrès en affirmation, j'ai mis une condition à l'acceptation de ce nouveau poste, celle de rencontrer le PDG pour évaluer si, oui ou non, il était partant pour mettre en place un service de ressources « humaines vraiment humaines ». À l'énoncé de cette formule, je me souviens du regard à la fois interloqué et amusé de mon ancienne responsable mais, une semaine plus tard, je rencontrais le PDG qui me confirmait qu'il souhaitait avoir des collaborateurs épanouis et heureux. J'ai donc accepté le poste et je suis retournée travailler dans le groupe que j'avais quitté un an et demi plus tôt.

1. Directeurs des ressources humaines.

Le leadership éthique

Tout en me lançant avec enthousiasme dans mes nouvelles fonctions, je continuais mon « voyage intérieur ». Les premières formations en développement personnel m'avaient tant apporté que j'avais la ferme intention de poursuivre ce chemin, à la rencontre de moi-même. Je trouve bien dommage qu'en France ce genre de démarche soit souvent jugé négativement. La plupart des personnes confondent développement personnel et thérapie. Pour elles, si on fait le choix de travailler sur soi, c'est qu'on a des problèmes. Beaucoup de personnes manquent d'informations à ce sujet et n'ont pas conscience de l'immense potentiel qui sommeille en chacun de nous et qui n'attend que d'émerger. Une fois qu'on a goûté à la joie d'être au contact de ces immenses ressources et de les déployer, on devient naturellement plus gourmand. Qui ne rêverait pas d'être un peu plus épanoui chaque jour ? Qui n'aurait pas envie d'être un peu plus heureux chaque année ?

Je poursuivais donc ma formation en psychologie d'évolution avec Edel Gött et je m'ouvrais également à d'autres approches : une formation en programmation neurolinguistique, un séminaire sur la méditation, un module en communication non violente... Je commençais à la même époque des cours de yoga et de tai-chi. J'avais décidé d'explorer le potentiel humain à tous les niveaux : psychique, affectif, spirituel, corporel... C'est alors qu'Edel m'a informée d'un cursus innovant qu'elle venait de créer le « Parcours pour le développement du leadership éthique ». Ce parcours étendu sur trois années allait s'adresser aux cadres et dirigeants d'entreprises ou d'organisations, désireux de réconcilier action et sens, intelligence de la raison et intelligence du cœur, performance et épanouissement... Cette formation avait pour but d'accompagner des personnes ayant à cœur de contribuer positivement à la société et au monde par leur activité. Il n'était plus question de s'épanouir uniquement pour se faire du bien à soi, mais de contribuer à quelque chose de commun. Nous allions ainsi changer d'échelle, sortir de la focalisation sur notre petit nombril pour nous intéresser au vaste monde. L'objectif était de s'épanouir, de se réaliser et d'apporter de cette façon sa contribution à la société. Bien que réticente quant à l'engagement sur trois ans et quant à l'absence de recul sur une telle expérience, j'ai écouté ce que je ressentais au fond de moi et j'ai signé la convention de formation. Sans le savoir, je venais de gagner un passeport pour la Vie avec un grand V !

Le « Parcours pour le développement du leadership éthique » a commencé sur les chapeaux de roue. Nous étions une petite promotion de six participants : deux cadres dirigeants issus de grands groupes, deux consultants, une dirigeante de PME et moi-même. J'étais la plus jeune. Lors de la première année, les formatrices nous ont demandé de travailler sur un constat du monde. Nous nous sommes réparti différents domaines : la santé, l'éducation, l'alimentation, la finance, l'économie, etc. J'ai pour ma part travaillé sur l'éducation.

Après avoir mené nos recherches, nous avons été invités chacun à notre tour à présenter nos travaux. Je garde un souvenir très intense de ce moment. Il faut imaginer qu'à l'époque (en 2003), rares étaient les films ou documentaires grand public qui dressaient un constat critique du monde. J'ai été ébranlée. Comment, nous les êtres humains, dotés d'une telle intelligence, pouvions tolérer une telle situation ? Je ne pourrais plus dire que je ne savais pas. Je ne pourrais plus ignorer ou faire semblant, je ne pourrais plus faire machine arrière. Malgré la difficulté d'acceptation de cette dure réalité, j'étais reconnaissante à l'égard de nos formatrices de nous avoir ouvert les yeux. Parfois, je pense à ce passage du film *Matrix* où Néo rencontre Morpheus, qui lui offre de prendre soit la pilule bleue, qui le fera retourner à une vie normale, soit la pilule rouge, qui lui permettra de savoir ce qu'est la Matrice. Et quand des amis me disent « Caro, on ne peut pas s'intéresser à toute la misère du monde comme ça, sinon on ne vit plus »... je sais qu'ils font le choix de la pilule bleue. Je ne les blâme pas. Choisir la pilule rouge a changé ma vie.

Nos journaux télévisés, nos livres d'histoire, nos sites Internet brassent tant de millions de morts que nous ne prenons plus le temps de ressentir l'écho du monde. Or, si l'on accepte d'être touché, quelque chose en nous s'indigne et se met debout. Il y a plusieurs façons de lire les chiffres. On peut les voir à froid, avec la tête uniquement. La Première Guerre mondiale a compté près de 18,6 millions de morts (militaires et civils). Le chiffre est là, tellement énorme qu'on ne se le représente pas. On passe à l'info suivante. Mais on peut aussi lire les chiffres avec son cœur. 18,6 millions, c'est beaucoup. Plus d'un quart de la population française. C'est comme si plus d'un Français sur quatre disparaissait. On peut se représenter la souffrance pour une famille – une seule – de perdre au combat un mari ou un père. Et se représenter cette souffrance pour 18 millions de foyers. On peut imaginer des visages, des femmes endeuillées, des enfants orphelins. Tous ces êtres qui pleurent... On ressent alors le poids considérable de ce nombre. Il n'est plus abstrait. Lorsque je prends la parole en public, j'ai pour habitude de citer une statistique et de la mettre en regard d'une autre pour faire ressentir nos incohérences : savez-vous qu'actuellement dans le monde, un enfant meurt de faim toutes les six secondes[1] ? Prenez le temps de compter. Un, deux, trois... ne lisez pas si vite... prenez le temps de sentir... quatre, cinq, six. Voilà, un enfant de plus est mort. Il n'est pas mort sous vos yeux, n'est-ce pas ? Mais a-t-il besoin d'être si proche de vous pour que vous ressentiez toute l'injustice de cette mort ? N'est-ce pas inacceptable ? Avant d'être maman, les statistiques concernant les enfants me retournaient déjà le cœur. Maintenant que j'ai un enfant, c'est devenu insupportable. Et savez-vous que, chaque année, nous gâchons un tiers de la production alimentaire ? C'est ce qui fait dire à Jean Ziegler, ex-rapporteur pour le droit à l'alimentation de l'ONU, que chaque enfant qui meurt de faim est un enfant assassiné. Oui, le constat est lourd et les inégalités s'amplifient. Une personne sur huit continue de se coucher le ventre vide, en dépit de progrès importants[2]. Selon un rapport d'Oxfam, les richesses du monde sont divisées en deux : près de la moitié est dans les mains des 1 % les plus riches, tandis que 99 % de la population mondiale se partagent l'autre moitié[3]. 1,2 milliard de personnes vivent toujours dans l'extrême pauvreté. En Afrique

1. D'après la FAO, l'Organisation des Nations unies pour l'alimentation et l'agriculture.

2. « Objectifs du millénaire pour le développement, Objectif 1 : Éliminer l'extrême pauvreté et la faim : rapport de l'ONU 2013. »

3. « En finir avec les inégalités extrêmes », document d'information d'Oxfam, 20 janvier 2014.

subsaharienne, presque la moitié de la population vit avec moins de 1,25 dollar par jour[1].

Une lourde menace pèse aussi sur notre environnement. 15 à 37 % de la biodiversité disparaîtraient d'ici à 2100 : aujourd'hui, un mammifère sur quatre, un oiseau sur huit, un tiers des amphibiens et 70 % des plantes sont en danger[2]. Réchauffement climatique, déforestation… les causes de l'érosion de la biodiversité sont multiples. Le rythme d'extinction est de cent à mille fois supérieur à ce qu'il a été en moyenne sur des centaines de millions d'années[3]. Une espèce vivante disparaît toutes les vingt minutes, ce qui représente un rythme de disparition mille fois plus important que le rythme naturel constaté lors des dix millions d'années precédentes[4].

À en croire le rapport *Millenium Ecosystem Assessment* publié en 2005 par 1 360 experts internationaux pour les Nations unies, si ces disparitions d'espèces provoquées par l'homme se poursuivent au même rythme, les deux tiers des espèces animales auront disparu en 2100.

Aujourd'hui, c'est l'humanité tout entière qui risque de disparaître du fait du réchauffement climatique. Le cinquième rapport du GIEC (Groupe d'experts intergouvernemental sur l'évolution du climat) est sans appel : si on ne fait rien, on se dirige vers un réchauffement de presque cinq degrés d'ici 2100 et une élévation du niveau des mers de près de un mètre. Si la hausse de la température moyenne mondiale dépassait les 2 °C d'ici 2100, les conséquences pour la planète seraient catastrophiques : événements climatiques extrêmes, péril sur la biodiversité, disparition des glaciers, montée des eaux, famines, très importants déplacements de réfugiés climatiques… Et au lieu de prendre les mesures courageuses qui s'imposent, au lieu de développer une vision globale, nous continuons de placer en premier lieu l'économie, comme si de l'économie dépendait notre survie. Nos entreprises continuent de fonctionner sur le court terme, voire le très court terme, avec

1. « Objectifs du millénaire pour le développement, Objectif 1 : Éliminer l'extrême pauvreté et la faim : rapport de l'ONU 2013 ».
2. http://www.planetoscope.com/biodiversite.
3. http://www.planetoscope.com/biodiversite.
4. http://www.planetoscope.com/biodiversite/126-disparition-d-especes-dans-le-monde.html.

pour seul objectif le profit, comme si le « combien cela rapporte » comptait plus que la pérennité de notre espèce. Pierre Rabhi a bien raison de dire : « Si des extraterrestres arrivaient chez nous, ils diraient probablement : “Ils sont surdoués, mais crétins.” »

Consciente de ces réalités, je me suis promis de changer les choses à mon niveau. J'avais envie d'être ce « leader éthique » dont parlait la formation. Pas un leader classique, qui chercherait à dominer les autres ou se sentirait supérieur à eux, mais un leader au sens de « pionnier », qui irait défricher de nouveaux espaces, qui entraînerait les autres et leur permettrait à leur tour de devenir des leaders éthiques. Un leader qui verrait en chacun de nous la capacité à contribuer positivement à la société et au monde.

En quête de sens dans ma profession, j'étais aussi très touchée par cette approche éthique.

L'éthique, contrairement à la morale qui varie selon l'époque et les cultures, est une réponse aux besoins fondamentaux des êtres humains. La sécurité, la santé et la vitalité, le respect, le besoin d'être inclus, l'accès à une information juste, l'équilibre et le bien-être, la réalisation de soi au travers de projets de qualité sont des besoins partagés par tous.

Le rire des enfants

Aujourd'hui, je suis convaincue que chaque être humain peut se réaliser et s'épanouir en se rendant utile à la communauté humaine. J'entends par là une contribution heureuse et joyeuse, fruit d'un épanouissement personnel, et non d'un service sacrificiel.

Pour reprendre une métaphore qui m'a été enseignée, c'est le verre débordant d'eau qui apporte de l'eau aux autres. Si mon verre est vide, je ne pourrai rien apporter aux autres. Il est d'abord question de se remplir, de se sentir bien avec soi pour être bien avec les autres.

Voilà en quoi consiste un « projet de vie », il s'agit d'identifier nos talents uniques, ceux qui nous font danser de joie[1], et de les

1. Voir le livre *Qu'est-ce qui te ferait danser de joie ?* de Nicolas Métro ; Eyrolles, 2014.

offrir au monde. Cela demande d'écouter « sa voix intérieure » pour trouver sa voie. Quand on dit de quelqu'un qu'il a trouvé sa « vocation », étymologiquement, c'est qu'il a répondu à un appel. Je dirais que le « projet de vie », c'est répondre à l'appel de la vie en nous. Cette posture va à l'encontre de tout ce qu'on nous apprend.

Dès le plus jeune âge, dans nos familles et à l'école, nous apprenons à répondre à ce qu'on attend de nous. Nous nous conformons. Ainsi, on peut devenir un expert dans tel ou tel domaine sans avoir une once de joie ou de plaisir à exercer notre métier. Parfois, au détour d'une crise, on s'interroge : et si je changeais de métier ? Et si je faisais un bilan de compétences ? L'ennui c'est que, encore bien souvent, un bilan de compétences révélera ce que nous savons faire pour nous orienter, au lieu de laisser émerger ce qu'au fond (parfois très au fond) nous aimerions faire. Que se passe-t-il si l'envie qui émerge au fond de moi n'a rien à voir avec mes compétences actuelles ? N'est-il pas risqué de se lancer dans un nouveau domaine si l'on n'y connaît rien ? La réponse qui m'a été apportée par les formatrices du « Parcours pour le développement du leadership éthique » est simple, c'est même une maxime de vie : « Ce que je fais avec plaisir, je le fais bien. » Je peux citer aujourd'hui des dizaines de personnes qui se sont réorientées avec succès en s'appuyant sur cette maxime. Tel dessinateur industriel, passionné de nature, est aujourd'hui technicien forestier. Tel ancien dirigeant dans les médias est aujourd'hui entrepreneur social dans la reforestation. Telle agent d'entretien se retrouve aujourd'hui animatrice et éducatrice en crèche. Chacun d'eux se lève aujourd'hui avec joie pour aller exercer son métier avec passion. Et je souhaite à tous les êtres humains de vivre cette expérience.

Quand j'ai vraiment écouté la petite voix au fond de moi, j'ai entendu des rires d'enfants.

Je voyais des centaines, des milliers, des millions d'enfants partout dans le monde, riant à gorge déployée, heureux de vivre. Je voyais notre belle planète résonnant du rire joyeux des enfants et cette vision m'emplissait de bonheur. Un jour, de retour d'un module du « Parcours pour le développement du leadership éthique », je pénètre dans la cour de mon immeuble et les enfants des immeubles alentour, qui s'étaient regroupés pour jouer, m'aperçoivent. Spontanément ils accourent vers moi en s'exclamant avec joie : « C'est Caroline ! C'est Caroline ! » J'ai dû alors leur expliquer que les larmes qui coulaient de mes yeux n'étaient pas des larmes de tristesse mais des larmes de joie. C'était le signe que j'étais sur la bonne voie.

Le lendemain, je m'inscrivais comme bénévole dans le centre social du quartier avec la ferme intention d'éprouver ma vocation naissante. J'allais faire deux soirs par semaine de l'accompagnement aux devoirs avec des enfants de primaire et de collège. Comme le dit si souvent Edel Gött : « La tête dans les étoiles et les pieds bien sur terre ! »

Aujourd'hui, avec du recul, j'ai l'impression que mon propre parcours – qui semblait si décousu – était en fait pétri de sens et qu'il me conduisait vers l'éducation. L'arrivée d'un petit frère quand j'avais dix-sept ans, mon amour inconditionnel pour Mary Poppins, mes débuts dans les cédéroms éducatifs et culturels… Oui, tout cela donnait raison à Paolo Coelho : « Quand tu veux quelque chose, tout l'univers conspire à te permettre de réaliser ton désir. » Je me suis donc mise à rêver à de nouveaux modèles d'éducation, une éducation qui rende les enfants heureux, tout en poursuivant mon activité dans les ressources humaines.

Touchée par mon constat sur le monde et portée par mon rêve naissant, j'imaginais contribuer ultérieurement, dans un projet personnel à inventer. Mais c'était sans compter sur la perspicacité des formatrices qui m'ont interpellée pour agir ici et maintenant. Le leadership éthique, disaient-elles, c'est s'affirmer là où l'on est, pour ce qui est juste, à chaque instant.

La cohérence ou l'épreuve du feu

Je travaillais alors dans un groupe international de jeux vidéo. Il était donc question de voir comment impulser l'éthique dans ce domaine. J'ai probablement livré à ce moment-là la plus grosse bataille avec mon ego qu'il m'ait été donné de vivre.

Le groupe de jeux vidéo, qui avait commencé en développant un catalogue plutôt familial, éducatif et culturel, se mettait à développer et commercialiser des jeux de plus en plus violents. Certains jeux relevaient du *survival horror* (un type devait se battre et se nourrir de cadavres pour sauver sa peau), d'autres du *first person shooter* (un type devait apprendre à maîtriser des techniques d'assassinat)... Enfin, d'autres jeux en cours de développement s'inspiraient du modèle de *Grand Theft Auto*, connu pour son contenu « adulte » et ses thèmes violents. De mon côté, en charge des ressources humaines, je m'occupais notamment de la formation des managers.

Lors d'un module du « Parcours pour le développement du leadership éthique », les formatrices se sont tournées vers moi. « Caroline, toi qui es dans un groupe de jeux vidéo dont les contenus sont de plus en plus violents, que comptes-tu faire pour impulser l'éthique dans cette entreprise ? » Sur le coup, la question m'a beaucoup irritée. Que pouvais-je y faire ? J'étais aux ressources humaines, je n'étais pas en charge de la politique éditoriale. Mon ego se rebiffait en utilisant l'artifice des cloisonnements qui existaient dans mon esprit et que l'on retrouve dans les entreprises où le métiers sont souvent organisés en « silos » (organisation verticale). J'expliquais donc aux formatrices que je n'étais pas responsable de cette situation. À un niveau moins conscient, je me dédouanais aussi dans l'espoir de conserver mon confort, car j'entrevoyais ce qu'il pourrait arriver si par malheur je commençais à remettre en question la ligne éditoriale du groupe : adieu stock-options, adieu salaire confortable, adieu statut social enviable, adieu voyages à l'international... et au fond, j'avais peur. Je me souviens du raisonnement des formatrices :

— Caroline, quand tu interviens dans une équipe de managers pour les former, tu dirais qu'ils sont plus ou moins efficaces après ton intervention ?

— Plutôt plus efficaces. Ils communiquent mieux, ils gèrent mieux leurs conflits, ils encadrent mieux leurs équipes.

— D'accord. Donc, ils sont plus efficaces. Plus efficaces pour produire quoi au juste ?

— Des jeux vidéo...

— Oui, des jeux vidéo qui sont comment ?

— Eh bien... de plus en plus violents.

Cet échange qui tient en quelques lignes nous a pris la journée. Me débattant avec mon ego, je refusais de m'avouer l'évidence et d'assumer mes responsabilités. Oui, je contribuais bel et bien tous les jours à produire des jeux vidéo de plus en plus violents.

L'une des formatrices, mesurant ma résistance, m'a invitée à me mettre dans la peau d'un enfant de six ans, l'âge de son propre fils : « Si j'imagine mon fils jouer des heures devant un jeu violent, absorbé par l'écran, si je le vois se désensibiliser à la violence au point de tuer froidement tout ce qui se présente à lui, comme un automate, si je le vois manier de façon compulsive sa manette et ne plus ressentir la barbarie de ce qu'on lui propose, ça m'est tout simplement insupportable ! » À ce moment-là, j'ai senti. J'ai été touchée et j'ai enfin accepté le constat. J'ai pu mesurer combien la peur de devoir me positionner dans mon entreprise avait fait écran et m'avait empêchée d'agir.

Évidemment, une fois ce constat dressé et accepté, il est bien plus facile de quitter le navire, mais quand on souhaite devenir un leader éthique, il n'en est pas question. Le leader éthique recherche la cohérence. Il ne se comporte pas d'une certaine façon dans un milieu et différemment dans un autre parce que c'est plus confortable. Il n'est pas contre la violence à la maison et pour la violence dans le travail. Il est le même partout.

Voilà donc l'épreuve du feu qui m'attendait : me positionner, m'affirmer contre la violence avec comme objectif d'obtenir l'adhésion et de faire bouger les lignes. Au lieu de promouvoir la violence, les jeux vidéo pourraient certainement servir des objectifs plus justes comme permettre de développer harmonieusement les capacités des joueurs pour leur bien-être (concentration, détente, intelligence globale, empathie, intuition) ou encore sensibiliser aux enjeux du monde et développer chez les joueurs la capacité d'apporter des solutions (ce qu'on appelle aujourd'hui les *serious games*). Voici les pistes que nous avions élaborées pour une politique éditoriale plus éthique. J'étais motivée par ce projet, mais je sentais bien qu'une part de moi appréhendait l'idée de ce *coming out*. Qu'allait-on me dire si je me mêlais de politique éditoriale ? J'avais beau avoir pris la mesure de mes responsabilités, mon entreprise, elle, continuait à fonctionner sur le même système, en silos.

À l'époque, j'avais bien compris la différence entre s'affirmer et réagir.

S'affirmer, c'est se positionner dans la justesse, sans agressivité, en voyant son interlocuteur dans son potentiel, autrement dit dans sa capacité à entendre notre message. S'affirmer, c'est trouver avec lui un terrain commun et construire à partir de là. À l'inverse, réagir, c'est s'opposer. C'est voir son interlocuteur comme un problème. Lorsque je réagis, je suis dans un état émotionnel et réactionnel. Par définition, réagir crée de la résistance.

J'avais donc bien conscience que j'allais devoir être vigilante pour ne pas glisser dans la réaction... Et ce ne fut pas chose facile, il y a une grande différence entre comprendre intellectuellement quelque chose et l'intégrer. Il faut du temps pour intégrer, surtout quand il s'agit de changer une habitude (réagir) pour la remplacer par une nouvelle habitude (s'affirmer).

À cette période, j'avais la chance d'avoir un accès direct au PDG de notre groupe, car ma responsable était en congé maternité. J'ai donc profité de nos points mensuels pour aborder ces questions avec lui. Déjà, j'avais fait d'énormes progrès sur la façon de me positionner par rapport à lui. Dans le passé, je regardais les responsables, les *big boss*, avec déférence. Je les positionnais mentalement au-dessus de moi. Depuis, j'avais évolué et appris à parler avec eux de « personne à personne » et j'avais compris que « la fonction ne se résume qu'à l'ensemble des responsabilités que nous avons acceptées et qu'elle n'est pas un substitut d'identité[1] ».

Ce jour-là, j'avais donc décidé de lui parler du contenu et du sens de nos jeux vidéo, mais j'ai eu beau l'interpeller sur leur violence, il est resté sur ses positions. Non, les jeux violents n'avaient pas d'impact négatif sur les êtres humains, car ils étaient virtuels. De tout temps, les enfants avaient joué à se battre et les jeux vidéo n'en étaient que le prolongement. Enfin, je n'étais pas *gameuse* donc je ne pouvais pas comprendre.

Voyant que l'argument « contre la violence » n'avait aucun impact, j'ai tenté l'argument « pour l'innovation » : et si nous faisions des jeux qui permettent aux joueurs de développer de nouvelles capacités telles que l'empathie, la détente, une intelligence

1. Enseignement de la psychologie d'évolution, Edel Gött.

plus globale ? Des jeux qui leur permettent de se sentir mieux ? Ou encore des jeux qui sensibilisent aux enjeux du monde et apportent des solutions ? Sensible à l'innovation et à l'opportunité business qu'elle pourrait représenter, mon PDG s'est montré intéressé par cette proposition. J'ai donc suggéré de lancer un groupe de réflexion sur ce thème et l'équipe de direction a accepté. J'aurais pu me réjouir de cette première étape. C'était déjà une belle réussite. Hélas, mon ego ne le voyait pas de la sorte. J'étais frustrée que les dirigeants du groupe ne reconnaissent pas l'impact négatif des jeux violents… et au lieu de cultiver le terrain commun que nous venions de trouver, j'ai réagi : dans un rapport de force subtil mais réel, j'ai nommé ce groupe de réflexion « Zéroglobine » (contraction de zéro et hémoglobine qui faisait référence au sang versé dans nos jeux), ce qui allait signer d'emblée son arrêt de mort. J'en étais là de mon chemin d'évolution, j'ai fait du mieux que j'ai pu à l'époque.

De retour de la première réunion de ce groupe de réflexion, mon PDG m'a interpellée au milieu de tous mes collègues (nous travaillions en open space). Lui qui était habituellement si modéré et calme, s'est emporté : « Je veux que tu arrêtes tes conneries ! Tu travailles pour les ressources humaines, pas pour la politique éditoriale. » J'ai répondu que je ne faisais que mon métier et que tous les salariés qui avaient rejoint le groupe à l'époque où notre ligne éditoriale était familiale, éducative et culturelle, se posaient comme moi des questions sur le contenu (autrement dit sur le sens) de nos jeux. Ce à quoi il a répondu que tous ceux-là devraient partir. Son positionnement m'a soudain paru très clair, et quand je lui ai demandé ce que cela signifiait pour moi, il m'a assené : « Tu fais ce que tu veux de ta vie ! » Le vent avait tourné.

En plus de cette altercation, un autre événement est venu me convaincre de partir. Un studio de production du groupe m'avait demandé de venir former ses managers. Quand j'ai demandé quel jeu ils développaient, on m'a expliqué qu'il s'agissait d'un jeu de course-poursuite entre gangs, en voiture, avec des battes de base-ball et, cerise sur le gâteau, les gangs victorieux étaient rétribués… en femmes ! J'ai alors décidé de m'affirmer calmement, mais fermement, consciente que ce positionnement signerait la fin de ma collaboration avec le groupe. Il était hors de question que je contribue de près ou de loin à la production de ce jeu. J'ai refusé d'animer la formation. J'ai essuyé une pluie de critiques violentes. J'avais des amis dans ce studio et certains m'ont sévèrement jugée.

Lors d'un comité de direction, l'un des directeurs m'a rappelé combien je n'avais rien compris à notre activité : « Les jeux vidéo, disait-il, c'est *sex, drug and rock'n'roll* ! » Dans ce groupe de près de deux mille personnes, seule une représentante du département marketing stratégique a pris mon parti et s'est offusquée que la récompense d'un jeu puisse être de gagner des femmes. Pour le reste, j'avais l'impression qu'on me prenait pour une hystérique.

Ce fut une période douloureuse. Je me sentais terriblement seule et j'en venais parfois à douter. Peut-être avais-je tort ? Il est si difficile de garder son « repère intérieur », de se fier à son ressenti, lorsque tout l'environnement vous contredit.

Finalement, j'ai décidé de partir, décision approuvée par mon employeur qui m'a licenciée pour désaccord stratégique. Le jour de mon départ, j'ai envoyé un mail expliquant que je partais pour des raisons éthiques et que j'allais me consacrer à un projet dans l'éducation. Quelle n'a pas été ma surprise quand j'ai reçu en réponse près de trois cents mails d'encouragement ! Certains m'ont même remerciée d'avoir dit tout haut ce qu'ils pensaient tout bas. Des femmes m'ont expliqué qu'elles avaient honte de produire des jeux qu'elles ne mettraient jamais entre les mains de leurs enfants. Même une dirigeante m'a dit que je faisais le bon choix, car il n'y avait pas plus important que l'éducation et les enfants. C'est là que je mesure le niveau d'aliénation qui règne dans les entreprises. En même temps, sans le « Parcours pour le développement du leadership éthique » et son exigence pour entrer en cohérence avec soi-même, j'aurais été bien incapable de m'affirmer moi aussi.

Quand je regarde cette période de ma vie, je la revois comme une épreuve du feu. Et sans cette épreuve du feu, je ne pense pas que j'aurais trouvé la force en moi de créer plus tard une école et d'œuvrer pour un renouveau de l'éducation. J'avais appris à me positionner, à m'affirmer. C'est une compétence précieuse… qui mérite d'être enseignée dès le plus jeune âge, n'est-ce pas ?

En route pour l'aventure !

Enfin, j'allais pouvoir me consacrer à mon rêve ! J'étais enthousiaste et heureuse de me lancer dans cette aventure. Je voulais contribuer à un modèle d'éducation qui épanouisse réellement les enfants. J'avais une énergie incroyable et je travaillais davantage encore que lorsque j'étais en entreprise. Je ne manquais pas de projets : reprendre des études dans le domaine de l'éducation, enseigner, me former aux pédagogies alternatives, visiter des écoles, animer des formations au savoir-être pour des enseignants et des parents et continuer à m'investir dans l'accompagnement aux devoirs dans le centre social en bas de chez moi.

J'ai validé une maîtrise en sciences de l'éducation et visité plus d'une trentaine d'écoles classiques et alternatives. J'ai lu des dizaines d'ouvrages sur la pédagogie. Je me suis investie auprès des enfants du quartier, ai assuré des remplacements dans des écoles primaires, créé avec d'autres l'association Savoir-être et éducation pour former enseignants et parents. J'ai rencontré beaucoup de personnes inspirantes qui m'ont encouragée dans cette voie : Patrick Viveret, Jean-Louis et David Servan-Schreiber, André Giordan, René Barbier, Christian Verrier… Je remerciais intérieurement Célestin Freinet, Alexander Sutherland Neill, fondateur de Summerhill, Maria Montessori et Carl Rogers d'avoir existé. J'étais aux anges ! J'avais trouvé ma voie.

À force de visiter des écoles, d'enseigner et de former des enseignants, j'ai dressé plusieurs constats. D'une part, il me semblait que l'école ne préparait pas suffisamment aux attitudes essentielles de la vie comme avoir confiance en soi, savoir s'affirmer, avoir des relations harmonieuses. L'école privilégiait encore les savoirs et les savoir-faire, mettant de côté ce savoir-être pourtant si important.

D'autre part, je trouvais, que, en France tout particulièrement, l'école mettait l'accent sur les manques et les limitations des enfants au lieu de reconnaître que chacun d'eux dispose d'un immense potentiel et d'activer celui-ci.

Enfin, j'avais l'intime conviction que les enjeux mondiaux (catastrophes écologiques, problématiques de développement durable, inégalités Nord-Sud, pandémies croissantes, montée du terrorisme) nécessitaient qu'on introduise de façon urgente de nouveaux contenus dans la scolarité et surtout une attitude nouvelle plus responsable. Il me semblait essentiel que les enfants puissent se vivre comme des acteurs éthiques de la société, au lieu d'en subir les effets.

Pour répondre aux premiers éléments de ce constat, j'ai lancé des formations au savoir-être auprès de professionnels de l'éducation par le biais de l'association Savoir-être et éducation. Que retient-on de quinze années ou plus de scolarité ? Bien souvent, c'est un visage, une voix qui nous reviennent : tel instituteur passionné qui nous a donné le goût d'apprendre, tel professeur bienveillant qui nous a encouragés.

Notre qualité d'être est donc primordiale dans l'éducation : elle donne la tonalité de nos messages, elle conditionne nos relations aux autres, elle est un facteur de réussite ou non pour les enfants.

Malheureusement, l'environnement éducatif actuel ne favorise pas toujours le développement de ce savoir-être. Rares sont les lieux où l'on apprend à créer ces relations harmonieuses avec les élèves. Et faute de soutien et de formation adaptée, bien des motivations se perdent et bien des élans sont réfrénés.

Nos formations au savoir-être proposaient justement d'aborder les conditions de réussite de cette vocation et les résultats positifs n'ont pas tardé à arriver. « J'ai mis en place le partage des réussites dans la classe. Chez certains enfants, la motivation a été décuplée », témoignait tel enseignant. « J'ai pu redonner confiance en eux à plusieurs enfants qui étaient en situation d'échec scolaire », renchérissait telle autre enseignante en REP (Réseau d'Éducation Prioritaire). « Depuis la formation, je suis super zen en classe, je ne me mets plus en colère et je prends plus de plaisir à être avec les enfants », m'expliquait une directrice d'établissement. L'ensemble des résultats faisait apparaître un plus grand épanouissement des enseignants formés, une meilleure confiance en soi des élèves, davantage de motivation, de réussite et de coopération, moins de violence et d'échec.

J'utilisais moi-même ces repères auprès des enfants que j'accompagnais dans le cadre de l'aide aux devoirs dans le centre social en bas de chez moi. J'ai pu voir combien ils faisaient merveille auprès d'un public en difficulté. Je me souviens d'une enfant, très grande et costaude pour son âge, qui intimidait ses camarades et même les adultes par son comportement violent. Une fois, elle avait frappé au visage un enfant de mon groupe, Ahmed. Je m'étais mise en colère et l'avais recadrée fermement. En même temps, cet accès de violence, alors même que j'impulsais depuis des mois des repères de non-violence m'avait vraiment affectée. J'avais ce soir-là perdu un peu l'espoir tant il était dur d'essayer de transmettre du positif quand tellement de repères manquaient à ces enfants. L'atmosphère était souvent électrique.

Donc ce soir-là, le dépit devait se lire son mon visage. J'avais demandé qu'on travaille en silence. C'est alors qu'Ahmed, la lèvre encore tuméfiée, s'est approché de moi. Il m'a tendu son cahier et m'a dit : « Caroline, je veux te dire ma poésie. » J'ai bien senti que sa poésie était un appel du pied pour que je reste. J'ai fait un signe de la tête pour dire que j'acceptais. Et il a commencé : « Demain, dès l'aube, à l'heure où blanchit la campagne, / Je partirai. Vois-tu, je sais que tu m'attends… » Je ne sais pas si c'est l'effet de surprise de voir cet enfant déclamer avec autant de ferveur du Victor Hugo après un épisode aussi rude, ou si c'est l'émotion du message sous-jacent qui était de me demander de rester auprès de lui, mais les larmes ont coulé abondamment sur mon visage… et intérieurement, je me suis fait la promesse de ne pas les abandonner et de donner, comme Ahmed, le meilleur de moi-même.

J'ai donc pris les choses en mains. J'ai développé une stratégie de réussite pour cette enfant au comportement violent. Je la faisais asseoir à côté de moi et la mettais en situation de réussir en choisissant d'abord des exercices qu'elle arriverait à faire. Dès qu'elle réussissait, ce qui ne manquait pas d'arriver, je la valorisais. Je me souviens du sourire sur son visage. Elle ne me regardait certes pas dans les yeux, mais penchée sur sa feuille, la tête de côté, elle souriait. De séance en séance, elle s'est fait de moins en moins prier pour s'asseoir à côté de moi. Je la voyais s'apaiser. Toute l'ambiance du groupe en a été transformée et cette année-là, tout le monde a progressé.

Forte de cette expérience avec les enfants et avec les enseignants, je me suis rapprochée de différents courants pédagogiques alternatifs pour leur proposer d'adjoindre une formation au savoir-être de leurs enseignants à leurs pratiques pédagogiques déjà établies et positives pour les enfants. À l'époque, je n'avais pas vraiment l'intention de créer une école. Je voulais seulement voir s'épanouir les enfants. Certains faisaient déjà un travail formidable sur la pédagogie et la finalité de l'école, il suffisait donc d'ajouter la dimension du savoir-être à leur travail pour, me semblait-il, avoir une approche réellement globale. Hélas, je me suis heurtée au côté assez conservateur de ces courants. J'ai remarqué que, en France tout particulièrement, il était difficile de faire évoluer les choses, comme s'il fallait être indéfiniment fidèle à la lettre de ce qu'avait dit le fondateur d'un courant établi, même si celui-ci avait vécu il y a un siècle.

À force de refus, j'ai décidé de me lancer dans la création d'une école.

D'emblée, j'ai souhaité que notre école ait une approche réellement globale : qu'elle parte du savoir-être de chacun d'entre nous (enseignants, enfants, parents) et qu'elle engage des actions dans la société et le monde. J'aime beaucoup la phrase de Gandhi que j'ai citée plus haut : « Soyez le changement que vous voulez voir dans le monde ! » Ce mouvement part de l'intérieur de chacun de nous pour s'étendre dans le monde, un peu comme une goutte qui en tombant à la surface d'un lac crée des ronds dans l'eau de plus en plus larges. Je sentais combien le savoir-être serait le socle de notre pédagogie, car il conditionne pleinement tous nos savoir-faire.

Plus un enfant est épanoui, plus il a confiance en lui, plus il est à même de développer des savoir-faire, d'apprendre dans la facilité et de transformer positivement la société.

Je suis partie du principe que seul un citoyen réellement épanoui peut apporter une véritable contribution à la société et au monde. À l'inverse, le manque d'épanouissement (manque de confiance en soi, insécurité, frustration...) amène toujours à des stratégies de compensation, qui poussent les êtres humains à avoir toujours plus ou à dominer, dans l'objectif illusoire de combler ce manque intérieur. Voilà en quoi je souhaitais que notre pédagogie soit fondamentalement une pédagogie de l'être et non de l'avoir. Je souhaitais que nos enseignants tournent résolument leur regard vers le potentiel immense de l'enfant et non vers ses limitations ou ses manques.

J'ai décidé de développer un enseignement qui permette aux enfants d'être bien avec eux-mêmes, avec les autres et le monde qui les entoure. J'imaginais une « école au service de la vie » dont la raison d'être serait de permettre, par l'éducation et la formation, l'émergence dans le monde de citoyens épanouis et responsables, contributeurs d'une réelle évolution de l'humanité.

Je voyais au sein de cette école une école des parents qui leur permette aussi de s'épanouir et de grandir dans leur rôle pour apporter le meilleur à leurs enfants. Enfin, j'imaginais cette école devenir un centre de ressources et de formation pour les professionnels de l'éducation.

J'ai décidé également que l'école serait une école bilingue anglais. Nous savons combien l'apprentissage d'une langue se fait plus aisément lorsqu'il débute dès le plus jeune âge et favorise l'immersion. J'avais envie de donner cette chance aux enfants et je savais aussi que cela nous apporterait une grande ouverture culturelle. Et puis, égoïstement, j'avais envie d'évoluer dans un milieu plus international. J'avais eu pendant mes études un vrai coup de cœur pour les États-Unis et j'avais envie de retrouver un peu de cette culture positive et entrepreneuriale dans l'école que je créerais.

J'ai alors posé mes idées et me suis lancée dans l'élaboration d'un *vision board*, tableau de visualisation. J'en avais entendu parler, aux États-Unis, comme d'un outil qui permet de se nourrir de sa vision et de travailler à sa concrétisation. J'ai collecté des images sur Internet, des photos inspirantes qui me rappelaient à la joie de ce projet. Des enfants heureux, des locaux spacieux, des lieux de récréation agréables. Je voulais avoir sous les yeux l'image de mon rêve réalisé. J'ai accroché ce *vision board* devant mon bureau et chaque jour pendant les trois années de construction de mon projet, je me suis nourrie de ces images en y ajoutant nombre de petits mots de soutien reçus entre-temps.

Une fois mon dossier finalisé, trois personnalités ont accepté d'en être les parrains : Jean-Louis Servan-Schreiber, Patrick Viveret et André Giordan. J'ai été touchée de leur soutien et de leur confiance.

Parallèlement, je me renseignais sur l'ensemble des mesures qui me permettraient d'ouvrir une école agréée par l'Éducation nationale qui respecte les normes attendues pour recevoir du public. Les créateurs d'écoles, notamment Philippe Ackermann et Christine Breuil, que j'ai rencontrés à l'époque, m'ont beaucoup aidée. Ceux qui avaient échoué m'ont également apporté un éclairage précieux sur les écueils à éviter. À l'époque, le site Créer son école n'existait pas et j'ai dû réunir par moi-même toutes les informations pour déterminer précisément les étapes à suivre.

Il me fallait un nom pour cette école. J'ai organisé moult réunions et brainstormings avec des amis, des parents d'élèves et des enseignants, mais rien n'en a émergé de vraiment concluant. Et puis un jour, tandis que je passais un entretien dans une entreprise de soutien scolaire, le nom « Living School » m'est tombé du ciel ! J'ai interrompu l'entretien pour sortir un carnet et le noter à la volée. Envahie par la joie de cette découverte, il m'a été impossible de me concentrer sur la suite de mon entretien. Peu m'importait, j'avais trouvé !

Ce serait Living School, comme école vivante, l'école au service de la vie.

Un ami, Thomas, m'a aidée à évaluer le budget nécessaire au lancement de l'école et à sa pérennisation. Il fallait tout de même réunir près de 250 000 euros. Je mesurais le challenge que cela représentait, mais j'avais confiance. J'étais en route pour concrétiser mon projet de vie, persuadée que rien ne pourrait m'arrêter !

Qu'as-tu fait de ton rêve ?

Au début, je pensais ce projet tellement irrésistible que toutes les institutions et fondations viendraient soutenir cette idée d'éducation humaniste dont le monde avait tant besoin. J'étais un peu naïve et je n'avais pas encore pris la mesure du frein que pouvait constituer l'aspect « privé » de l'école. L'une après l'autre, j'ai appelé les fondations d'entreprises, en ciblant pour commencer celles qui s'intéressaient à l'éducation et aux enfants. J'ai essuyé plusieurs « non ». On me reprochait de proposer une scolarité payante qui allait donc ne s'adresser qu'aux familles favorisées. Je rétorquais que cela dépendait des financements et que plus ceux-ci seraient nombreux, plus le prix de la scolarité serait abordable. On m'a opposé malgré tout un refus systématique : « Par principe, me disait-on, nous ne finançons pas les écoles privées. » Mes interlocuteurs ne me laissaient jamais le temps de présenter l'aspect innovant de mon projet. J'étais très frustrée.

Puisque les institutions et les fondations me fermaient leurs portes, j'ai décidé de me tourner vers le secteur du privé. J'ai utilisé mon réseau personnel. Finalement, je voyais l'intérêt d'avoir fait une grande école de commerce. J'ai rencontré beaucoup d'entrepreneurs dans le milieu de l'éducation, de la petite enfance, des loisirs et même de la finance. Dès que mon interlocuteur me disait non, je lui demandais de m'ouvrir néanmoins, s'il le voulait bien, son carnet d'adresses et je reprenais mon bâton de pèlerin.

Hélas, mes ressources financières personnelles commençaient à s'epuiser et chaque jour, je me sentais un peu plus stressée. Je devais payer tous les mois un loyer assez conséquent et je voyais mal comment déménager alors que je n'avais pas encore d'activité stable. La situation devenait tendue.

Puis un jour, j'ai vu que mon école de commerce organisait un concours de business plan, avec à la clé 8 000 euros à gagner. J'avais tous les éléments en main, j'ai donc décidé de candidater. Mon dossier a été accepté et je suis passée devant un jury. Je me sentais très à l'aise, j'avais présenté tant de fois mon projet à de potentiels investisseurs ! Après délibération, le jury m'a félicitée. Rarement, m'ont-ils dit, ils avaient vu quelqu'un d'aussi enthousiaste, passionné et transporté par son projet. Ils sentaient que je maîtrisais mon sujet et que mon business plan était remarquable. Puis soudain, ils m'ont dit : « Maintenant, nous allons vous parler en *off*. Vous êtes bien consciente des implications de votre projet ? Mesurez-vous que vous allez vous adresser à des enfants, des vrais ? Cela implique beaucoup de responsabilités, voyez-vous. Il nous semble même que votre activité relève sur certains points du pénal, en cas d'accident scolaire par exemple. Et puis, vous allez devoir trouver des locaux. Vous mesurez le poids que représente la mise aux normes de ces bâtiments ? Sans compter qu'il vous faudra régulièrement les remettre à neuf, le gouffre financier que cela représente ! Non, sans plaisanter, avec votre talent, vous ne devriez pas ouvrir une école... vous devriez faire consultante en éducation ! Au moins, vous ne serez pas responsable d'enfants, vous ne courrez aucun risque et vous aurez une structure légère qui ne demande pas de mise de fonds... Voilà, notre avis ! » À l'époque, je manquais de « repère intérieur » et j'avais peur des difficultés financières à venir, j'ai donc écouté avec attention leur suggestion et me suis peu à peu rangée à leur avis.

Aujourd'hui, je sais que lorsqu'une personne est en route pour la concrétisation de son projet de vie, elle va souvent recevoir des propositions en apparence alléchantes qui vont la détourner de sa voie. Si le repère intérieur du créateur n'est pas assez fort, il sera alors difficile de maintenir le cap. C'est exactement ce qui s'est passé pour moi et je trouve intéressant sur un plan symbolique de voir que cela a eu lieu au sein de mon ancienne école de commerce. L'avis du jury rejoignait finalement en tout point ce qu'on apprend dans bon nombre d'entreprises : faire du business sans prendre de responsabilités.

Fort heureusement pour moi, alors que j'étais diplômée depuis plusieurs mois déjà du « Parcours pour le développement du leadership éthique », les formatrices continuaient de nous proposer des rencontres informelles afin de faire le point sur nos projets éthiques. Je me suis donc rendue un soir à l'une de ces réunions. Nous étions tous rassemblés autour d'une table ronde et nous prenions la parole chacun notre tour pour expliquer où nous en étions de la concrétisation de nos projets.

Mon tour est arrivé et l'une des formatrices m'a dit : « Alors, comment va le projet d'école, Caroline ? » Là, j'ai bredouillé un peu et expliqué que j'avais choisi de réorienter mon projet. J'ai expliqué les difficultés que j'avais rencontrées pour lever des fonds et, en reprenant l'argumentaire du jury du concours de business plan, j'ai annoncé que j'allais devenir consultante en éducation. S'en est suivi un grand blanc. Un temps qui m'a paru infiniment long. Calmement, l'une des formatrices s'est tournée vers moi et m'a dit, en me regardant droit dans les yeux : « Caroline, qu'as-tu fait de ton rêve ? » D'un coup, je me suis mise à pleurer à chaudes larmes. Ses paroles m'avaient touchée au cœur. Elle a ajouté : « Sois fidèle à toi-même ! Fais-toi confiance et les financements vont arriver. »

L'avenir lui a donné raison. Le lendemain, j'ai trouvé un investisseur pour 10 000 euros et trois jours plus tard, j'ai rencontré la personne qui serait l'un des piliers financiers du projet pour de nombreuses années, François.

Edel Gött m'a encouragée à partir à la recherche de nouveaux investisseurs, elle m'a dit : « Sois exigeante ! Fais-leur bien sentir que tu ne prendras que des investisseurs éthiques, que des personnes qui investissent dans l'optique de contribuer et non de prendre. Ils doivent sentir la qualité du projet que tu portes et mesurer le privilège que cela représente de le rejoindre. » Cette conscience de la valeur est ce qui attire la valeur. Tant que je démarchais dans une position de faiblesse, comme si je mendiais, je n'obtenais rien. Mais du jour où j'y ai introduit plus d'exigence, consciente de la grande valeur de mon projet, les financements ont commencé à affluer.

De la pâte à modeler sur ma moquette

À partir du moment où j'ai réuni des fonds suffisants, je me suis mise en quête d'un local. J'habitais l'Est parisien depuis des années et c'est là que je souhaitais implanter mon école. C'était en quelque sorte un pari, car à l'époque, lorsqu'on regardait sur une carte de Paris, les écoles alternatives ou bilingues se trouvaient majoritairement dans l'Ouest parisien. J'avais pour ma part le sentiment que les familles de l'est seraient plus sensibles aux thèmes de l'écologie et du développement durable. Autre critère de recherche : la proximité d'un parc ou d'un square pour nos récréations. Enfin, le local devait répondre aux normes de sécurité et d'accessibilité handicapé. Autrement dit, j'étais à la recherche du mouton à cinq pattes.

Il m'a fallu un peu plus d'un an pour trouver un local en adéquation avec notre budget qui remplisse tous ces critères. J'ai eu la chance de le trouver au pied du plus beau parc de Paris (selon moi), le parc des Buttes-Chaumont. Un parc magnifique qui permet aux enfants de se ressourcer avec la sensation d'être immergés dans la nature. Contrairement à une cour de récréation bétonnée, on y voit passer les saisons, on y observe les animaux (petits oiseaux, hérons cendrés, oies du Canada, tortues, carpes) et on peut profiter de l'espace sur de larges pelouses. Rien de tel pour permettre à nos petits Parisiens de rester en contact avec la nature !

Une fois les travaux lancés, je me mise en recherche d'un(e) enseignant(e) francophone et d'un(e) enseignant(e) anglophone. Les critères de recrutement étaient exigeants. Il était question de trouver des enseignants qui aient la vocation, des personnes épanouies et affirmées, ayant du cœur et l'envie de contribuer positivement à la société et au monde. J'ai fait passer des dizaines d'entretiens, un peu désespérée, puis j'ai rencontré Sophie Cabella.

C'était une personne douce, intègre et discrète qui aimait profondément les enfants. J'avais pour habitude de mettre en situation les candidats et j'ai dit à Sophie : « Imaginez que je suis une petite fille de grande section de maternelle et je pleure car je n'arrive pas à tracer un cercle. Que faites-vous ? » Dépassant sa retenue première vis-à-vis de moi, elle a rapproché sa chaise de la mienne, mis ma main dans la sienne et m'a guidée et encouragée avec beaucoup de douceur et de chaleur jusqu'à ce que je trace un cercle. Quand, mimant la petite fille, j'y suis parvenue par moi-même, elle m'a dit : « Alors, tu vois, tu y arrives ! Bravo ! » Immédiatement, j'ai senti que cette femme ferait des merveilles avec les enfants. À la fin de notre entretien, quand je lui ai demandé si elle avait des questions, elle m'a dit : « Et s'il neige, que fait-on avec les enfants ? » Quelle drôle de question ! « Eh bien on sort, bien sûr ! On en profite, on observe les flocons et si on peut, on fait des bonhommes de neige et de joyeuses batailles de boules de neige ! » Enchantée de ma réponse, elle m'a raconté que son ancienne directrice interdisait les sorties quand il y avait de la neige. Depuis, on ne compte plus les joyeuses batailles de boules de neige à Living School !

J'ai également trouvé *in extremis* une enseignante anglaise qui travaillerait à mi-temps. Il ne restait plus qu'à ouvrir les inscriptions ! Nous commencerions par une classe unique d'enfants de trois-six ans. Je me suis signalée à la mairie qui a accepté de nous prêter une salle pour nos réunions d'information auprès des parents. J'ai mis en ligne un site Internet qui expliquait concrètement notre projet et fait connaître notre école par divers moyens. Suite aux réunions d'information, plusieurs familles m'ont recontactée pour inscrire leurs enfants. Mais où les recevoir ? Le local était en pleins travaux, le port du casque y était obligatoire. J'ai donc décidé de faire venir les familles une par une à la maison. Quelle joie d'accueillir des petits loulous de deux ans et demi à cinq ans ! J'avais mis à disposition des jeux, des puzzles, des crayons et du papier, de la pâte à modeler... et mon salon se transformait, le temps d'une rencontre, en mini-école.

Encore aujourd'hui, je suis infiniment reconnaissante à tous ces parents pionniers qui ont défilé, avec leurs enfants, dans mon salon. Je n'avais rien à leur montrer – pas de locaux, pas d'enseignante, pas d'historique – juste moi et une foi à déplacer des montagnes ! Et ils ont fait le choix de me faire confiance. Merci Vinciane, Olivier, Sabrina, Conan, Nathalie, Christophe, Virginie, Philippe, Caroline, Alain, Céline, Grégory, Gina, Julien, Stéphanie, Arnault, Isabelle, Fabrice, Marianne, Thierry, Mai, Hubert, Alexa, Corinne, Géraud, Valérie, Lionel, Coralie, Renaud, Marie-Pierre, Olivier. Avant même de montrer les locaux, mi-juillet, j'avais une bonne quinzaine d'enfants inscrits, quinze dossiers d'inscription et quinze chèques sur mon bureau.

Évidemment, j'avais un gros pincement au cœur quand je pensais au budget que représentait notre école pour les familles. Même si nos coûts étaient inférieurs au coût réel d'une scolarité dans le public[1], ils seraient intégralement à la charge de nos parents d'élèves qui subiraient la « double peine », celle de contribuer par leurs impôts au financement de l'école publique et celle de payer en plus nos frais de scolarité. J'avais bien conscience que notre école s'adresserait de fait à des familles assez aisées. Un jour, à la fin d'une conférence que je donnais auprès de cadres et dirigeants d'entreprise pour présenter mon projet d'école, j'ai vu un participant descendre précipitamment de l'amphithéâtre et venir à ma rencontre. Il avait les larmes aux yeux. Mon école, m'a-t-il expliqué, l'avait touché au cœur et il souhaitait contribuer. Il m'a alors demandé quel était le coût annuel de la scolarité, puis a sorti

1. En 2007, nos frais de scolarité étaient inférieurs à la dépense moyenne par élève de primaire pour l'État qui s'évaluait à 5 700 euros par an et qui en 2015 est passée à 6 190 euros (selon la Direction de l'évaluation de la prospective et de la performance).

son chéquier. Il m'a tendu un chèque en me disant : « Je souhaite qu'une famille qui n'en a pas les moyens puisse inscrire son enfant dans votre école ! » Maintenant, c'était moi qui avais les larmes aux yeux. C'est ainsi que nous avons accueilli notre premier élève boursier, grâce à Gilles-Noël !

Une rentrée sur les chapeaux de roue

Dernière ligne droite avant l'ouverture de l'école, je me sentais tellement débordée par la charge de travail que lorsque les gens m'appelaient, je leur disais de me rappeler à la rentrée, quand les choses seraient plus calmes. Avec le recul, je souris... Ouvrir une école, c'est un peu comme donner naissance à un bébé. C'est quand le bébé est là que les choses prennent intensément vie !

Si l'accouchement est une épreuve, ce sont surtout les premiers mois de vie du nourrisson qui représentent un véritable challenge. J'ai donc vite compris, après l'ouverture de l'école, que les choses venaient seulement de commencer et qu'il allait falloir ménager mon énergie pour tenir sur la durée. J'utilise à dessein ce terme « tenir », car à l'époque j'enseignais à temps plein dans la classe et je gérais tous les aspects administratifs à partir du soir et tout le week-end. Au premier trimestre, mes journées de travail avoisinaient les quatorze heures. Parfois, j'étais tellement épuisée par toute cette intensité, que je pleurais sur le chemin du retour en pédalant sur mon vélo. Je vidais le trop-plein. Mais, pour rien au monde, je n'aurais changé de métier. Je tâtonnais, j'expérimentais mais je sentais que j'étais sur la bonne voie et, surtout, je me sentais à ma place et heureuse.

Au départ, je considérais que je n'étais pas suffisamment légitime pour être dans la classe. Après tout, je n'avais que quelques mois d'expérience dans l'enseignement et puis je serais aussi bien à la direction, où il y avait tant à faire (certainement une suggestion de mon ego qui voulait une tour d'ivoire en guise de bureau). Mais très vite, avec l'aide d'Edel Gött, j'ai compris que si je souhaitais développer une pédagogie basée sur le savoir-être et ayant pour fondement la psychologie d'évolution, j'aurais besoin de l'expérimenter au quotidien. J'ai donc fait le choix d'enseigner à plein temps et de modéliser pour mes enseignants ce que j'attendais d'eux. C'est donc avec un peu d'appréhension, mais une joie immense, que je suis devenue enseignante à Living School. Sophie, notre enseignante francophone, eut d'emblée beaucoup de plaisir à collaborer avec moi. Elle adhérait à ma vision et aux repères de la psychologie d'évolution et aidait les enfants à développer leur plein potentiel, en les valorisant, en les encourageant. Cependant, nous tâtonnions l'une et l'autre sur le cadre et les limites à fixer aux enfants dans la classe. Je ne voulais pas que les enseignants se pensent supérieurs aux enfants, qu'ils les fassent « obéir » ou les menacent. Nous étions à la recherche d'un « vivre-ensemble » qui permette à chacun d'être lui-même, de s'épanouir, d'être respecté et qui soit garant d'un climat positif et constructif. Un enfant pour bien grandir a besoin d'amour et de loi, autrement dit d'épanouissement et de structure. Nous étions très au clair sur l'amour et l'épanouissement et en recherche sur la loi et la structure.

Les premiers temps, un certain climat d'excitation l'emportait chez les enfants. Pour le dire clairement, c'était parfois le bazar. Bien sûr, nous avions établi des règles de vie avec les enfants, mais celles-ci n'étaient pas toujours respectées. Nous avions du mal à cadrer et les enfants le sentaient. L'enseignante anglaise que j'avais recrutée commençait à s'exaspérer de nos tâtonnements. Elle était très professionnelle et avait de nombreuses années d'expérience. Elle avait une idée bien précise du cadre à poser. Tous les après-midi, elle s'évertuait à mettre en place une forme de discipline auprès des enfants à laquelle je n'adhérais pas : mains sur les genoux, bouche fermée en mimant le geste de fermer à double tour et jeter la clé. Elle s'est rapidement retrouvée très frustrée, car je n'ai pas manqué de lui faire savoir que je trouvais que son autorité n'était pas juste. J'aurais tant aimé pouvoir « modéliser » pour elle une autre forme d'autorité, plus juste et bienveillante. Je m'en sentais capable avec un petit groupe, mais la gestion de classe représentait encore un challenge pour moi. Un jour, alors qu'elle revenait du parc avec les enfants, je l'ai vue s'en prendre à un petit garçon qui était assez agité. Elle se tenait dos à moi et je voyais le visage de l'enfant. Au fur et à mesure qu'elle lui parlait, j'ai lu de la crainte sur ses traits. À ce moment-là, j'ai décidé qu'aucun enfant à Living School n'aurait jamais peur de ses enseignants. J'ai alors eu un échange très ouvert avec cette enseignante, nous avons reconnu l'une et l'autre que nos visions divergeaient et nous avons mis fin à notre collaboration.

Je n'avais toujours pas de solution concrète pour gérer le groupe classe, mais j'avais gardé le cap en restant fidèle à ma vision. Et c'est cette fidélité qui a permis avec le temps l'émergence de nos repères en matière d'autorité. Au fur et à mesure de l'année, je me suis sentie de plus en plus en confiance. C'est sur la base de cette confiance que j'ai pu gérer positivement le groupe classe. Ce qui m'avait empêchée jusqu'alors d'y arriver, c'est le doute. Je doutais de mes propres capacités.

Aucune boîte à outils, aucun savoir-faire, aucun « truc » ne peut remplacer vraiment la confiance en soi. Et quand cette confiance est là, on développe une autorité naturelle.

C'est ce que nous enseignons aujourd'hui à nos équipes et dans les formations pour les professionnels de l'éducation. Alan, un ancien enseignant anglophone à Living School, le raconte : « Avant j'appréhendais vraiment le fait de gérer les temps de cantine. Les enfants pouvaient être bruyants et c'était épuisant. Je cherchais des techniques, des outils pour mieux gérer, mais rien n'y faisait, je n'arrivais pas à m'affirmer et souvent je me retrouvais à crier, ce que je n'aimais pas du tout faire. Je voyais bien que les cantines d'Anne-Sophie[1] étaient toujours calmes et agréables et c'est elle qui m'a permis d'évoluer. Elle m'a dit que plus je me ferais confiance dans ma capacité à gérer toutes les situations qui se présenteraient, plus mes cantines seraient calmes. J'ai donc travaillé la confiance en moi. Rapidement, j'ai noté de vraies améliorations : je n'avais plus peur et du coup, j'étais beaucoup plus créatif. J'ai même pensé à sortir la guitare et j'ai été étonné de trouver du plaisir à animer ce moment que je redoutais tant avant. En quelques mois, mes temps de cantines étaient non seulement plus calmes, mais ils étaient aussi beaucoup plus joyeux ! Et quand je suis reparti vivre au Canada, j'ai même reçu un mot de remerciement d'un des enfants qui me disait combien il avait aimé les temps de cantine avec moi. » Ce

1. Enseignante et directrice adjointe de Living School.

témoignage illustre un de nos grands principes à Living School : l'exemplarité. Tout commence par soi.

Par un heureux hasard, ce moment de questionnement sur la gestion du groupe a coïncidé avec l'arrivée d'une enseignante américaine dans notre équipe, Adrienne Heim. Adrienne avait enseigné six années dans le Bronx, auprès d'enfants en grande difficulté dans des quartiers très défavorisés. Elle avait suivi le programme innovant « *Teach for America* ». D'emblée, elle a partagé avec nous ses outils de gestion de classe, que nous avons trouvés très en phase avec notre approche. Aujourd'hui, à Living School, pour avoir l'attention de tous les enfants, il n'est pas rare d'entendre les enseignants dire « *One, two, three, eyes on me !* » et d'entendre les enfants répondre du tac au tac « *One, two, eyes on you !* ».

C'est donc d'abord sur les bases de la confiance en nous-mêmes, puis sur celles d'outils de gestion de classe, que nous avons peu à peu mis en place un cadre et des limites structurants et épanouissants pour les enfants.

Dès la première année, grâce à notre pédagogie du savoir-être, nous avons obtenu de beaux résultats. Je me souviens d'un enfant de grande section qui, quand il est arrivé, se mettait régulièrement dans une posture de victime. Nous l'entendions régulièrement dire : « Ils ne veulent pas jouer avec moi », « Ils ne m'aiment pas », « Je n'ai pas de copains », « Elle ne veut pas me prêter le matériel »... En fin d'année, non seulement cette tendance à la victimisation avait disparu, mais en plus cet enfant était véritablement devenu un leader positif. Il se sentait intégré. Il avait retrouvé confiance en lui-même et il aidait énormément les plus petits. Comme c'était un enfant très créatif, il a énormément inspiré l'ensemble de la classe.

Au cours de la première année, un autre élève de grande section nous a rejoints. Il arrivait de l'école du quartier. Lors d'une séance de mathématiques, il s'est installé avec son cahier à une table à côté d'un enfant de petite section, Oscar. Celui-ci, curieux, s'est penché sur son cahier et immédiatement cet enfant a eu le réflexe de le cacher avec son coude. Oscar lui a calmement demandé pourquoi il faisait ça. L'enfant lui a répondu : « Pour que tu ne copies pas ! » Oscar, qui avait trois ans et demi, a pris un petit temps de réflexion et lui a dit : « Tu sais, tu as le droit de te tromper ! » J'ai trouvé cette réponse pleine de sagesse et de profondeur. J'étais heureuse qu'Oscar ait intégré le fait que nous avions le droit à l'erreur. Rapidement, cet enfant a lâché les repères de compétition et de stress auxquels il avait été habitué. Non seulement il a continué d'apprendre avec beaucoup de facilité, mais en plus il est devenu un merveilleux tuteur pour les plus petits.

C'est aussi au cours de cette première année qu'est né notre premier « Projet pour la planète » sur l'impulsion d'un enfant de cinq ans, Elliott. Pour ma part, j'ai toujours trouvé injuste que les enfants, dont les élans de cœur sont souvent très justes et très beaux, soient ceux qui puissent le moins agir. Au lieu de les écouter et de leur donner les moyens de réaliser leurs idées, bien souvent on leur dit : « Tu es trop jeune, étudie et quand tu seras grand tu pourras changer les choses ! » Sauf que quinze années plus tard, ce même enfant devenu grand n'a plus les mêmes aspirations : il veut un salaire, une voiture, une maison, son confort. Il a oublié ses rêves d'enfant, ses rêves d'un monde meilleur, il s'est fait rattraper par l'esprit matérialiste de notre monde. Quel dommage ! Quel gâchis ! Alors, quand, au cours d'un repas où l'on parlait du gaspillage, Elliott a dit à Sophie : « Quand je serai grand, j'aimerais être policier de la planète pour apporter à manger à tous les enfants qui ont faim ! », nous l'avons pris au mot. Sophie lui a dit : « C'est magnifique Elliott ! Est-ce que tu voudrais faire quelque chose maintenant ? » Il a regardé Sophie avec de grands yeux, surpris qu'on lui propose d'agir et, voyant qu'elle était sérieuse, il a répondu un grand « Oui ! ». Nous lui avons proposé d'exposer son idée aux enfants de la classe qui ont tous adhéré avec enthousiasme. Le soir même, Sophie a lancé une recherche sur Internet. Elle a découvert qu'Action contre la Faim travaillait avec les écoles sur ce sujet, en proposant aux enfants de peindre et de vendre des « assiettes contre la faim ». Nous étions en pleine période de Noël, et pour un peu on se serait cru dans les ateliers du père Noël lui-même : tous ces petits lutins affairés qui peignaient avec beaucoup d'application et d'amour des assiettes. Comment expliquer qu'ils y aient mis tant de soin ? Parce que les enfants avaient compris qu'ils faisaient bien plus que peindre de simples assiettes, ils étaient en train de sauver des enfants. Ils sentaient tout le sens de leur action. En circulant entre les tables, on pouvait ressentir qu'on faisait ici de grandes et belles choses. Évidemment, les assiettes, magnifiques, se sont vendues comme des petits pains. Nous avons envoyé l'argent récolté à Action contre la faim. Quelques jours plus tard, nous avons reçu un courrier. L'association nous remerciait et nous informait que grâce à notre collecte, nous avions sauvé sept enfants de la faim pendant un an. À la lecture de cette lettre, les enfants ont spontanément applaudi. Ils étaient heureux et joyeux. Elliott exultait. Et devinez quoi ? Ces vingt-trois enfants de maternelle nous ont demandé : « Alors qu'est-ce qu'on peut faire maintenant ? »

Depuis, on ne compte plus les « Projets pour la planète » portés par les enfants de Living School et chez les plus grands, on mesure combien cette façon de faire a été intégrée. Quand une problématique se présente à eux, plutôt que de la subir, ils mettent en route leur créativité pour proposer des solutions.

Enfin, dès la création de Living School, j'ai souhaité inclure les parents. Habituellement, les parents sont tenus à l'écart de l'école. Dans certains cas, on leur fait comprendre que l'école n'est pas leur territoire. Dans d'autres, ils s'en excluent d'eux-mêmes. Dans les deux cas, c'est la peur qui prédomine. Les enseignants ont peur d'être envahis ou d'avoir à rendre des comptes. Cette peur peut tout à fait se comprendre. J'ai effectué des remplacements dans une école de Paris où les enseignants ressentaient une pression énorme de la part des parents, qui n'hésitaient pas à mettre en compétition des enseignants de même niveau : « Mme Untel est beaucoup plus avancée que vous dans la lecture, ses élèves lisent depuis plusieurs semaines, eux. » Il y a aussi la peur des parents qui s'excluent de l'école parce qu'ils n'en maîtrisent pas la langue ou les codes, qu'ils sont intimidés ou qu'ils sont démissionnaires. Or le lien avec les parents est essentiel. Ce sont les premiers éducateurs et on mesure combien leurs comportements peuvent influencer positivement ou négativement leurs enfants. Nous devrions adjoindre à chaque école de la République une école des parents pour permettre à tous les parents d'avoir des repères clés pour épanouir et structurer leurs enfants. En parallèle, nous devrions former les enseignants pour qu'ils ne redoutent pas les parents, mais qu'ils les voient comme ce qu'ils devraient être : de véritables partenaires. Au programme de cette formation : comment communiquer de façon positive et constructive ? Comment écouter sans juger l'autre ou sans se sentir jugé ? Comment s'affirmer pour ce qui est juste ? Comment rencontrer l'autre et trouver un terrain commun dans l'intérêt de l'enfant ?

Nous avons mis en œuvre ce programme de formation des parents et des enseignants dès la création de Living School. Ainsi, tous les éducateurs – parents et enseignants – partagent des repères communs pour l'épanouissement des enfants. Notre école des parents se décline sous forme d'ateliers en soirée sur des thèmes tels que l'autorité, la confiance en soi, la concentration, l'apprendre à apprendre, les pré-ados, les fratries. Ces ateliers étaient initialement optionnels, mais à l'issue de la première année de Living School, nous avons pu mesurer un écart fort entre les parents qui avaient activement participé et ceux qui ne s'étaient pas impliqués. Les premiers se faisaient davantage confiance dans leur rôle de parents, ils étaient plus valorisants pour leurs enfants et faisaient preuve d'une autorité plus juste et plus bienveillante. Surtout, ils étaient devenus conscients de l'impact énorme de leur savoir-être, positif comme négatif, sur leurs enfants et avaient commencé à évoluer. Par un effet miroir, leurs enfants s'étaient davantage épanouis au cours de l'année. C'est ce qui m'a décidée à rendre deux ateliers obligatoires en les incluant dans le coût de la scolarité. Nombreux sont les parents qui nous disent combien le fait de rejoindre Living School les a aidés en tant que parents.

Dix ans après l'ouverture de Living School, nos fondamentaux sont toujours là. Nous avons énormément évolué et grandi mais les incontournables de notre pédagogie, nos trois piliers demeurent, immuables : le savoir-être pour permettre aux enfants de s'épanouir et d'avoir des relations harmonieuses avec les autres, l'écocitoyenneté pour permettre aux enfants d'être les acteurs d'un monde meilleur, l'école des parents et des professionnels de l'éducation pour s'épanouir et épanouir les enfants.

Quelques années après l'ouverture de l'école, j'ai remis la main sur le *vision board* que j'avais créé pour matérialiser ma vision et que j'avais eu sous les yeux pendant mes trois années de travail. À la suite d'un déménagement, je l'avais mis de côté. Et là, stupéfaction ! Nous évoluions réellement dans ce que j'avais imaginé : les images que j'avais glanées sur Internet à l'époque ressemblaient en tout point à ce que nous avions sous les yeux au quotidien. J'en avais la chair de poule. Quand nous le décidons, nous pouvons vraiment devenir les créateurs de notre réalité.

De l'importance de l'exemplarité

Une mère conduisit son jeune fils chez le Mahatma Gandhi. Elle le supplia : « Je vous en prie, Mahatma, dites à mon fils de ne plus manger de sucre. » Gandhi réfléchit, puis déclara : « Ramenez votre fils dans quinze jours. » Surprise, la femme le remercia et promit de faire ce qu'il lui avait demandé. Quinze jours plus tard, elle revint avec son fils. Gandhi regarda le jeune garçon dans les yeux et dit : « Arrête de manger du sucre. » Reconnaissante mais étonnée, la femme le questionna : « Pourquoi m'avez-vous demandé de le ramener après deux semaines ? Vous auriez pu lui dire la même chose la première fois. » Gandhi répondit : « Il y a quinze jours, je mangeais du sucre. »

Je ne suis pas certaine de la véracité historique de ce récit, mais vous conviendrez de sa puissance. « L'exemplarité n'est pas une façon d'influencer, c'est la seule », disait Albert Schweitzer. Je ne peux pas prétendre développer la confiance en soi de mes élèves, si je n'ai pas confiance en moi. Je ne peux pas les aider à s'affirmer au lieu de réagir, si je ne connais pas la différence entre affirmation et réaction et si je ne l'ai pas intégrée. Je ne peux pas les aider à avoir des relations harmonieuses avec les autres, si je suis en conflit permanent (ouvert ou larvé) avec les autres. Je ne peux pas leur demander de se remettre en question, si je reste campée en permanence sur mes positions. Je ne peux pas leur demander d'évoluer si je n'évolue pas moi-même.

Si j'ai pris le temps de vous dévoiler mon parcours, c'est que tout ce que nous enseignons à Living School est basé sur notre propre expérience, notre propre vécu. Nous avons pris le soin d'intégrer ce que nous enseignons. Nous enseignons à partir de qui nous sommes, car nous savons que le changement commence par soi. Et nous continuons de travailler sur nous-mêmes quotidiennement.

Quand j'ai créé Living School, j'ai fait le choix résolument novateur d'intégrer le travail sur soi dans le métier d'enseignant et d'animateur. Cinq à vingt jours par an, toute notre équipe fait un travail sur soi en psychologie d'évolution. Évidemment, nous ne recrutons que des personnes ouvertes au développement personnel. Et bien sûr, nous respectons l'espace personnel de chacun. Ainsi, nous donnons des objectifs professionnels à tous, tout en sachant qu'ils vont être travaillés à la source. Par exemple, si j'observe qu'un enseignant qui vient de nous rejoindre a du mal à s'affirmer dans la gestion du groupe classe ou dans sa communication avec les parents d'élèves, je vais lui fixer comme objectif de renforcer son affirmation personnelle. Il axera son travail de développement personnel sur cet objectif. De retour de stage, il récoltera les fruits de cette nouvelle affirmation à l'école, mais aussi partout dans sa vie (avec ses enfants et son conjoint, avec sa belle-mère, avec ses amis, avec ses parents). Pour des raisons de déontologie évidentes, en tant que manager, je n'ai pas accès au contenu de ce qui aura été travaillé en profondeur pendant le stage. C'est confidentiel et je n'en ai pas besoin. Par contre, je peux faire le suivi des objectifs professionnels et je suis régulièrement émerveillée des progrès de chacun !

Pour ma part, grâce au développement personnel en psychologie d'évolution, j'ai eu la chance d'aller à la rencontre de moi-même et de me réaliser au travers d'un projet qui contribue positivement à la société. En chemin, j'ai appris à me faire davantage confiance et à cesser d'être dépendante du regard des autres. J'ai aussi appris à m'affirmer, à me mettre debout pour ce qui est juste. L'épreuve du feu à laquelle j'ai été confrontée quand je travaillais dans le domaine des jeux vidéo m'a renforcée. Quand j'ai dû faire face, par la suite, à tous les tracas administratifs liés à l'ouverture d'une école (normes, autorisations), je me suis sentie beaucoup plus solide et stable que je ne l'aurais été sans cette expérience. J'ai pu découvrir les ressources infinies de création qui dormaient en moi et les activer pour mon plus grand bien et pour celui des enfants, des parents et des enseignants que j'accompagne. J'ai pu trouver mon talent unique et l'exprimer. Et surtout, je me suis sentie chaque jour plus vivante, plus joyeuse et plus heureuse. Oui, je continue d'apprendre chaque jour ! Le chemin d'évolution est un chemin sans fin. Dernièrement, lors d'un échange avec Edel Gött, j'ai pu me relier à nouveau à la vision qui m'a mise en mouvement et m'a donné l'envie de créer une école. Vous vous souvenez ? J'entendais les enfants rire ! Je les voyais épanouis et heureux tout autour de la terre. Living School est une concrétisation de cette vision, mais ce n'est pas « mon rêve devenu réalité ». Mon rêve est bien plus large. Mon rêve est pour tous les enfants du monde. Je continue de m'interroger aujourd'hui : comment faire grandir nos systèmes éducatifs ? Comment faire bouger les lignes en France et dans le monde ? Comment contribuer à l'épanouissement d'un maximum d'enfants sur terre ?

Dans la partie qui suit, je vous propose de découvrir les grands principes de notre pédagogie tels qu'ils sont mis en action. Puis nous verrons par quels moyens cette pédagogie pourrait se développer pour le bien du plus grand nombre.

2.

Une pédagogie au service de la vie

De quoi est-il question ?

Faut-il éduquer ? Faut-il instruire ? Faut-il adapter l'individu à la société ou l'en émanciper ?

Et si nous prenions un grand recul

Je vous propose de prendre un grand recul. Imaginons que nous quittons la Terre à bord d'une navette spatiale. Prêts pour le décollage ? Nous traversons ensemble l'espace. Là, nous regardons en direction de la Terre. Quel magnifique spectacle ! La planète bleue porte bien son nom, elle qui est couverte à 70 % d'océans ! Nous sommes subjugués. Notre planète, c'est la vie ! Quelle chance nous avons de faire partie de l'aventure humaine ! Et dire que c'est notre génie qui nous permet là, maintenant, d'évoluer dans l'espace, dans cette navette spatiale grâce à notre créativité !

Éloignés de notre maison, de notre lieu de vie, nous percevons ce que tous les cosmonautes ressentent : la planète Terre relève du miracle ! À l'échelle de l'univers, elle nous apparaît soudain si petite. Il nous faut la préserver. La vie est si fragile. Depuis l'espace, bénéficiant d'une vision plus large, nous voyons avec clarté que tout est interconnecté : l'atmosphère, les océans, la terre, la végétation, les animaux, les hommes. La vie naît d'un équilibre entre tous ces éléments. Il nous apparaît alors clairement que nous faisons partie de ce tout.

Tandis que nous nous apprêtons à revenir vers la Terre, nous nous apercevons que les traces de pollution sont visibles à sa surface. Notamment, nous repérons un immense nuage gris sur le nord-est de la Chine, la pilote – eh oui, c'est une femme qui pilote qui tient le manche – nous explique que les Chinois nomment ce nuage l'« airpocalypse », une épaisse chape de pollution. Nous n'avions pas idée qu'on pouvait voir la pollution depuis l'espace ! Mince alors, notre planète bleue vire au gris. La pilote hausse les épaules avec un air désolé : « Oui, c'est bien triste ! Et encore, vous ne voyez pas l'état des océans, qui donnent pourtant leur nom à notre planète… » Elle nous explique l'acidification des océans liée au réchauffement climatique, le blanchiment des barrières de corail, la perte de biodiversité… et puis la plastification des océans, tout cela à cause de l'activité humaine. Jamais la planète n'a perdu d'espèces animales à un rythme aussi effréné depuis la dernière extinction de masse, il y a 66 millions d'années, celle des dinosaures[1].

Nous sommes consternés. L'un d'entre nous en vient à comparer l'homme à un parasite. Un autre s'emporte : « Nous sommes plutôt de super-prédateurs ! » La pilote sourit tristement et ajoute : « Je suis persuadée que la Terre survivra à la bêtise humaine… c'est pour l'humanité que ça va être chaud ! » Et elle enchaîne sur le réchauffement climatique : les événements climatiques extrêmes vont s'amplifier, des territoires entiers vont disparaître à cause de la montée des eaux, les inégalités déjà existantes vont se creuser, les pauvres seront encore plus pauvres, des migrations de population vont se poursuivre, des guerres liées au manque de ressources vitales et aux déplacements pourraient avoir lieu, bref un emballement qu'on ne pourrait plus maîtriser…

Décidément, l'intelligence et la créativité humaines que nous célébrions tout à l'heure semblent manquer. Pourquoi l'homme met-il à ce point son intelligence au service de la destruction générale au lieu de déployer sa créativité pour transformer positivement la société ?

Notre groupe commence à percevoir l'urgence d'agir et de raisonner à l'échelle de l'humanité. Quand nous quittons la navette, nous prenons pleinement la mesure des enjeux actuels. Nos choix vont déterminer la survie ou non de notre espèce. Nous devons changer de mode de vie, sinon nous allons droit à la catastrophe. Il va falloir que nous nous repositionnions, et vite !

1. Étude publiée par des experts de Stanford, Princeton et Berkeley dans le journal *Science Advances*, le 19 juin 2015 : http://advances.sciencemag.org/content/1/5/e1400253.

La créativité de l'homme est incroyable mais elle peut être destructrice. Comme le dit si bien Edgar Morin : « La gigantesque crise de l'humanité n'est autre que la crise de l'humanité qui n'arrive pas à accéder à son humanité. » Nous avons besoin de changer de paradigme, autrement dit, de changer de cadre de référence.

Si l'on observe le paradigme actuel dans lequel nos sociétés évoluent, nous remarquons que la sphère principale est la sphère économique et financière. Et dans le contexte de mondialisation, les entreprises se trouvent emportées par une dynamique de compétition reposant sur le manque : manque de moyens, manque de marchés, manque de financements, manque de débouchés... Les entreprises doivent se battre, se débattre, survivre ou disparaître, le tout dans une dynamique de très court terme.

Cette dynamique de manque entraîne des réflexes d'appropriation. Les dirigeants n'ont pas une vision globale des potentialités de développement de leurs entreprises, au contraire : ils voient les marchés de façon restreinte et de ce fait il s'agit de « tirer la couverture à soi », de « remporter la plus grande part du gâteau ». La concurrence s'en retrouve exacerbée et la pression de plus en plus grande. Tout le monde court. L'homme est pris au piège de la logique de marché.

Dans ce paradigme actuel, les êtres humains vivent mal. Ils ont sans cesse l'impression de subir et de n'être pas assez : pas assez performants, pas assez intelligents, pas assez riches, pas assez beaux et les compensations qui visent à combler ce manque intérieur – que ce soit par l'argent, le statut social, la nourriture, etc. – n'effacent jamais vraiment ce mal-être profond, ce manque de sens, qu'une consommation croissante d'antidépresseurs va tenter de masquer. La société moderne s'est construite sur l'« avoir ». Pour exister, il faut avoir : avoir un travail, avoir un statut, avoir une maison, ou encore avoir une Rolex avant cinquante ans sous peine d'avoir raté sa vie[1]. Pour beaucoup, la vie se résume à trouver un travail, puis travailler pour vivre et consommer pour oublier. Sans compter qu'une immense majorité de la population mondiale vit dans la précarité et l'exclusion, autement dit dans un vécu de manque bien réel et violent.

1. « Enfin, tout le monde a une Rolex. Si à cinquante ans on n'a pas une Rolex, on a quand même raté sa vie », Jacques Séguéla, le 13 avril 2009, sur le plateau de Télématin.

Pour faire face aux enjeux mondiaux, nous avons besoin d'évoluer réellement et comprendre que l'humanité doit prendre conscience de sa capacité à apporter des solutions durables pour poursuivre sa vie sur terre. Pour cela, il est essentiel que de plus en plus d'individus réalisent qu'ils ont la faculté de créer du mieux. En lieu et place du mal-être et du sentiment de manque, il est temps qu'émergent des êtres humains plus conscients de leurs vraies richesses. Nous avons besoin de passer d'une logique basée sur « l'avoir » à un déploiement de « l'être ». Nous avons besoin de redonner aux êtres humains leurs lettres de noblesse. Nous ne sommes pas que de simples producteurs-consommateurs mais bien des créateurs, capables d'apporter chacun notre contribution à la communauté.

Au niveau des organisations, nous avons besoin que nos entreprises retrouvent la question du sens et se mettent au service de la société pour la transformer positivement. Il y a tant à créer pour réorienter tous les secteurs d'activité !

La compétition n'est plus d'actualité quand la question du sens émerge. C'est la coopération qui devient importante. La compétition peut paraître à certains un facteur de motivation, d'émulation et de dépassement. En réalité, elle tient lieu de « moteur » en l'absence de sens.

Imaginons que deux chercheurs aient à cœur de trouver un vaccin contre une maladie qu'ils souhaiteraient tous deux voir disparaître. La compétition n'aurait alors pas de sens. Chacun serait heureux de partager ses avancées et ses réflexions, car chacun serait mû par l'objectif plus grand que serait l'apport de leur découverte pour les populations. Mais si les chercheurs ne partagent pas cette vision, et qu'ils visent avant tout le succès personnel et la reconnaissance, alors la compétition entre en jeu. Au lieu de partager les ressources et les réflexions pour avancer sur le sujet, chacun garde jalousement ses informations, espérant doubler l'autre. Le nouveau paradigme que nous voulons voir émerger valorise le sens de l'altruisme, afin que les logiques de compétition disparaissent au profit de logiques de coopération.

De quoi est-il question en ce qui concerne le secteur de l'éducation ? Il est question de permettre aux individus de s'épanouir et de réaliser qu'ils ont le potentiel de trouver des solutions face aux enjeux qui menacent l'humanité et ainsi de faire évoluer réellement la communauté humaine.

C'est la raison d'être de l'école que j'ai créée, Living School : permettre par l'éducation et la formation, l'émergence de citoyens épanouis et responsables, contributeurs d'une réelle évolution de l'humanité. Nous voulons permettre à l'humanité d'accéder pleinement à son humanité. Car au fond, la nature humaine est bonne : nous sommes capables d'altruisme, d'empathie, d'amour, d'ouverture, d'intelligence au service de la vie et ce sont ces qualités que nous avons besoin de faire émerger partout dans la société pour répondre aux enjeux actuels.

Faut-il instruire ou éduquer ? Il faut aller bien au-delà de la simple instruction. Il est question d'éducation, puisqu'il est question d'épanouissement et de contribution. Faut-il adapter ou émanciper ? Il est question d'émanciper pour faire advenir ce nouveau paradigme dont nous avons tant besoin. Plus que jamais, nous avons besoin de citoyens debout qui œuvrent à un mieux-être sur notre planète.

Maintenant que nous avons clarifié l'objectif de l'éducation, quel constat rapide peut-on faire à propos de nos systèmes éducatifs ?

Un constat sur nos modèles éducatifs

Certes, les modèles éducatifs existants permettent déjà dans de nombreux pays d'améliorer les conditions de vie des enfants. Prenons un exemple. Quand l'Unicef a contribué à créer une école dans le petit village de Jengerjiba, composé de cases de boues séchées et de maisons de béton, à 110 kilomètres de la capitale en Érythrée (Afrique de l'Est), celle-ci est devenue pour la population locale « une porte vers la sortie des ténèbres ». Comme le formule un ancien : « Nous espérons la voir se développer et accueillir un plus grand nombre d'élèves parce que l'absence d'instruction rend les gens aveugles[1]. »

1. Unicef : http://www.unicef.org/french/education/eritrea_47651.html.

En matière de développement humain, en 2013, l'Érythrée était 181e sur 187 au classement de l'ONU. En 2002, l'Enquête démographique et de santé concernant l'Érythrée a révélé que 89 % des Érythréennes avaient été excisées. C'est un des taux les plus élevés du continent africain[1]. Par ailleurs, près d'une jeune Érythréenne sur deux est mariée alors qu'elle est encore mineure, sachant que l'âge légal du mariage dans ce pays est pourtant de dix-huit ans.

On voit bien combien l'accès à l'éducation est essentiel. C'est le cas pour l'Érythrée et pour de nombreux autres pays du monde où les enfants sont encore victimes d'innombrables souffrances et maltraitances. D'après l'Unicef, on estime qu'il y a 158 millions d'enfants entre cinq et quatorze ans qui travaillent, soit un enfant sur six dans le monde. Un enfant sur trois rien qu'en Afrique subsaharienne.

L'éducation, et notamment l'éducation des filles, est un réel enjeu. Dans de nombreux pays, les filles ont moins de chances d'être scolarisées que les garçons. Selon l'Unesco, 493 millions de femmes sont analphabètes, soit les deux tiers des adultes analphabètes dans le monde. Concernant la parité, c'est-à-dire un taux de scolarisation égal chez les filles et les garçons, ce sont 40 % des pays qui ne l'ont pas encore atteinte au niveau de l'école primaire et ce taux grimpe à 62 % au niveau du secondaire. Les filles sont particulièrement désavantagées dans les États arabes, en Asie du Sud-Ouest et en Afrique subsaharienne.

Et pourtant, l'éducation des filles représente le levier le plus puissant pour lutter contre la pauvreté. Ann Cotton, fondatrice et présidente de l'ONG Camfed (Campaign for Female Education), consacre sa vie à l'éducation des filles dans les zones les plus pauvres et les plus reculées d'Afrique subsaharienne. Elle explique dans une interview au *Monde* du 4 avril 2014[2] : « Une fille éduquée a des revenus 25 % supérieurs à ceux d'une fille analphabète. Elle est capable de mieux se prémunir contre tout type de virus ; elle a notamment trois fois moins de risques d'être malade du sida. Elle est plus autonome, se marie et a des enfants plus tard. Ses enfants

1. Unicef : http://www.unicef.org/french/infobycountry/eritrea_52819.html.

2. *Le Monde* : http://www.lemonde.fr/afrique/article/2014/11/04/rien-n-a-plus-d-effets-pour-une-nation-que-la-scolarisation-des-filles_4517514_3212.html#Mek6r7GUut5Krgd4.99.

sont en meilleure santé, et, à leur tour, ils ont plus de chances d'aller à l'école. Enfin, elle contribue à la bonne santé économique du pays et au processus démocratique. »

John Daniel, sous-directeur général de l'Unesco pour l'éducation de 2001 à 2004, écrivait : « L'éducation pour tous est importante, et cela pour trois raisons. Premièrement, l'éducation est un droit. Deuxièmement, l'éducation accroît la liberté individuelle. Troisièmement, l'éducation apporte une contribution formidable au développement. » Bien sûr, nous le comprenons par ces exemples cités, l'éducation permet, comme le disait l'ancien Érythréen, « une porte vers la sortie des ténèbres ». L'accès à une éducation de base est essentiel. Mais je ne peux m'empêcher d'interroger la notion de « développement ». De quel modèle de développement s'agit-il ? S'il est question de renforcer le paradigme actuel, avec ses logiques de compétition, de court terme, de manque et de limitation, nous ne faisons que précipiter la fin de notre espèce, car notre modèle actuel – qui tire sur les ressources limitées de notre planète et génère un mal-être croissant chez les individus – n'est ni enviable ni supportable pour l'humanité.

Qu'observe-t-on dans les pays dits « développés » où ces systèmes éducatifs sont bien installés et rodés ? Peut-on vraiment dire que l'éducation dominante accroît les libertés individuelles ? L'ascenseur social – qui semble encore fonctionner dans les pays émergents ou en voie de développement – joue-t-il encore son rôle chez nous ?

Prenons l'exemple français. Le Baromètre annuel du rapport à l'école des enfants de quartiers populaires[1] montre qu'en 2013, sur un échantillon de cinq cents enfants scolarisés en école élémentaire et au collège, la plupart (et plus particulièrement les collégiens) n'ont qu'un faible goût pour l'école et s'y ennuient fréquemment. Le rapport montre aussi que les enfants craignent d'être en échec. 23 % d'entre eux ressentent un sentiment de malaise à l'école. Les deux premières causes de mal-être nommées sont le stress (lié à la peur des contrôles ou d'être interrogé) et les insultes, bagarres et moqueries. Ce mal-être se traduit également physiquement, puisque

1. Baromètre Trajectoires/AFEV : http://www.generationsetcultures.fr/wp-content/uploads/2015/02/Afev-Trajectoires_Barometre_JRES2013_VF.pdf.

35 % des enfants déclarent souffrir de maux de ventre avant de se rendre à l'école !

Notre système éducatif a également cessé d'être un facteur de réduction des inégalités sociales et tend même à les accentuer. Une étude du CEREQ[1] (Centre d'étude et de recherche sur les qualifications) concernant la génération arrivée sur le marché de l'emploi en 2010 montre que le risque de rester hors de l'emploi ou en marge est trois fois plus important quand on est fils d'ouvrier ou d'employé plutôt que fils de cadre. Cette situation découle largement du niveau de diplôme obtenu, lui-même dépendant de l'origine sociale de l'élève. Ainsi, seulement 13 % des jeunes dont les deux parents sont ouvriers ou employés ont obtenu un bac +5 ou plus, contre 29 % de ceux ayant un parent cadre, et 47 % de ceux dont les deux parents sont cadres[2].

Notre modèle éducatif, avec son système de « grandes écoles », est particulièrement élitiste. Il s'agit avant tout d'un système de sélection fondé sur les intelligences linguistiques et logico-mathématiques[3].

Il vise à sélectionner une élite qui sera amenée à occuper des postes à responsabilité au sein des institutions ou des entreprises. Au cours de sa scolarité et pour être sélectionnée, cette élite aura développé des compétences bien particulières, telles que l'abstraction, la performance, la compétition, le tout dans un contexte souvent empreint de hiérarchie, d'absence de sens, de manque et de limitation.

Très vite, les enfants « éduqués » comprennent qu'il s'agit d'ingurgiter pour régurgiter, d'avoir les notes qui permettent de passer dans la classe supérieure. C'est ce dont témoigne Marshall Rosenberg, le père de la communication non violente, dans l'une de ses conférences sur l'éducation à Genève en 2001[4]. Il dit que

1. Enquête « Quand l'école est finie » : http://www.cereq.fr/index.php/actualites/Quand-l-Ecole-est-finie.-Premiers-pas-dans-la-vie-active.

2. *Le Monde* : http://www.lemonde.fr/campus/article/2014/10/29/les-enfants-de-cadres-accedent-plus-facilement-a-l-emploi_4514362_4401467.html#UtCu0bO8jzV1WBgO.99.

3. Telles que définies par Howard Gardner dans ses recherches sur les intelligences multiples.

4. Conférence enregistrée le 28 septembre 2001 et traduite en français sur le CD « Une éducation au service de la vie ».

l'enseignant considère en début d'année ses vingt élèves comme vingt verres vides. L'enseignant, comparé à un pot de lait, verse du lait dans chaque verre pendant l'année scolaire comme on verse du savoir. En fin d'année, poursuit-il, on demande à chaque élève de « régurgiter » ce savoir. Le résultat de ce processus conclut-il, ce sont vingt verres vides et sales et un pot de lait régurgité.

Je me souviens d'une discussion avec une enfant qui apprenait en cours les différents états de l'eau. Elle m'avait demandé de lui faire réciter sa leçon. Je m'étais attardée sur le thème de l'évaporation sentant qu'elle n'avait pas compris en profondeur ce qu'il se passait. Immédiatement, elle m'avait coupée : « La maîtresse demande juste que j'apprenne pour le contrôle, je n'ai pas besoin de savoir ça. »

Où étaient donc passé le sens et le plaisir d'apprendre, la curiosité naturelle des enfants qui les pousse à explorer davantage le vivant ? Non, cette enfant avait compris que pour réussir à l'école, il fallait surtout apprendre pour passer au niveau supérieur, pas nécessairement comprendre. J'ai croisé nombre d'adultes qui exprimaient leur frustration d'avoir fait au lycée ou en classe préparatoire des mathématiques de haute volée sans en saisir réellement le sens ou les applications possibles, uniquement parce que c'était l'outil de sélection de prédilection. Ce type de sélection développe l'abstraction à outrance.

D'autre part, la dimension affective intervient encore trop peu dans la scolarité. Elle a fait récemment son entrée dans les programmes avec les notions de bienveillance, d'estime de soi ou encore de partage des sentiments et des émotions. Et c'est une avancée. Cependant, le degré de bienveillance dans une classe dépend encore pour beaucoup de la qualité d'être de l'enseignant. Il existe bien sûr des enseignants chaleureux et bienveillants dans le public, comme dans le privé. Il demeure cependant beaucoup d'enseignants que leurs élèves redoutent, ou des enseignants qui, par manque d'affirmation, ne parviennent pas à créer autour d'eux un climat chaleureux et constructif. Chacun fait bien sûr du mieux qu'il peut. Le métier d'enseignant est extrêmement exigeant et difficile. Passé la maternelle, rares sont les classes où les enfants apprennent à écouter leurs émotions, à ressentir, à échanger. Rares sont les classes où l'on apprend à développer des relations harmonieuses avec les autres et à coopérer. Au contraire, la compétition est souvent de mise. Il n'est pas question non plus d'apprendre dans la joie et le plaisir. L'effort, la contrainte, l'obligation, voire la menace, sont encore très présents. Si bien que les enfants qui « réussissent » dans ce système, la future élite, sont souvent très frustrés au fond d'eux-mêmes et n'accèdent plus à la dimension du cœur, et donc d'humanité, qui est mise en sourdine.

Le résultat de cette sélection est doublement pervers. D'une part l'élite, sélectionnée sur sa capacité à fonctionner dans l'abstraction, développe un « mental abstrait » extrêmement puissant en lieu et place d'une intelligence plus globale qui inclurait la dimension du cœur. Or c'est la dimension du cœur qui permet de ressentir vraiment la réalité du vécu des êtres humains. Nous retrouvons donc bien souvent à la tête des entreprises et des institutions des personnes incapables de ressentir les besoins ou la réalité concrète que vivent les êtres humains au jour le jour. Ces élites ont du mal à percevoir les besoins et aussi la souffrance des êtres humains. Elles restent enfermées dans leur « mental abstrait ». Pour eux, le business passe avant tout, bien avant les enjeux humains réels. La logique de marché finit par transcender la logique humaine. Le statut, l'argent, la domination, la carrière prédominent dans leurs vies en compensation d'un mal-être plus en profondeur, car le « formatage » subi au fil des années pour arriver en haut de l'échelle génère beaucoup de frustrations.

Si le système sélectionne, il exclut aussi. Selon les estimations, 110 000 jeunes quittent le système éducatif tous les ans, sans qualifications et avec une très mauvaise image d'eux-mêmes.

L'impression d'avoir échoué, d'être nul. L'impression d'être un rebut de la société, de ne pas avoir sa place. Quel gâchis gigantesque et inacceptable ! 110 000 jeunes qui ont au fond du potentiel mais qui pensent qu'ils ne peuvent pas réussir. Et comme l'ascenseur social est cassé, la misère engendre la misère.

Notre modèle éducatif est en tout point similaire à notre société. Il serait donc très regrettable que les pays émergents ou en voie de développement s'en inspirent aujourd'hui, car ils ne feraient que reproduire les difficultés auxquelles nous faisons face ici.

Ici ou là-bas, nous avons besoin d'un nouveau paradigme en éducation !

Une éducation au service de la vie

Albert Einstein disait : « On ne résout pas les problèmes avec les modes de pensée qui les ont engendrés. » Si nous souhaitons relever les défis qui se présentent au XXIe siècle, nous allons devoir revoir nos modes de pensée et particulièrement dans le domaine de l'éducation. Nous avons un besoin urgent de changer nos cadres de référence, de changer de paradigme.

Changer de paradigme

Passer du regard sur le manque et la limitation au regard sur le plein potentiel des individus.

Passer de la compétition à la coopération.

Passer du stress pour apprendre au plaisir et à la joie de découvrir et d'évoluer.

Passer de l'abstraction au sens.

Passer du jugement à l'empathie.

Passer d'une approche essentiellement focalisée sur la tête à une approche qui développe l'être humain dans sa globalité (corps, cœur, tête et créativité).

Passer de l'obligation et la contrainte à l'autonomisation et la responsabilisation.

Passer de la sélection d'une élite à la reconnaissance que chaque enfant possède des talents uniques à offrir à la société et au monde.

Passer de la suprématie du quantitatif à l'importance du qualitatif.

Passer de l'adaptation au modèle économique en place (et en crise) à l'émergence de créateurs qui contribuent à une transformation positive de la société.

Passer d'une logique où l'humain est au service de l'économique à une logique vraiment logique où l'économique est au service de l'humain.

J'ai pu prendre conscience de ce repositionnement à opérer lors de mon parcours de formation en leadership éthique et en psychologie d'évolution. C'est là qu'est né mon projet d'école, Living School. Une école au service de la vie. Une école qui permet, par l'éducation et la formation, l'émergence de citoyens épanouis et responsables qui contribuent à une réelle évolution de l'humanité. C'est sur ces deux approches que j'ai développé notre pédagogie.

Voyons un peu en quoi elles consistent.

La psychologie d'évolution

La psychologie d'évolution n'est pas une thérapie, c'est une dynamique de vie et d'évolution pour l'individu et la société dans son ensemble.

Beaucoup d'approches psychologiques ou médicales ont pour but d'accompagner les individus pour leur permettre d'« aller mieux ». Elles sont centrées sur la pathologie et visent un retour à la normale. Elles considèrent qu'un individu fonctionne selon une norme : un état de santé physique et mental dit « normal ».

Imaginons qu'au cours de sa vie un individu rencontre des difficultés : problèmes de santé, perte d'un emploi, insomnie, accident, dépression… De nombreux acteurs interviennent alors pour l'aider : médecins, psychiatres, psychothérapeutes, psychanalystes, etc. Ces acteurs vont concentrer leur attention sur la problématique spécifique de cet individu, sur son « décrochage » par rapport à une norme, bref sur sa pathologie.

À l'inverse de ces approches, la psychologie d'évolution va commencer par ignorer la norme. En lieu et place de la norme, elle pose comme premier principe l'existence d'un immense potentiel chez tous les individus quels qu'ils soient. Nous avons tous, enfants comme adultes, un potentiel quasi infini en matière de création, d'imagination, de prise de conscience, de repositionnement, d'évolution.

Au lieu de focaliser son attention sur la pathologie des individus dans un objectif de retour à la norme, la psychologie d'évolution pose son regard sur l'immense potentiel des individus et les amène à mobiliser ce potentiel de vie en vue d'une action.

Ainsi, elle ne cherche pas en premier lieu à analyser les problématiques d'une personne. Elle cherche à découvrir le potentiel individuel de chacun. Les problématiques, malgré tous les impacts ou difficultés qu'elles peuvent engendrer dans la vie d'une personne, sont secondaires par rapport à la reconnaissance de ce potentiel. Mais cela ne signifie pas que la psychologie d'évolution les ignore ! En effet, c'est à partir de son potentiel reconnu et intégré que l'individu trouve la force et le discernement pour dépasser ses problématiques

Quand j'ai, pour ma part, découvert la psychologie d'évolution, j'avais déjà effectué une année de thérapie et j'ai pu ressentir combien cette nouvelle approche repésentait une dynamique de vie. Quand j'arrivais chez ma psychothérapeute, les mouchoirs m'attendaient au pied de la chaise. J'y allais chaque semaine pour « vider mon sac ». Nous abordions chaque ombre de ma vie passée et mes problèmes du moment méthodiquement. Je pleurais beaucoup pendant chaque séance et j'en sortais soulagée, mais vidée. J'avais l'impression que tout était plus clair, plus explicite. J'étais capable de mettre des mots sur chacune de mes expériences. Néanmoins, je n'avais pas l'impression que cela m'aidait dans ma vie de tous les jours.

Quand j'ai découvert la psychologie d'évolution, ce qui m'a tout de suite motivée, c'est la dynamique positive. J'ai arrêté de m'identifier à cette jeune femme fragile à qui il était arrivé (ou à qui il arrivait alors encore) plein de malheurs. Au contraire, j'ai découvert que j'avais en moi du potentiel et j'ai tout de suite eu envie de le développer. J'ai commencé à m'identifier à toutes mes qualités et c'est ce qui m'a aidée à dépasser ma peur de m'affirmer. À l'époque, que ce soit au travail et dans la vie de façon générale, j'avais du mal à m'affirmer. Les personnes qui me connaissent aujourd'hui n'imaginent pas une seconde en me voyant que j'ai pu manquer d'affirmation. Mon travail en psychologie d'évolution m'a permis de dépasser cet état. Aujourd'hui, je n'ai plus peur de m'affirmer et j'y prends même plaisir. Cette approche m'a permis de « grandir » et d'évoluer… et voilà même que maintenant, je transmets cet enseignement autour de moi. Et j'ai une grande joie à voir les autres s'épanouir !

Appliquer cette dynamique de vie au domaine de l'éducation, c'est reconnaître pleinement le potentiel des êtres humains et porter son regard sur les richesses immenses de tous les élèves au lieu de se focaliser sur les manques et les limitations. Sortir de la tyrannie du « peut mieux faire ! », c'est aussi sortir de la norme de nos systèmes éducatifs traditionnels, basée essentiellement sur les intelligences linguistiques et logico-mathématiques. Tous les enfants sont uniques et naturellement intelligents.

La psychologie d'évolution est aussi une approche globale qui prend en compte l'être humain dans toutes ses dimensions : le corps, le cœur – aussi appelé la dimension affective, émotionnelle et relationnelle –, l'intellect et la dimension de vision, d'intuition et de créativité. Appliquer cette approche globale au domaine de l'éducation, c'est avoir pour objectif de permettre aux élèves de se développer harmonieusement à tous les niveaux de leur être. C'est leur permettre d'être bien dans leur corps, d'avoir une belle vitalité, d'être acteurs de leur santé en se nourrissant sainement et en pratiquant des activités physiques. C'est leur permettre d'être bien dans leur cœur en étant capable d'accéder à leur ressenti, d'exprimer leurs émotions, de s'affirmer pour ce qui est juste, d'avoir des relations harmonieuses et constructives avec les autres. C'est leur permettre de développer une intelligence vraiment globale, une intelligence au service de la vie, qui prend en compte les besoins du corps, les besoins du cœur et toutes les idées créatives et intuitions qui se présentent. Enfin, c'est leur permettre de développer leur capacité de vision, d'intuition, d'imagination et de créativité. C'est les familiariser avec la joie d'être créateur et de participer à l'évolution de notre humanité !

L'approche éducative classique se focalise particulièrement sur le travail de l'intellect. Elle asservit le corps, qui doit rester assis des heures durant et passer aux toilettes à heures fixes, et ignore trop souvent la dimension du cœur, comme si les élèves allaient déposer leurs émotions sur le porte-manteau avant d'entrer en classe. La créativité est souvent cantonnée aux seuls arts plastiques.

La psychologie d'évolution est aussi une approche globale dans le sens où elle s'intéresse à l'individu et la société dans son ensemble. Ainsi, elle prend en compte non seulement le savoir-être des individus, mais aussi les savoir-faire et les réalisations, ainsi que tous les impacts qui en découlent à court, moyen et long terme pour l'ensemble de la société. Fondamentalement elle se veut une approche d'ouverture et de responsabilisation.

Le savoir-être

Prendre en compte le savoir-être des individus quand le système éducatif classique se concentre sur les savoirs et les savoir-faire est déjà une innovation notable. Si au niveau de son savoir-être un enfant manque de confiance en lui, cela va se répercuter sur ses apprentissages. On peut imaginer facilement qu'il aura plus de mal à lever la main pour demander une explication. Il sera plus hésitant et ses doutes vont rendre ses acquisitions plus fragiles. Ainsi, quand nous observons à Living School qu'un enfant rencontre des difficultés (en maths par exemple), nous allons l'accompagner et l'aider dans cette matière, mais nous allons aussi remonter à la source de ce blocage et voir au niveau de son savoir-être ce qui se joue. Si l'enfant est persuadé qu'il est « nul en maths », nous allons l'aider à dépasser cette croyance négative. Ce repositionnement au niveau de son savoir-être va lui permettre un vrai dépassement de la difficulté rencontrée au point qu'il pourra même envisager de devenir doué en maths. Dans une approche classique basée uniquement sur les savoirs, on se contente de la remédiation : l'enfant est amené à mieux identifier une difficulté, mais il aura toujours la mauvaise image de lui qui le freinera dans ses apprentissages. Sans compter que cette mauvaise image de soi aura un impact dans de nombreux domaines de sa vie.

À Living School, nous nous intéressons au savoir-être dans son ensemble, pas uniquement dans l'utilité qu'il représente au niveau des apprentissages. Un enfant qui réussit dans toutes les matières, mais qui reste en retrait et qui n'ose pas s'exprimer en groupe, c'est aussi un enfant qui a besoin d'être accompagné pour s'épanouir davantage. Un enfant brillant du point de vue académique, mais malheureux, est un enfant qui a besoin d'aide. Voici ce dont il est question : que tous les enfants s'épanouissent !

L'impact de notre positionnement

Rendre les enfants et les adultes heureux, c'est déjà un programme ambitieux ! Cependant la psychologie d'évolution va plus loin, car elle s'intéresse aussi aux effets des positionnements de l'individu dans le monde. En quoi mon positionnement est-il porteur ou non pour la société et le monde ? À quoi est-ce que je contribue ? Voilà les questions que pose la psychologie d'évolution.

La psychologie d'évolution va s'intéresser à la qualité d'être des individus et aux effets qu'elle va créer pour son environnement. Autrement dit, elle va non seulement regarder le positionnement de cette personne, mais aussi tous les effets créés *de facto* par ce positionnement dans son environnement. Elle va regarder si, par son positionnement à un moment donné, la personne crée un peu plus de bonheur autour d'elle ou un peu plus de souffrance. C'est à la fois une psychologie des profondeurs et une psychologie sociale.

Notre qualité d'être donne une teinte, une coloration à tous nos savoirs, nos savoir-faire et les résultats que nous obtenons. Elle infuse véritablement à la façon d'un sachet de thé qu'on tremperait dans de l'eau chaude.

Prenons l'exemple d'un enseignant qui manque d'affirmation personnelle. Au niveau de son savoir-faire, cela va impacter sa qualité de communication avec les élèves tant sur le plan collectif, que sur le plan individuel. Il aura des difficultés à gérer l'ambiance de sa classe et à « recadrer » les élèves quand ils sont dissipés. Cela va également affecter sa qualité relationnelle avec les parents. Il aura du mal à faire valoir son point de vue auprès d'un parent doutant de sa méthode. Ce manque d'affirmation aura des répercussions jusque dans le quotidien de la classe. Si les élèves sont dissipés, que leurs questions ne sont pas canalisées, les apprentissages ne pourront pas bien se faire. Voilà pourquoi il est primordial de développer un savoir-être de qualité. L'exemplarité de l'enseignant est au centre d'une bonne pédagogie.

Cet exemple met en évidence l'impact que chaque personne a sur la réalité universelle à travers tout ce qu'elle fait ou ne fait pas. En un mot, nous sommes tous créateurs de qualité ou de non-qualité.

Notre évolution ou involution personnelle participe à l'évolution ou l'involution de ce monde. Que nous le voulions ou pas, nous avons un impact sur le monde et nous en sommes responsables. Mais encore faut-il en être conscient ! La psychologie d'évolution insiste sur l'importance de développer le niveau de conscience de chaque personne, car l'évolution collective en dépend.

Le savoir-être, le levier le plus puissant d'évolution

Selon la psychologie d'évolution, « évoluer » signifie grandir en conscience, c'est-à-dire devenir de plus en plus conscient de son potentiel et de ses responsabilités, donc de son impact sur le monde, et par son épanouissement d'être toujours davantage au service de l'humanité. La fondatrice de cette approche, Edel Gött, explique : « C'est reconnaître et utiliser de façon positive et globale l'ensemble de notre potentiel pour nous épanouir et nous réaliser en contribuant à l'évolution de l'humanité. » Par exemple, une personne qui passe d'une position de « victime », où elle subit son environnement sans être consciente qu'elle peut agir, à une position de créateur, où elle se reconnaît la capacité (le potentiel) à agir sur son environnement et agit pour contribuer positivement, se trouve dans une logique d'évolution dynamique.

Le savoir-être représente le levier le plus puissant d'évolution, et un repositionnement au niveau du savoir-être engendre des changements exponentiels au niveau des savoir-faire.

Si je travaille sur ma confiance en moi et que je la renforce, ce sont alors tous mes savoir-faire qui vont être impactés positivement par ce repositionnement. Ainsi, je serais plus à l'aise pour communiquer, pour apprendre, pour me mouvoir, j'oserai davantage et bien sûr l'ensemble de mes réalisations sera positivement impacté par la marque de ce regain de confiance en moi.

Daniel Goleman, psychologue, enseignant à Harvard et journaliste au *New York Times*, l'explique également dans son livre *L'Intelligence émotionnelle, tome 2*. Il définit comme « intelligence émotionnelle » la conscience de soi, la maîtrise de soi, la motivation, l'empathie et les compétences sociales. L'ensemble de ces compétences sont de l'ordre du savoir-être.

Or selon lui, la compétence émotionnelle compte deux fois plus que le QI et l'expertise technique (savoir-faire) dans l'explication de la performance des collaborateurs. Ceci est vérifié même dans les métiers les plus techniques qui laisseraient penser au premier abord le contraire. « L'intelligence émotionnelle ne s'ajoute pas aux capacités intellectuelles et techniques, elle les multiplie ! » écrit-il, et il ajoute : « L'intelligence émotionnelle est donc le facteur déterminant (mais invisible) de la performance d'exception » (Goleman, 1999). Ces affirmations sont le résultat d'enquêtes réalisées par des dizaines d'experts dans près de cinq cents entreprises, agences gouvernementales et associations du monde entier.

Le leadership éthique

L'intérêt que la psychologie d'évolution porte à l'impact des individus sur le monde et la société a permis de faire émerger un nouveau courant de leadership, le leadership éthique. Living School, par l'éducation et la formation, contribue au rayonnement de ce nouveau courant et se fixe comme objectif de permettre l'émergence de ces nouveaux leaders.

Au sens étymologique, le leader est celui qui est en tête, qui mène ses hommes et qui commande. Dans le cadre du leadership éthique, le leader est plutôt considéré comme un pionnier, une personne qui va aller là où personne n'est encore allé, qui va « défricher ». Le leader éthique reconnaît à tous les êtres humains la capacité de devenir un leader éthique. Il a même à cœur de cultiver cette nouvelle génération de leaders éthiques, ces porteurs de changement. Dans « leadership éthique », l'éthique s'entend comme la réponse aux besoins fondamentaux des êtres humains. Il ne s'agit donc pas de la morale, qui elle varie avec le temps et les cultures, mais bien de répondre aux besoins universels, partagés par l'ensemble des êtres humains. Voici les sept besoins fondamentaux des êtres humains, identifiés par le leadership éthique :

— La santé : soin, prévention et vitalité (physique, émotionnelle et mentale) ;

— La sécurité physique, émotionnelle et mentale au niveau social, économique et environnemental ;

— Le respect de soi, des autres et du vivant en général ;

— L'équilibre et le bien-être pour chacun ;

— L'inclusion : inclure les personnes, les minorités, et les générations futures mais aussi prendre en compte, face à une situation, la totalité des paramètres, qu'ils appartiennent au passé, au présent ou au futur ;

— L'accès à la connaissance : non seulement une éducation de qualité qui prépare réellement aux enjeux du XXIe siècle, mais aussi l'accès à une information de qualité, globale et juste ;

— La réalisation de soi et la concrétisation d'un projet porteur de sens.

Ces besoins sont à considérer concomitamment et sans hiérarchie[1]. Le leadership éthique peut s'appliquer à tous les domaines de l'activité humaine et il engendre des changements de paradigme puissants. Par exemple, dans le secteur de la santé, il est essentiellement question de soigner. Le Leader Éthique qui travaille dans ce domaine va s'intéresser à tout ce qui permet de guérir, mais il travaillera surtout activement à renforcer les approches préventives, à aider les personnes à rester en bonne santé, voire à développer leur vitalité. C'est le cas de Véronique Chabernaud, médecin cancérologue et ancienne dirigeante dans un grand groupe pharmaceutique, qui a fondé Créer la vitalité, une entreprise de conseil qui contribue à déployer le potentiel santé et vitalité des êtres humains et de la société.

Le monde de l'entreprise est obnubilé par la réussite financière. Dans le leadership éthique, l'objectif est d'abord humain et le résultat financier n'est qu'un résultat, pas un objectif. Si par exemple une maladie fait des ravages dans un pays, nous constatons que les entreprises pharmaceutiques interrogeront d'abord la solvabilité des populations pour décider ou non de développer un médicament. Le leadership éthique cherchera tout de suite à éradiquer la maladie et trouvera – quoi qu'il en coûte – des moyens pour le faire. Mon ami, Alexandre de Carvalho, a impulsé avec l'accompagnement d'Edel Gött au début des années 2000 le leadership éthique dans les filiales d'Afrique francophone d'un groupe pharmaceutique qui commercialisait un médicament antipaludique. À l'époque, le

1. Contrairement à la pyramide de Maslow.

paludisme, selon l'OMS, causait environ un million de décès par an dans le monde, principalement en Afrique.

Avant, le chef de produit de l'antipaludique avait pour objectif d'accroître sa part de marché, surtout auprès des populations francophones. L'objectif était donc le résultat financier. De ce fait, il concevait son marché de façon « classique » et considérait que la moustiquaire était un concurrent de son produit. Cette logique de raisonnement liée au profit à court terme ne contribuait évidemment pas à une meilleure prévention du paludisme en Afrique. Au lieu de mettre en œuvre tous les moyens de prévention de façon globale, cette logique les cloisonnait et les mettait en concurrence.

Après la formation en leadership éthique, le chef de produit a eu à cœur de développer la prévention contre le paludisme en Afrique. Il s'est fixé comme objectif la diminution du paludisme en Afrique pour toute la population. Il a donc conçu un partenariat avec la moustiquaire (son ancien concurrent), pour augmenter les chances de prévention de la maladie. Il a alors trouvé de nouveaux moyens et de nouveaux canaux pour faire connaître son produit auprès des populations. Il a développé les actions d'information dans les hôpitaux notamment. Bien que n'étant plus exclusivement motivé par le résultat financier, il a cependant pu atteindre un résultat satisfaisant, grâce à l'augmentation des ventes de son produit. Les clients, partenaires et institutionnels ont perçu très positivement le changement de positionnement de la société, dont l'image s'est sensiblement améliorée. Et surtout, ce chef de produit a exprimé combien il retrouvait du sens dans son métier et avait plaisir à se lever le matin pour se mettre réellement au service de la santé des populations.

Le leadership éthique, comme la psychologie d'évolution, sont des repères qui permettent vraiment un changement de paradigme pour le XIXe siècle.

Le savoir-être, en tant que levier exponentiel d'évolution en est le cœur et il comprend entre autres : la conscience, la confiance en soi, la gestion de soi, la capacité d'avoir des relations harmonieuses et constructives avec les autres, la joie, l'élan, le sens.

L'importance de développer harmonieusement tous les niveaux de l'être devient essentielle et notamment :

— écouter les besoins du corps et donner toutes les connaissances nécessaires à la santé et à la vitalité des élèves.

— prendre en compte la dimension affective, émotionnelle et relationnelle. Développer l'ouverture du cœur chez les élèves en cultivant l'empathie et l'altruisme. Cultiver le respect de la vie sous toutes ses formes. Apprendre à s'affirmer pour ce qui est juste. Apprendre à faire la différence entre s'affirmer et réagir.

— développer une intelligence globale chez tous les élèves. Une intelligence qui prend en compte les besoins du corps, du cœur et les idées créatives. Une intelligence reliée au cœur, qui sait prendre des décisions, en gardant toujours en tête la vision globale, autrement dit les impacts sur le court, le moyen, le long terme et sur l'environnement proche et lointain.

— élargir la capacité de vision, de créativité, d'imagination et d'intuition des élèves. Leur rappeler qu'ils sont des « créateurs » au service de l'évolution de l'humanité.

Évidemment, il est question de sortir des logiques de compétition et de concurrence pour aller vers des logiques de coopération et de complémentarité. Car de quoi est-il question au fond ? Contribuer à une réelle évolution de l'humanité. Et il y a tant à faire !

Nous ne pourrons pas faire face aux enjeux mondiaux si nous ne tournons pas résolument notre regard vers l'extraordinaire potentiel de tous les individus, au lieu de focaliser sur les manques et les limitations. En définitive, éduquer au XXIe siècle, c'est permettre à chaque élève de découvrir ses talents uniques pour contribuer à transformer la société et le monde.

Reconnaître l'immense potentiel de chaque enfant

Légende hindoue

Il fut un temps où tous les hommes étaient des dieux.

Comme ils abusèrent de ce pouvoir, Brahma, le maître des dieux, décida de le leur retirer et de le cacher dans un endroit où il leur serait impossible de le retrouver.

Oui, mais où ? Brahma convoqua en conseil les dieux mineurs pour résoudre ce problème.

— Enterrons la divinité de l'homme, proposèrent-ils.

Mais Brahma répondit :

— Cela ne suffit pas, car l'homme creusera et trouvera.

Les dieux répliquèrent :

— Dans ce cas, cachons-la tout au fond des océans.

Mais Brahma répondit :

— Non, car tôt ou tard l'homme explorera les profondeurs de l'océan. Il finira pas la trouver et la remontera à la surface.

Alors, les dieux dirent :

— Nous ne savons pas où la cacher, car il ne semble pas exister sur terre ou sous la mer d'endroit que l'homme ne puisse atteindre un jour.

Mais Brahma répondit :

— Voici ce que nous ferons de la divinité de l'homme : nous la cacherons au plus profond de lui-même, car c'est le seul endroit où il ne pensera jamais à chercher.

Et depuis ce temps-là, conclut la légende, l'homme explore, escalade, plonge et creuse, à la recherche de quelque chose qui se trouve en lui.

Faisons un rêve ensemble

Imaginons que, dans chaque école de France et du monde, les enseignants posent vraiment leur regard sur les ressources immenses de tous les enfants. Imaginons qu'ils perçoivent ce potentiel incroyable qui sommeille en chacun, même chez les enfants les plus en difficulté, même chez les enfants dont les comportements sont les plus difficiles à gérer. Imaginons que chaque enseignant pose un regard plein de confiance et de bienveillance sur tous les enfants, sans exception, et dise à ses élèves : « Je sais que chacun d'entre vous peut réussir. Vous avez tous au fond de vous des ressources insoupçonnées. Tout d'abord, vous êtes tous naturellement intelligents. Eh oui, comment pourrait-il en être autrement avec les cent milliards de neurones qu'il y a dans vos têtes ? Vous savez qu'il n'y a pas d'enfant bête, n'est-ce pas ? Oui, ça n'existe pas ! Vous avez tous la capacité d'apprendre des choses nouvelles, de progresser, de comprendre, de ressentir, d'évoluer, d'imaginer, de créer, d'inventer. Vous sentez tout ce potentiel ? Eh bien, je suis là cette année pour vous aider à le déployer dans la joie et la bonne humeur. Tu as du potentiel et tu peux réussir (en regardant un premier élève), toi aussi (en regardant un autre), toi aussi (en regardant un suivant) et toi aussi (et ainsi de suite jusqu'à ce que chacun reçoive personnellement le message). Et ce qui est merveilleux, c'est que nous pouvons réussir tous ensemble ! Quand tu réussis, tu n'empêches pas ton camarade de réussir. Tu peux réussir, il peut réussir, nous pouvons réussir. Vous voyez, c'est la "magie du potentiel" ! Chacun d'entre nous peut le déployer sans écraser les autres. Alors que quand nous gagnons, nous fabriquons forcément des perdants. Et bien souvent, il y a un gagnant, tandis que tous les autres sont perdants. Vous avez déjà été perdants ? Que ressentez-vous quand vous êtes perdants ? De la tristesse oui, de la colère, de l'énervement ou du découragement aussi. Parfois, quand vous perdez, vous avez l'impression que vous n'êtes pas à la hauteur ou même que vous êtes nuls. C'est parce que vous aviez perdu de vue votre immense potentiel. Dans la classe cette année, nous n'allons pas jouer au "jeu négatif des gagnants et des perdants". Dans la classe cette année, il n'y aura pas de perdants, vous m'entendez : pas de perdants ! Nous allons gravir une montagne, ensemble. Nous allons apprendre plein de choses, nous allons progresser. Nous allons arriver au sommet ensemble. Nous ne laisserons pas sur le bord du chemin tel enfant ou tel autre. Nous allons nous entraider. Si l'un d'entre vous se décourage, s'il n'a plus confiance en lui pour gravir la montagne, nous serons là pour lui rappeler qu'il a… (l'enseignant marque une pause) qu'il a quoi déjà ? (quelques enfants s'exclament)… Du potentiel ! Bravo, je vois que vous avez déjà compris ! Allez, en route. »

Ressentez-vous combien ce changement de perspective de la part des enseignants pourrait créer une réalité tellement plus riche de sens pour tous les enfants ? N'est-ce pas la base de la confiance en soi qui permettrait à chaque enfant de réussir sa vie ?

Sortir du regard sur le manque et la limitation

Il existe de nombreux enseignants bienveillants qui accompagnent ainsi leurs élèves pour qu'ils déploient leur plein potentiel. Mais il existe aussi encore beaucoup d'enseignants qui, au lieu de tourner résolument le regard vers l'immense potentiel des enfants, focalisent leur attention sur les manques et les limitations. Comment pourraient-ils faire autrement quand toute la société fonctionne de la sorte ? Nous avons tous été conditionnés à regarder ce qui ne va pas, en pensant que c'est ainsi que nous allons améliorer les choses. Beaucoup d'enseignants ne font que reproduire le système qu'ils ont eux-mêmes connu. Le « peut mieux faire » est de rigueur. Réussir, c'est normal, c'est ce qui est attendu. Ils s'attachent donc à ce qui ne va pas. Ce qui fait défaut. L'une de nos anciennes élèves, Victoria, est arrivée en CM2 dans une école du quartier. Ses résultats étaient excellents, elle collectionnait les 18, 19 et 20. Invitée à témoigner sur son vécu auprès de nos parents d'élèves, elle explique : « Quand j'étais à Living School, ma maîtresse me valorisait quand je réussissais. Dans ma nouvelle école ma maîtresse me rend mes copies sans jamais dire quelque chose de positif. J'ai compris que je ne devais pas attendre d'elle qu'elle m'encourage. Du coup, je m'encourage moi-même ! »

Le système éducatif traditionnel n'a pas pour repère le potentiel des élèves, il fonctionne au contraire selon une norme, j'oserais même dire un « moule ». Nous avons vu dans la partie « De quoi est-il question ? » combien notre système repose sur un procédé de sélection, dont l'objectif est de faire émerger une élite. Et qui dit sélection dit exclusion, puisque 18 % de jeunes achèvent leur scolarité sans avoir obtenu de diplôme[1].

Il est plus qu'urgent de remplacer ce fonctionnement normatif, qui fait entrer les enfants et les jeunes dans un moule desséchant, par une éducation basée sur le plein potentiel des êtres humains. Le métier des enseignants en deviendrait qui plus est tellement plus passionnant : au lieu de faire tendre les enfants et les jeunes vers une norme, il serait question de les aider à déployer leur potentiel. Au lieu d'imprimer un mouvement de l'extérieur vers l'intérieur pour formater, contenir, limiter, couper, rejeter, il serait question de faire émerger, de développer, de libérer, de faire rayonner, donc d'accompagner le mouvement de l'intérieur vers l'extérieur. N'est-ce pas ce que pensait Montaigne quand il disait : « Éduquer, ce n'est pas remplir des vases, mais allumer des feux » ? Et si l'on reconnaît vraiment le plein potentiel des enfants,

1. D'après le rapport du CESE, septembre 2011, sur les inégalités à l'école : http://www.lecese.fr/sites/default/files/pdf/Fiches/2011/FI09_inegalites_ecole.pdf.

la citation d'André Stern vient nous interpeller : « Les enfants ne sont ni des vases à remplir, ni un feu à allumer : ils sont un foyer ardent à ne pas éteindre. »

Le potentiel

Qu'est-ce que le potentiel ?

....

La psychologie d'évolution, qui est à la base de la pédagogie que nous déployons à Living School, attribue à tous les êtres humains, adultes comme enfants, un potentiel infini de création. Nous avons tous un potentiel infini en capacité de création, d'imagination, de prise de conscience, de repositionnement, d'évolution.

....

Votre potentiel, c'est l'ensemble des qualités que vous manifestez et c'est aussi l'ensemble des qualités en sommeil à l'intérieur de vous que vous ne manifestez pas encore. Par croyance, par peur, souvent parce qu'à cet endroit de votre personne, vous avez une mauvaise image de vous-même. Par exemple, vous êtes peut-être convaincu que vous êtes quelqu'un de timide. En réalité, vous manifestez un comportement timide pour le moment, mais si vous décidiez vraiment de changer cela, vous pourriez évoluer. Sophie, la première enseignante à rejoindre Living School, m'avait prévenue quand je l'avais recrutée : « Je ne suis pas du tout à l'aise pour prendre la parole en public. Quand je dois intervenir à une réunion devant les parents, je suis très stressée. » Je l'ai rassurée et je lui ai demandé si elle aimerait progresser sur ce point-là. Elle était partante. Aujourd'hui, personne n'imaginerait une seconde que Sophie, dans un passé pas si lointain, avait des difficultés à s'exprimer en public. Elle intervient en conférence avec brio, elle anime des formations sans appréhension, et toujours avec beaucoup de plaisir et de spontanéité.

La psychologie d'évolution reconnaît ce potentiel d'évolution à tous. Nous ne sommes pas par nature ceci ou cela. Certains enfants qui ont rejoint Living School dans les classes élémentaires pensaient en arrivant qu'ils étaient « nuls en maths ». Nous les avons aidés à prendre conscience qu'ils avaient certes des difficultés en maths, mais qu'ils n'étaient pas « nuls ». Nous les avons encouragés et avons valorisé chacune de leurs avancées. Peu à peu, en confiance, chacun s'est autorisé à explorer cette matière. Rapidement, nous avons noté de nets progrès. Au bout de quelques mois, tous pratiquaient les maths avec plaisir et plus aucun d'entre eux ne se qualifiait de « nul en maths ».

Léopoldine nous a rejoints en CE2. À l'époque, elle ne possédait que des bases rudimentaires d'anglais alors que ses camarades avaient déjà cinq années de pratique de cette langue. Au début, la mise à niveau qu'elle devait effectuer lui est apparue insurmontable. N'ayant pas le repère du plein potentiel, elle s'en faisait une montagne et se dévalorisait. Son enseignant anglophone, Alan, était lui convaincu qu'elle en serait capable. Avec beaucoup de bienveillance, il l'a accompagnée étape par étape. D'abord bloquée et découragée, Léopoldine a commencé à se détendre puis à s'atteler à la tâche et les signes de réussite n'ont pas tardé à arriver. Aujourd'hui, elle est à l'aise en anglais et prend plaisir à parler cette langue spontanément avec les anglophones. Mais l'histoire ne s'arrête pas là. En fin de CE2, un soir de garderie, Léopoldine s'approche d'Alan et lui demande de lui dessiner quelque chose. Alan lui répond : « Tu sais, Léopoldine, je suis un piètre dessinateur. » Léopoldine pose alors sa main sur la main d'Alan, le regarde dans les yeux et lui dit : « Tu sais, Alan, tu as du potentiel et tu peux apprendre à dessiner. Fais-toi confiance. Je suis certaine d'ailleurs que tu n'es pas un si mauvais dessinateur que cela. »

Voilà la « magie du potentiel » en action. Une fois qu'une personne intègre cette réalité pour lui-même, il la partage naturellement avec d'autres. Léopoldine a bien senti la valeur de ce qui lui avait été transmis et à son tour, elle en fait le cadeau... même aux adultes qui l'entourent ! Car les adultes aussi ont un immense potentiel, n'est-ce pas ?

Lors des formations que j'anime auprès des professionnels de l'éducation, il arrive qu'on me dise : « Oui, d'accord, c'est bien facile de voir le potentiel chez des enfants qui manquent de confiance en eux-mêmes. Moi, j'ai dans ma classe un petit garçon super agité et violent qui nous ruine le climat de la classe. Alors, lui, j'ai du mal à voir son potentiel. Il n'en loupe pas une ! » Évidemment, il est plus difficile de percevoir le potentiel de cet enfant, tant son comportement agité et agressif semble prendre le dessus sur tout le reste. Pourtant, cet enfant-là, comme tous les autres, en possède.

Tout d'abord, un enfant n'est pas, par nature, agité et agressif. Les manifestations de son comportement sont à dissocier de son identité profonde. À trop répéter qu'il est agité ou agressif, l'enseignant étiquette l'enfant et stigmatise son comportement négatif. À l'inverse, plus l'enseignant sera en mesure de poser son regard sur les capacités, les points positifs de l'enfant, plus il le mettra en situation de réussir, plus celui-ci pourra évoluer positivement. Dans notre école, nous avons régulièrement accueilli des enfants qui avaient de grandes difficultés de comportement : opposition, agressivité, insolence, violence… J'ai toujours été émerveillée de voir combien le fait de focaliser le regard sur leurs ressources sans les juger négativement pouvait les faire évoluer et leur permettre d'être intégrés dans la classe. Au lieu d'être rejetés par leurs camarades, d'être stigmatisés, ces enfants sont toujours inclus dans le groupe et même appréciés.

Les quatre niveaux du potentiel

Afin de faire évoluer le paradigme éducatif, il serait aussi nécessaire de prendre en compte la globalité du potentiel des élèves. Les enfants ne sont pas que de purs intellects.

L'être humain dispose de quatre niveaux de potentiel qui ont besoin de se développer harmonieusement : le corps, le cœur, la tête et la créativité. Il est temps que l'école prenne en compte l'ensemble de ces dimensions.

À trop focaliser sur l'intellect, l'école crée de gros déséquilibres qui sont préjudiciables pour les élèves et, par voie de conséquence, pour la société dans son ensemble. Les enfants ont besoin de trouver à l'école, dans les apprentissages et les expériences qu'on leur propose, de quoi s'épanouir physiquement, émotionnellement, intellectuellement et de quoi développer leur créativité. L'école a besoin de reconnaître l'être merveilleux que nous sommes ! Elle peut faire la part belle au corps et redécouvrir combien le corps est un allié incontournable des apprentissages. Elle peut s'ouvrir aux émotions, au langage du cœur, et permettre ainsi un relationnel plus fluide et plus positif entre tous les membres de la communauté scolaire. Elle peut développer une intelligence plus globale qui ne laisse pas d'enfants de côté. Enfin, elle peut et doit développer la créativité chez les enfants. C'est de notre capacité à créer, imaginer, inventer de nouvelles solutions que dépendra notre avenir sur la planète. Plus que jamais, nous devons stimuler la créativité chez nos élèves.

Faire ce pari du potentiel requiert un vrai repositionnement de la part des enseignants. Jusqu'alors, leur formation et leur pratique les ont conditionnés à davantage voir « ce qui pêche » chez les enfants, dans l'optique de les aider à s'améliorer. Le métier privilégie l'intellect chez les élèves. Dans notre nouveau paradigme, il va être question de ressentir toutes les richesses qui existent chez les enfants et les jeunes, même quand ceux-ci ne les manifestent pas de manière évidente. Il conviendra de tourner résolument son regard vers cet immense potentiel plutôt que de focaliser sur ce qui ne va pas ou qui demande à être amélioré. En fait, pour chaque mention d'un point négatif ou d'un point d'amélioration pour un élève, il faudrait pouvoir mentionner au moins trois points positifs. Certains enseignants l'ont bien compris qui mettent en avant les points forts et les progrès des enfants. Ainsi, dans une dictée, certains pratiquent une évaluation positive pour mettre en avant les acquis des enfants, plutôt que de focaliser uniquement sur leurs erreurs.

Valoriser

Comment promouvoir une éducation qui prenne en compte le potentiel immense de chaque enfant ? Il y a mille et une activités à créer pour permettre cela. Parents, professionnels de l'éducation, nous pouvons tous déployer notre créativité pour offrir à nos enfants, nos élèves ou jeunes de développer leur confiance en eux. Voici quelques idées issues de notre pratique à Living School qui pourront vous inspirer.

Quelques pistes pour reconnaître le potentiel des enfants et des jeunes

Quand nos élèves nous rejoignent la première année en maternelle, nous leur racontons l'histoire du *Plus Grand Trésor* (livre à paraître en littérature jeunesse). C'est l'histoire d'une enfant qui parcourt le monde à la recherche du plus grand trésor et qui finit par le trouver à l'intérieur d'elle-même. Nous avons bien conscience que la notion de « potentiel » n'est pas accessible pour un enfant de trois ans. C'est pourquoi nous parlons de « grand trésor ». Un enfant, pour peu qu'il n'ait pas déjà une image de lui-même trop abîmée, est naturellement réceptif à cette notion de « grand trésor ». Il sent bien qu'il a à l'intérieur de lui plein de qualités à déployer, pour son plus grand bien et celui des autres.

Nous encourageons et valorisons beaucoup les enfants. Dès que l'opportunité se présente, nous ne manquons pas de mentionner les qualités et les réussites des uns et des autres. Ceci crée un climat très positif. Dès la première année d'existence de Living School, nous avons entendu les enfants se valoriser entre eux. Emi, en petite section de maternelle, qui un jour passait à côté de Nathan, lui a dit, après voir jeté un œil sur son dessin : « Waouh, il est beau ton dessin, Nathan ! » Quand j'ai une idée ou que je crée une nouvelle activité à l'école, les enfants me valorisent aussi spontanément : « Caroline, merci d'avoir pensé à mettre des crochets dans l'entrée pour suspendre nos trottinettes, c'est une super idée ! »

La psychologie d'évolution met l'accent sur la valorisation, car c'est un moyen merveilleux d'activer le potentiel des individus. En début d'année, lors de notre premier atelier pour les parents, nous proposons une expérience de valorisation aux participants. Par groupe de trois, ils vont témoigner, à tour de rôle, de deux exemples de réussite en tant que parents. Ensuite, ils feront un retour sur les qualités personnelles des uns et des autres, qualités qu'ils pourront déduire des réussites qu'ils ont entendues. Souvent, à l'annonce des consignes, je vois une grande majorité des parents avoir un mouvement de recul. C'est tellement inhabituel de parler de réussites et tellement « hors norme » de se valoriser.

Pour certains, il faut même préciser ce que recouvre le terme de « réussite » : « C'est quelque chose que vous avez fait et dont vous êtes contents. » Je conçois bien leur difficulté ou leur réticence, car notre société fonctionne totalement à l'inverse de ces pratiques. De façon générale, le regard est toujours porté sur les manques et les limitations, sur ce qui peut être amélioré. Pas question de reconnaître la valeur, on risquerait de tomber dans la vantardise, de prendre la grosse tête, d'avoir les chevilles qui enflent... il faut surtout rester « humble ». Je suis bien sûr consciente de la valeur de l'humilité. Pour moi, l'humilité véritable consiste à reconnaître que ce que nous avons accompli, chacun d'entre nous peut le faire. C'est reconnaître à chaque être humain un plein potentiel. Mais je dénonce une forme d'humilité qui, en annihilant en permanence la valeur de chacun, nous rend petit et nous coupe de notre puissance créatrice. Elle envoie notre potentiel à la poubelle. Edel Gött a consacré un chapitre de son livre *Now or Never, l'urgence d'agir* à ce sujet, chapitre qui s'intitule « La méga-poubelle ». Hélas, cette forme d'humilité est présente un peu partout dans la société, si bien que lorsque nous commençons à nous valoriser, nous nous retrouvons en pleine transgression d'un interdit implicite de la société. Dire du bien de nous-mêmes et des autres, c'est un peu comme braver un interdit. Si je vous demande de prendre une feuille de papier et un crayon et de noter vingt qualités sur vous-même en cinq minutes, il y a fort à parier qu'au tout début, vous n'en trouviez que quelques-unes... Généralement, plus une personne est consciente de son potentiel, plus elle peut spontanément se reconnaître et s'attribuer des qualités. Je vous propose d'interrompre votre lecture un instant et de faire l'expérience. Notez bien le nombre de qualités que vous vous êtes trouvées. Si vous en avez moins de vingt, je vous invite à poursuivre au fil de votre lecture. Objectif : dépasser les vingt qualités lorsque vous refermerez ce livre. Avez-vous pensé à noter que vous étiez intelligent ? Si non, n'hésitez pas à l'ajouter de suite...

Voici une citation de Marianne Williamson qui va tout à fait dans ce sens. Parce que l'approche de Living School est laïque, j'ai fait le choix de remplacer dans son texte original le mot « Dieu » par le mot « vie » :

« Notre peur la plus profonde n'est pas que nous ne soyons pas à la hauteur, notre peur la plus profonde est que nous soyons puissants au-delà de toutes limites.

C'est notre propre lumière et non notre obscurité qui nous effraie le plus. Nous nous posons la question… Qui suis-je, moi, pour être brillant, radieux, talentueux et merveilleux ?

En fait, qui êtes-vous pour ne pas l'être ? Vous êtes un enfant de la vie.

Vous restreindre, vivre petit ne rend pas service au monde. Il n'y rien de brillant à vous rétrécir pour éviter d'insécuriser les autres. Nous sommes nés pour rendre manifeste la gloire de la vie qui est en nous.

Elle ne se trouve pas seulement chez quelques élus, elle est en chacun de nous, et, au fur et à mesure que nous laissons briller notre propre lumière, nous donnons inconsciemment aux autres la permission de faire de même. En nous libérant de notre propre peur, notre puissance libère automatiquement les autres. »

Une séance sur les qualités de chacun

Il y a urgence à reconnaître l'immense potentiel dont est porteur tout être humain. C'est la donnée indispensable pour résoudre l'équation des enjeux mondiaux auxquels l'humanité doit faire face. En déployant nos potentiels, nous serons en mesure de créer ensemble les conditions d'un monde meilleur. La valorisation est donc primordiale. Reconnaître nos qualités personnelles et celles des autres est une pratique à développer. En classe, nous proposons aux enfants une séance de savoir-être sur les qualités. Cette séance peut tout à fait s'intégrer dans le programme scolaire puisqu'elle fait travailler le français à l'écrit comme à l'oral. En début de séance, nous demandons aux enfants de lister toutes les qualités qu'on peut attribuer à un être humain. Nous notons au fur et à mesure au tableau : gentil, courageux, spontané, enthousiaste, calme, drôle, agile, sportif, créatif, intelligent, beau (l'occasion de parler de la beauté intérieure aussi), attentionné, généreux, honnête, appliqué, doux… et ainsi de suite. Nous proposons ensuite aux enfants de voir quelles qualités ils s'attribuent naturellement. Nous leur demandons de se représenter par un dessin et d'écrire autour d'eux les qualités qu'ils se reconnaissent. Ensuite nous leur proposons de les partager avec les autres oralement. À tour de rôle, les camarades complètent la liste en donnant des exemples : « Tu pourrais aussi dire que tu es bricoleur, car la dernière fois, c'est toi qui a réparé le stylo de Lukas ! », ou encore : « Tu as oublié d'écrire que tu es intelligente, car tu te souviens, nous sommes tous naturellement intelligents ! » Certains courants de psychologie ou de développement personnel estiment que ces valorisations sont des « jugements positifs » et qu'il ne faut pas formuler de jugement, même positif, à l'égard des personnes. La psychologie d'évolution, qui attribue un potentiel immense à tous les individus, postule que ces valorisations sont une reconnaissance (et non un jugement) du potentiel réel des individus. Valoriser, c'est reconnaître et activer ce potentiel et lui permettre de se déployer.

Nous pratiquons aussi une variante de cette séance qui s'intitule « le ballon des compliments » et que nous avons découverte grâce au livre *Calme et attentif comme la grenouille* d'Eline Snel. Nous proposons à nos élèves de se mettre en cercle et remettons le ballon à un premier enfant. Celui-ci, en citant le prénom d'un autre, va lui envoyer la balle tout en lui faisant un compliment : « Tu es vraiment un bon ami. J'ai bien aimé comme tu m'as aidé aujourd'hui au parc. » Celui qui reçoit la balle va à son tour l'envoyer à un autre élève et lui faire un autre compliment et ainsi de suite. La seule consigne à donner, c'est que chacun ne reçoit qu'une fois la balle et que le jeu se termine quand tout le monde a été cité. Ce jeu crée un très bon climat de classe et d'inclusion.

Le cahier de réussites et les billes de réussites

L'outil incontournable de la valorisation en psychologie d'évolution, c'est le cahier de réussites. À Living School, tous les enfants et tous les adultes possèdent un cahier de réussites. Toutes les semaines dans les classes, nous prenons le temps de célébrer nos réussites. Une réussite, c'est quelque chose que nous avons fait et dont nous sommes contents. Par exemple, vous êtes certainement très content quand vous avez appris quelque chose de nouveau, ou quand vous avez réussi quelque chose que vous ne parveniez pas à faire auparavant, ou alors quand vous avez aidé quelqu'un... Nous célébrons nos réussites dans un climat de non-jugement et de positivité. Chacun est invité à s'exprimer et personne ne critique les réussites des uns ou des autres. Bien au contraire, nous allons valoriser les réussites de chacun en nous encourageant les uns les autres par des applaudissements et nous allons même rappeler à certains les réussites qu'ils auraient éventuellement oubliées. Les enfants sont ensuite invités à faire un dessin coloré et à écrire une phrase résumant leur réussite dans leur cahier. Pour les enfants plus jeunes, c'est l'adulte qui écrira dans le cahier la réussite sous la dictée de l'enfant. Ces moments sont joyeux et agréables. Les enfants partagent spontanément leurs expériences de réussite de l'école ou de la maison : « J'ai réussi à mettre la tête sous l'eau à la piscine », « J'ai réussi à lire », « J'ai réussi à faire un exposé sur les éoliennes »... Un jour, un de nos anciens élèves, Léonard, est venu à ma rencontre et il m'a dit : « Caroline, je voudrais te remercier. Te remercier pour les cahiers de réussites. » J'ai répondu : « Avec plaisir ! Tu peux me dire pourquoi les cahiers de réussites comptent pour toi ? » Et il a répondu : « Tu vois, dans mon ancienne école, il n'y en avait pas. Ça m'a fait du bien. Ça m'a donné plus de confiance en moi. » Nos élèves, interrogés sur l'intérêt du cahier de réussites, ont expliqué : « Quand on sera des adultes, il y aura forcément des moments plus difficiles, mais au lieu de perdre courage, on se dira qu'on a réussi tant de choses quand on était petits... qu'on devrait y arriver ! »

En maternelle, nous avons créé un rituel complémentaire au cahier de réussites que nous avons nommé les « billes de réussites ». Quand un enfant réussit quelque chose, il est invité à mettre une bille dans le bocal des billes de réussites. Les enfants adorent entendre le bruit de la bille qui tombe dans le bocal, c'est un moment magique que nous célébrons ensemble. Visuellement, le bocal plein de billes représente toutes les réussites individuelles et collectives de la classe. Quand le bocal est complètement rempli, nous organisons une petite fête.

« L'enfant cadeau »

Lors de nos sessions de savoir-être, il nous arrive plusieurs fois par an de faire une séance intitulée « l'enfant cadeau ». Un enfant se place sur une chaise, yeux bandés, et tour à tour, dans le plus grand silence, ses camarades de classe viennent lui chuchoter des compliments à l'oreille. L'enfant qui « reçoit » témoigne régulièrement du bien-être qu'il ressent lors de cette séance et qui perdure bien après. C'est un excellent moyen pour renforcer la confiance en soi et l'entraide dans la classe. Les enfants apprennent à voir les qualités et la beauté qu'il y a en chacun.

Le marché des connaissances

Deux fois par an, nous organisons à l'école un marché des connaissances (inspiré par les Réseaux d'échanges réciproques de savoirs, créés par Claire Héber-Suffrin). Ces jours-là, quand vous circulez dans notre école, vous voyez un peu partout dans les classes et les pièces communes des stands tenus par des enfants, qui partagent leurs connaissances : sur des tapis de gym, Côme est en train d'apprendre à trois copains comment réaliser une roue de capoeira ; dans un coin du réfectoire, Léonard explique tour à tour à deux élèves comment tenir et positionner leurs mains et doigts sur un violon et sur l'archet ; un peu plus loin, Klea apprend à cinq enfants à compter en coréen jusqu'à 10 ; Azucena tient avec Manon un stand de fabrication de makis ; dans la classe des CP-CE1 Alice fait concocter des potions magiques ; tandis que Jeanne, dans la classe 4, initie à la fabrication des pompons… Ces moments sont l'occasion de mettre en lumière les talents et les connaissances des enfants, qu'ils ont un plaisir immense à partager entre eux et avec les adultes.

Accepter la valorisation

Lorsque nous valorisons un enfant ou un adulte, nous prenons toujours le temps d'évaluer si le message est bien accepté. Une fois de plus, l'interdit implicite de la société conditionne souvent nos réponses. Il n'est pas rare d'entendre, quand on valorise quelqu'un pour son travail : « Oh, ce n'est rien ! », « C'est bien normal », « Je n'ai fait que mon travail »… Autant de réponses qui nous montrent que la valorisation n'est pas véritablement acceptée par notre interlocuteur. Chez les enfants, c'est souvent le corps qui parle. L'enfant fuit notre regard, croise les bras ou bien s'en va. C'est pourquoi nous prenons toujours un temps avec lui. Nous reformulons notre propos en regardant l'enfant dans les yeux : « Tu sais, tu as fait un travail de très grande qualité. Bravo ! » Je peux voir dans le regard de l'enfant, s'il a vraiment accepté la valorisation. Quand c'est le cas, son regard est clair et profond, son œil scintille comme s'il était le miroir de la richesse enfouie dans son être. J'aime tant voir les yeux des enfants briller !

L'exemplarité

L'exemplarité joue un rôle essentiel dans la valorisation. Si je suis extrêmement exigeant, voire sévère avec moi-même, j'aurai beau encourager mes enfants ou mes élèves, ceux-ci percevront avant tout cette discipline que je m'applique à moi-même. Un jour, j'échangeais avec un papa d'élève au sujet de son fils. Je lui expliquais combien ce dernier était pour le moment très résistant à la valorisation. C'était un garçon de six ans, très talentueux : vif, observateur, habile, curieux... Quand nous l'encouragions, il détournait ou baissait le regard, visiblement mal à l'aise. Il était extrêmement exigeant vis-à-vis de lui-même, à tel point qu'il mettait un point d'honneur à réussir seul les choses les plus difficiles et se mettait en colère quand il n'y parvenait pas. Son papa reconnaissait bien là le comportement de son petit garçon, qui avait le même à la maison. Un battant qui refusait de perdre.

Quand je lui ai expliqué que ce comportement était lié à un manque de confiance en soi, ce papa s'est exclamé : « Mais je ne vois pas comment cela est possible ! Sa maman et moi, nous passons notre temps à l'encourager, le féliciter et à lui dire combien nous sommes fiers de lui ! » « Oui, répondis-je, je suis tout à fait persuadée que vous l'encouragez et que vous le valorisez. C'est ce que nous faisons aussi à l'école et nous avons remarqué qu'il n'acceptait pas nos valorisations. Dites-moi un peu, comment diriez-vous que vous êtes avec vous-même ? Diriez-vous que vous reconnaissez facilement vos réussites ? Diriez-vous que vous êtes content de qui vous êtes ? Ou diriez-vous plutôt que vous êtes exigeant avec vous-même ? Comment vivez-vous le fait de faire une erreur ? » Ce papa m'a alors expliqué qu'il avait toujours été très exigeant avec lui-même. Il se mettait beaucoup de pression pour répondre à toutes les demandes qu'on lui faisait à la maison tout comme au travail. Il voulait toujours donner le meilleur de lui-même, il était souvent stressé et sous pression. Au travail, il n'était pas passé loin d'un burn-out à force de se mettre la pression. Quand il faisait une erreur m'a-t-il expliqué, il se traitait intérieurement de « patate ! », très déçu de n'avoir pas été à la hauteur. Ce papa vivait donc sous la tyrannie du « Sois parfait ! », une injonction qu'il avait certainement reçue enfant et qu'il continuait de s'appliquer. « Voilà, lui dis-je, voilà ce que votre enfant s'applique à lui-même. Ce "Sois parfait !". Ce qui compte pour lui, ce n'est pas ce que vous lui dites, c'est ce que vous êtes et ce que vous faites. Vous êtes son modèle. Votre enfant perçoit très bien que pour être à la hauteur, il a lui aussi besoin d'être parfait ! Plus vous serez en mesure de lâcher cette exigence pour vous-même, plus vous libérerez votre enfant. Plus vous accepterez de faire des erreurs, plus votre enfant acceptera d'en faire à son tour. Plus vous reconnaîtrez votre propre valeur, plus votre enfant reconnaîtra la sienne. » Voilà pourquoi nous insistons tant à Living School sur l'importance de l'exemplarité.

Valoriser, est-ce risqué ?

Y a-t-il un risque à trop valoriser les enfants ? Pourraient-ils vivre dans l'illusion de la toute-puissance si nous les encourageons trop ? Risqueraient-ils de développer un sentiment de supériorité ? Est-ce que cela n'entretiendrait pas l'illusion de la facilité, au détriment de la notion d'effort ? J'ai eu régulièrement à répondre à ces questions et l'expérience nous apporte des réponses concrètes. Tout d'abord, il me paraît utile de préciser que toutes formes de valorisations et d'encouragements doivent être faites à bon escient. Il ne s'agit pas de dire à tout bout de champ aux enfants qu'ils sont géniaux. Nos encouragements et valorisations se doivent d'être sincères et justes. Maintenant, un enfant qui prend conscience de son potentiel a naturellement tendance à voir le potentiel des autres.

Côme nous a rejoints en grande section de maternelle. Avant, il manquait terriblement de confiance en lui. Sa maman nous raconte : « Un soir, j'avais un coup de fil très important à passer et j'entendais ma petite fille Albertine pleurer. Quand dix minutes plus tard je suis descendue, Albertine ne pleurait plus, Côme était à ses côtés en train de lui parler : "Tu sais, ma choupinette, tu as un trésor à l'intérieur de toi, fais-toi confiance et tu vas trouver une solution pour arrêter de pleurer..." Je m'étais mise en retrait, émue. Puis il a continué : "Tu sais, moi, avant j'étais nul et maintenant ça va mieux !" » Sa maman nous raconte une autre anecdote : « Cette année, l'animatrice de l'atelier cirque de Côme a changé. La nouvelle animatrice est dure et sévère avec les enfants. La meilleure amie de Côme, inscrite comme lui à cet atelier, a supplié ses parents, en pleurs, de partir. J'étais inquiète pour Côme et je lui ai donné la possibilité de se désinscrire, pour faire comme son amie. Ce à quoi il a répondu : "Tu sais, maman, même si elle a l'air dure et sévère, elle a du potentiel, cette animatrice !" et il a décidé de rester. » On le voit bien dans ces exemples, les enfants qui deviennent conscients de leur potentiel sont capables d'attribuer ce même potentiel aux autres enfants, voire aux adultes, même quand ceux-ci n'apparaissent pas sous leur meilleur jour.

Et cela me rappelle un échange avec un enfant de CE2 il y a quelques années.

Lui : Caroline, à quel âge t'as créé Living School ?

Moi (surprise, c'était la première fois qu'un enfant de mon école me posait la question) : À trente-deux ans.

Lui : Et pourquoi tu as créé Living School ?

Moi : Parce que je voulais que les enfants soient heureux d'aller à l'école !

Lui : Ah ben t'as réussi !

Moi (émue) : ...

Lui : Tu sais, avant, dans mon autre école, c'était pas comme ça. Quand je revenais à la maison j'avais toujours mal là ou là ou là (il montre tour à tour un genou, un coude, sa joue).

Moi : Ah bon, tu te faisais mal comme ça ?

Lui : Ah non, Caroline, JE ne me faisais pas mal, ON me faisait mal !

Moi : Il y avait de la violence comme ça ?

Lui : Oui ! Mais tu vois, Caroline, le problème c'est que les enfants de ces écoles, eh bien, ils ont du potentiel eux aussi... mais ils ne le savent pas !

Au lieu de se sentir supérieur aux autres, cet enfant mesurait le bonheur qu'il tirait à être conscient de sa valeur. Loin de juger les autres enfants, il aurait aimé qu'eux aussi bénéficient d'une pédagogie positive et bienveillante.

Sur la question de l'exigence, valoriser ou encourager ne veut pas dire « laisser faire » ou « laisser aller ». J'ai remarqué que nos élèves apprenaient avec beaucoup de facilité, car ils avaient davantage confiance en eux-mêmes. Parce qu'ils n'ont pas peur de se tromper ou de demander, ils questionnent, comprennent, intègrent et avancent dans la connaissance avec fluidité et aisance. Cette prédisposition ne les dispense pas de tout effort. Ils savent ce que veut dire « se dépasser » et beaucoup d'adultes pourraient s'en inspirer. Ils développent même avec le temps une forme d'exigence sur ce qui leur apparaît comme primordial. La justesse est l'une de leurs valeurs essentielles et là-dessus, ils ne transigent pas. Quand une situation leur apparaît injuste, ils n'hésitent pas à prendre position.

Lors d'un goûter de retrouvailles avec nos anciens élèves, je retrouve Athéna. Elle est entrée en CM1 dans une école privée catholique dont l'effectif est cinq fois supérieur au nôtre. Quand je lui demande comment elle se sent dans sa nouvelle école, elle me répond qu'elle y est très heureuse. Elle s'est fait beaucoup de nouvelles amies. Elle adore déjeuner au self et choisir ce qu'elle va manger. « Par contre, me dit-elle, je vais écrire à la directrice ! » Surprise, je lui demande pourquoi. Elle m'explique : « Tu vois, dans cette école, il y a des feux de comportement. Si tu te comportes bien, tu es vert. Moyen, tu es orange. Pas bien du tout, tu es rouge. Et ça, c'est affiché dans la cour de récréation avec le nom des élèves. Alors je vais écrire à la directrice pour lui dire que ces feuilles devraient rester dans les pochettes des maîtresses dans les classes. » Je ne sais pas si Athéna a finalement écrit, je ne sais pas si sa demande a abouti, mais j'ai été époustouflée par son sens du discernement et son affirmation de ce qui est juste.

Une étude récente de l'université de Kobé[1] vient confirmer notre expérience positive de la valorisation. Elle démontre que les enfants qui ont reçu de leurs parents encouragements et attention sont plus heureux, réussissent leurs études, ont des revenus élevés et un plus grand sens de la justice. Les enfants ayant reçu à l'inverse une éducation stricte ont certes des niveaux comparables d'études et de revenus, mais ils sont moins heureux et plus stressés. Voilà de quoi nous encourager à valoriser nos enfants à l'école, comme à la maison.

1. http://www.kobe-u.ac.jp/en/NEWS/research/2016_06_17_01.html.

Comprendre comment se construit l'image de soi

Afin d'épanouir davantage les enfants, il me semble important que dans la formation initiale et continue des professionnels de l'éducation, ceux-ci découvrent comment l'enfant construit l'image qu'il a de lui-même. De cette façon, les enseignants et les éducateurs seront plus à même d'aider les enfants à développer leur sentiment de confiance en eux. Ils pourront aussi mieux saisir ce qui se joue plus en profondeur chez un enfant lorsqu'il manifeste tel ou tel comportement.

Une erreur d'identité

La psychologie d'évolution part du principe que lorsqu'un bébé arrive au monde, il dispose d'un potentiel de création aux possibilités infinies qui ne demande qu'à se déployer et s'épanouir. On peut se le représenter comme un cercle parfait, 360 degrés de plein potentiel. Les parents vont vouloir accompagner leur bébé et lui transmettre le meilleur afin qu'il développe de belles qualités. Malgré eux, en dépit de leur bonne volonté, certaines de leurs attitudes, certains de leurs comportements auront un impact négatif sur leur enfant. Nous savons tous qu'il n'y a pas de parents parfaits. Juste des parents qui font du mieux qu'ils peuvent avec ce qu'ils sont, ce qu'ils ont, ce qu'ils savent à un moment donné... Eux-mêmes d'ailleurs n'ont pas eu de parents parfaits.

Voici quelques exemples d'impacts négatifs : « Mais qu'est-ce que tu fais là ? Tu es bête ou quoi ? », « Tu ne peux pas faire un peu attention ? Tu es vraiment maladroit ! », « Tu m'énerves, tais-toi ! », « Si tu continues, tu vas avoir une fessée ! », « Eh bien, on ne peut pas dire que tu aies la bosse des maths... visiblement, tu n'y comprends rien », « Allez, dépêche-toi ! Mais qu'est-ce que tu es lent ! », « Tu me fatigues ! »... Les punitions, la claque ou la fessée représentent à ce titre des attitudes vraiment nocives.

À force d'être répétés, ces impacts finissent par entamer sérieusement l'image que l'enfant a de lui-même. Un enfant à qui l'on assène à tout bout de champ qu'il est nul en maths ou qu'il est maladroit va finir par le penser et se résigner. Chaque enfant construit son image en fonction des impacts qu'il a reçus et qu'il continue de recevoir. Au final, l'image que nous avons de nous-mêmes est totalement limitée et étriquée au regard de notre potentiel réel.

Car, entendez-là la bonne nouvelle : au fond de nous, nous avons tous un potentiel infini qui peut nous pousser à créer et évoluer ! Nous avons en nous tant de qualités qui n'attendent que d'être reconnues pour se manifester !

Toute notre éducation nous pousse à faire cette erreur fondamentale d'identification. Au lieu de nous identifier pleinement à notre potentiel, nous nous créons une image de nous-mêmes, une sorte de personnalité extérieure qui est le résultat de tous les impacts du passé.

Évidemment, cette image met en exergue nos défauts, nos limites et nos manques… et finalement peu de qualités. C'est ce que nous faisons quand nous disons : « Oh moi, je ne suis pas à l'aise en public… je suis plutôt timide ! » ou encore : « Je n'ai pas l'esprit de synthèse, ça c'est sûr ! » Nous finissons par nous identifier à ce qui nous restreint au lieu d'être conscients que nous pouvons toujours déployer notre potentiel.

Quand des parents arrivent à Living School pour un rendez-vous d'inscription et qu'ils m'expliquent par exemple que leur fille est timide, je prends toujours un temps pour leur expliquer l'erreur qu'ils sont en train de faire. Non, leur fille n'est pas timide par nature. Elle manifeste pour le moment de la timidité, mais elle peut évoluer. C'est d'ailleurs certainement ce qu'ils lui souhaitent. À ce moment-là de mon explication, je les vois acquiescer. C'est formidable de partager ce terrain commun qu'est l'épanouissement de leur enfant. Si je les sens ouverts, je poursuis mon idée. Leur enfant n'est pas timide par nature mais elle manifeste pour le moment de la timidité qui est le résultat de l'ensemble des messages qu'elle aura reçus de son environnement proche. Ses parents y sont souvent pour beaucoup malgré eux.

Je prends toujours un temps pour déculpabiliser les parents en leur disant combien je sais qu'ils veulent le meilleur pour leur fille et qu'ils font du mieux qu'ils peuvent. J'introduis souvent cette phrase de la psychologie d'évolution : 0 % coupable, 100 % responsable.

Notre savoir-être en tant que parents a un impact sur le savoir-être de nos enfants. Plus nous en sommes conscients, plus nous pouvons en prendre la pleine responsabilité… mais la culpabilité n'a pas à intervenir là-dedans, car nous faisons tous du mieux que nous pouvons.

Quand les parents sont ouverts, c'est le début d'un échange riche sur les raisons de la timidité que leur enfant manifeste. Par exemple, la maman va me dire : « À son âge, j'étais comme elle… et je ne suis toujours pas très à l'aise en public, ça me demande beaucoup d'efforts pour prendre la parole dans un groupe. » On voit ici comment un contenu psychique appartenant à un parent peut se transmettre implicitement à son enfant. Quand nous invitons les parents à poser leur regard sur le plein potentiel de leur enfant, cela permet une désidentification aux problématiques familiales et une évolution. Avec notre approche, les enfants soi-disant « timides » finissent peu à peu par prendre la parole en groupe et oser s'exprimer.

Le potentiel de vie frustré et contrarié (le « crocodile »)

L'ensemble des impacts que nous recevons durant notre enfance contrarie et frustre notre potentiel de vie. Au lieu de se déployer et de rayonner, celui-ci se contracte, se raidit, se résigne ou entre en réaction. C'est ce qu'on appelle le « potentiel frustré et contrarié ». La grande intelligence de la psychologie d'évolution est de reconnaître qu'il relève tout de même d'un potentiel.

J'ai pu maintes fois le vérifier. Un enfant qui dépasse une difficulté donnée récupère automatiquement une énergie de vie à la hauteur de ce qu'était sa difficulté. L'énergie qui était bloquée en lui devient disponible pour servir la vie de façon constructive.

Prenons l'exemple d'un enfant qui grandit dans une famille où le niveau de stress est important. Les parents ont tous deux de grosses responsabilités dans des grands groupes et subissent au quotidien une énorme pression. Ne sachant pas comment s'affirmer ou gérer leur stress, ils rentrent souvent le soir épuisés et frustrés et déversent, sans en être conscients, toute la tension accumulée sur leur famille. Les conflits dans le couple sont courants et l'enfant est souvent rabroué parce qu'il ne fait pas ce qu'on lui demande ou qu'il réclame « trop » d'attention. Au fond, cet enfant aurait besoin de calme, de sérénité et d'une vraie disponibilité de la part de ses parents pour pouvoir déployer harmonieusement son potentiel de vie. Mais à la place, il reçoit beaucoup d'injonctions contradictoires et de plaintes exaspérées. L'enfant impacté par ce climat négatif finit par comprendre que pour exister dans sa famille et pour attirer l'attention à soi, il faut se plaindre. Il se met à râler. La moindre frustration l'amène à rouspéter. À l'école, il endosse le statut de victime. C'est une stratégie pour attirer l'attention. Malheureusement, cela lui vaut souvent une attention négative de la part de ses camarades qui sont exaspérés par ses plaintes excessives. Cet enfant perd beaucoup d'énergie dans ce potentiel de vie frustré et se trouve très souvent en réaction. À partir du moment où nous prenons le temps de l'accompagner pour qu'il prenne la mesure de son plein potentiel et qu'il lâche son statut de victime, il s'assouplit, se met à sourire. L'énergie monumentale qu'il mobilisait dans le fait d'être « en réaction » est maintenant disponible pour être au service de la vie, de son bien-être à lui et du bien-être des autres.

À l'école, les enfants ont appelé ce potentiel de vie frustré et contrarié « le crocodile ». Nous *avons* tous un crocodile, car nous avons tous reçu des impacts négatifs, mais heureusement nous ne *sommes* pas ce crocodile. Cette distinction permet aux enfants d'apprendre à dire stop à leur crocodile. Ils lui font suivre une petite cure d'amaigrissement. Cette désidentification au crocodile enlève la culpabilité, tout en travaillant la responsabilité. Vous vous souvenez ? 0 % coupable, 100 % responsable ! Elle permet d'évoluer. Chacun de nous est responsable de son crocodile. Vous l'aurez certainement compris, le crocodile, c'est en fait notre ego négatif. C'est d'ailleurs ainsi que nos élèves en parlent à partir de sept-huit ans.

À Living School, nous encourageons les enfants et les adultes à s'identifier à leur potentiel infini de création, leur « grand trésor » et à gérer « leur crocodile » pour qu'il prenne moins de place.

Nous introduisons ces notions de « grand trésor » et de « crocodile » dès la maternelle. Les enfants les adoptent avec naturel.

À partir du CE2, nous utilisons un langage adulte et nous parlons du potentiel infini et de l'ego. Les nombreux professionnels de l'éducation que nous formons témoignent aussi de cette facilité d'appropriation par les enfants et les jeunes. « J'ai été étonnée de voir combien ça leur parlait spontanément, sans que j'aie besoin de trop développer. Les enfants semblent naturellement proches de ces notions », explique Blandine, enseignante en maternelle. « Ils s'en sont d'ailleurs tellement bien emparés que lorsque j'ai senti que je commençais à m'énerver dans la classe, un élève a levé la main et dit : “Maîtresse, j'ai l'impression que ton crocodile est en train de sortir”, et il avait raison », témoigne Sabine, une enseignante en primaire.

Il y a autant de « crocodiles » que de personnalités. Nos crocodiles ont tous leur façon bien à eux de se manifester. Parfois dans l'agressivité, d'autres fois dans le retrait ou la fuite, d'autres encore dans la manipulation… Bien sûr, si un enfant qui dépasse les limites nous dit : « Ce n'est pas moi ! C'est mon crocodile ! », nous allons lui répondre avec humour mais fermeté : « Ah oui, et qui est responsable de ce crocodile-là ? » Nous sommes tous 100 % responsables de nos crocodiles.

Une enseignante en ULIS (Unité localisée pour l'inclusion scolaire, ancienne CLIS) que nous avons formée apporte un témoignage bouleversant à ce propos. Elle accueille dans sa classe un enfant qui a d'énormes difficultés de comportement. Depuis cinq ans qu'il est dans l'école, les enseignants qui l'ont eu ont suspecté des maltraitances à son égard, mais personne n'a jamais réussi à le faire parler. Dès que cette enseignante a introduit les notions de « grand trésor » et de « crocodile », cet enfant a commencé à parler du crocodile de ses parents et de celui de sa grand-mère. Auparavant, il ne pouvait pas parler, car il avait certainement l'impression de les condamner. La culpabilité l'empêchait probablement de s'exprimer. Peu à peu, il a pu raconter à cette enseignante ce que ces crocodiles lui faisaient et elle a pu lui dire que ça n'était pas acceptable. Elle a fait un signalement et demandé à rencontrer les parents. Au cours de l'entretien, elle a abordé les très grosses difficultés de comportement de leur enfant et elle a aussi insisté sur ses très belles qualités. En s'appuyant sur de nombreux exemples, elle a valorisé leur enfant. Les parents étaient stupéfaits. C'était la première fois qu'on disait du bien de leur fils. Ensuite, elle leur a raconté ce que l'enfant avait révélé des maltraitances qui avaient cours à la maison. Tout en leur disant que ces agissements étaient inacceptables et qu'elle avait fait un signalement, elle a expliqué qu'elle savait qu'ils avaient fait de leur mieux et qu'elle souhaitait les aider. Non seulement, ces parents ont pu tout entendre, mais ils sont sortis du rendez-vous en reconnaissant qu'ils avaient besoin d'aide et en acceptant d'être accompagnés.

On le voit bien dans tous ces exemples, la compréhension fine de ce qui se joue en profondeur chez les êtres humains, et notamment la distinction entre le potentiel et l'ego, permet de mieux accompagner les enfants et les jeunes dans leur évolution. Si une telle connaissance était offerte à tous les professionnels de l'éducation ainsi qu'aux parents, il est certain que nos systèmes éducatifs et nos familles seraient beaucoup plus épanouissants. Hélas, par manque de connaissances, beaucoup d'éducateurs, parents ou professionnels, enferment les enfants dans une image négative et cristallisent les problèmes. Ils n'ont pas conscience qu'ils sont dans le jugement de valeur.

Sortir des jugements de valeur

Les jugements de valeur renforcent la mauvaise image de soi. En psychologie d'évolution, ce que nous appelons les jugements de valeur, ce sont les critiques négatives, les condamnations que nous portons sur les autres ou sur nous-mêmes. Ce sont des « étiquettes » négatives qui renforcent la mauvaise image de soi.

Si un enseignant dit régulièrement à un élève qu'il est lent, ceci va cristalliser ce problème chez lui. L'enseignant assène ce jugement, sans voir l'enfant dans sa capacité à changer, à progresser ou à se réorienter. Il enferme l'enfant dans une difficulté et le condamne à être toujours lent.

Chacun fait du mieux qu'il peut...

Être dans le non-jugement, c'est voir dans chaque être humain son potentiel. C'est savoir et sentir que chacun fait du mieux qu'il peut avec ce qu'il est, ce qu'il a et ce qu'il sait à un moment donné. Ce positionnement de vie est très exigeant. Il nous demande d'être le plus conscients possible pour éviter de projeter nos propres appréhensions ou contenus psychiques sur les autres. Quand une personne nous énerve, c'est que nous la jugeons et cela nous renseigne au fond sur nos propres problématiques. Avez-vous déjà remarqué que certaines personnes sont allergiques à certains comportements qui, de votre côté, vous laissent indifférent ? Si quelqu'un me dit : « Oh moi, je ne supporte pas les radins ! », je vois que cette personne est très sensible à ce sujet et je sais que plus en profondeur, quelque chose dans son histoire personnelle expliquera cette méfiance. Nos jugements de valeur peuvent se lire dans certains termes employés. Ainsi « toujours », « tout le temps », « jamais », « à chaque fois » érigent en absolu des situations qui peuvent se reproduire souvent, mais pas systématiquement. « Tu bavardes tout le temps » devient par la force de l'exagération un jugement de valeur.

Lors d'un atelier parents, j'avais introduit cette notion de non-jugement et un papa d'élève m'avait répondu : « Je ne suis pas d'accord avec ce que tu viens de dire. On ne peut pas dire que chacun fait du mieux qu'il peut avec ce qu'il est, ce qu'il a et ce qu'il sait à un moment donné... Moi, j'ai un collègue qui arrive toujours en retard, qui fait les choses à moitié, qui prend des pauses interminables. Si tu demandes à l'ensemble du service dans lequel je travaille, tout le monde te dira qu'il ne fait certainement pas du mieux qu'il peut ! Il faut quand même voir qu'il y a des gens paresseux ou des gens qui ne font pas leur boulot comme il faut. »

J'ai bien senti que le comportement de ce collègue énervait au plus haut point ce papa d'élève. J'ai pris le temps de lui expliquer que le manque de motivation de son collègue trouvait forcément sa source dans l'histoire personnelle de ce dernier. Visiblement, ce collègue ne faisait pas son travail comme il fallait et cela méritait certainement d'être recadré, mais pour autant, on ne pouvait en déduire qu'il était paresseux.

Le non-jugement n'empêche pas de discerner

Être dans le non-jugement ne signifie pas ignorer les problèmes. Le non-jugement n'empêche pas le discernement. Si un enfant a de grosses difficultés en mathématiques, nous n'allons pas lui dire qu'il est un génie dans cette matière. Nous n'allons pas non plus lui dire qu'il est nul en maths, car ce serait un jugement de valeur destructeur. Par contre, nous ferons le constat avec lui que pour le moment, il a de grosses difficultés en mathématiques. Nous lui proposerons d'abord des exercices en dessous de son seuil de compétences pour le mettre en position de réussir. Puis nous l'accompagnerons étape par étape pour lui redonner confiance en lui, en lui démontrant qu'il est capable d'y arriver.

Voici une anecdote personnelle sur une situation qui m'a fait travailler le non-jugement. Un matin, dans les escaliers d'une station de métro parisienne aux heures de pointe, j'entends un homme derrière moi me dire : « Vous avez de jolies bottes ! » Je me retourne et je le remercie brièvement en filant. Une part de moi se questionne et se méfie : « Est-ce une nouvelle technique de drague ? » Dans l'escalier, je l'entends me dire : « Vous êtes fiancée ? » Intérieurement, je me dis : « Bingo ! » et je réponds assez fermement : « Non, mariée ! », pour couper court. Finalement, il me retrouve sur le quai et s'approche pour me dire qu'il a une fiancée depuis deux jours… et à y voir de plus près, je comprends à ses traits qu'il est sûrement porteur de la trisomie 21. Quelle méprise de ma part ! Et pendant quelques minutes nous échangeons sur la vie. Il me parle de sa joie d'être en couple. Il est adorable et même ému quand je lui parle de ma fille.

Être dans le non-jugement, ça ne veut pas dire non plus être ouvert à tout le monde et penser que tout le monde est bienveillant. Parfois, quand je perçois de l'agressivité ou un comportement toxique chez une personne, je suis mon intuition et je me tiens à distance. Tout le monde a beau avoir du potentiel, certains ont toutefois un gros crocodile, comme diraient les enfants de Living School !

Être dans le non-jugement, c'est pouvoir discerner sans condamner. C'est se dire que derrière chaque être humain, aussi terrible soit-il, il y a un être qui a souffert.

Il ne s'agit pas non plus d'excuser les gens ou de les déresponsabiliser – ils sont 100 % responsables de leurs actes – mais de mieux les comprendre.

Je me souviens peu de temps après les attentats de Paris en novembre 2015 m'être posé la question suivante : comment devient-on terroriste ? Quelle peut bien être l'enfance d'un terroriste ? Intriguée, j'ai tapé cette requête « Enfance terroriste » dans un moteur de recherche et je suis tombée sur un article édifiant du site Reporterre qui titrait « L'enfance misérable des frères Kouachi ». Père absent, mère prostituée qui finit par se suicider, abus sexuels, violence… et le tout à deux pas de mon lieu de résidence… J'étais bouleversée. Si tous les enfants martyrs – fort heureusement – ne terminent pas terroristes, il est très probable que les terroristes aient tous été des enfants martyrs.

Le non-jugement lié aux projections

Ce qui rend si difficile l'absence de jugement de valeur, c'est que bien souvent nous projetons nos propres contenus psychiques sur les autres. Régulièrement, je reçois des familles dont l'enfant est très agité et parfois angoissé. Cette agitation et cette angoisse sont bien souvent le résultat des projections que les parents font sur l'enfant. Par exemple, le parent qui a souffert d'une éducation trop stricte va vouloir que son enfant puisse se sentir libre. Parce qu'il aura été oppressé par un cadre trop rigide, il voudra que son enfant s'épanouisse dans l'absence de contraintes et d'obligations. Tout en poursuivant l'objectif de ne pas contraindre son enfant par peur de l'enfermer ou de le soumettre comme lui-même s'était soumis enfant, il ne se rend pas compte que c'est sa propre enfance qu'il est en train d'essayer de réparer. Il ne mesure pas non plus que l'agitation de son enfant vient justement de ce manque de règles et de repères. Par peur de reproduire le passé, ce parent ne s'affirme pas quand cela s'avérerait nécessaire et laisse faire son enfant. Celui-ci cherche les limites et pousse l'adulte dans ses retranchements, d'où son agitation puis son angoisse.

Autre exemple, plus simple, de projection : l'adulte est énervé, il en déduit que l'enfant est énervant. Un matin, j'étais en sortie au parc avec ma fille, une amie et son fils. Ma fille avait mal dormi et faisait ses dents. Elle était facilement irritable. À la moindre contrariété, elle pleurait. À la fin de la balade, nous retrouvons mon conjoint et mon amie s'exclame à son intention, avec un ton mi-exaspéré, mi-humoristique : « Elle n'a pas arrêté de râler ! C'est une petite râleuse. » J'ai alors compris que le comportement de ma fille l'avait énervée. De mon côté, j'avais senti surtout de l'inconfort de la voir si fatiguée. Bien sûr, il est certainement plus facile d'avoir ce genre de compassion quand il s'agit de son propre enfant. J'étais restée « branchée » sur les besoins de ma fille, en voyant sa fatigue comme la source de son irritation et j'étais en train d'expliquer à mon conjoint le besoin de rentrer au plus tôt pour lui faire faire une sieste. Du côté de mon amie, les pleurs fréquents de ma fille avaient activé son ego négatif et plutôt que de gérer son propre énervement ou de l'exprimer, son ego avait projeté négativement sur ma fille en concluant : « C'est une petite râleuse ! » Mon amie a bien sûr fait du mieux qu'elle pouvait, sans être consciente de la projection négative qu'elle avait déclenchée, qui l'avait fait passer de « je suis énervée » à « elle est énervante ». Et sur le chemin du retour, je n'ai pas pu m'empêcher d'extrapoler cette anecdote. Combien de parents projettent négativement sans le savoir sur leurs enfants ? Combien viennent ajouter à la fatigue déjà présente chez leur enfant une image négative ? Et chez les enseignants et professionnels de l'éducation, combien de projections négatives aussi ? D'enseignants qui trouvent que telle classe est insupportable, tel élève ingérable, tels parents démissionnaires… Il y a tant à faire pour que chaque éducateur puisse éduquer davantage en conscience. Et bien souvent, cela commence par développer une bonne image de soi-même, car plus les personnes sont dans le jugement vis-à-vis des autres, plus elles ont au fond une très mauvaise image d'elles-mêmes.

Avoir une bonne image de soi-même

En psychologie d'évolution, nous démarrons les formations en donnant une consigne qui permet d'être davantage dans le non-jugement vis-à-vis de soi-même. Souvent, je plaisante avec les participants en leur disant que cette consigne est un tel cadeau pour la vie que nous pourrions en rester là et qu'ils repartiraient déjà bien enrichis... à condition bien sûr d'appliquer la consigne. Vous êtes prêts à recevoir ce cadeau à votre tour ? Alors voilà : il s'agit de formuler au passé toute critique négative envers vous-même. Je m'explique : si vous dites : « Je suis incapable de prendre la parole en public » ou « Je suis loin d'être un pro dans l'organisation et le rangement », vous serez invité à reformuler de la façon suivante : « Jusqu'à l'instant où je parle, j'étais incapable de prendre la parole en public » ou « Jusqu'à cette minute, je me sentais nul en organisation et en rangement ». Méthode Coué ? Pas du tout. Quand vous formulez un jugement négatif sur vous-même, vous vous condamnez. Vous créez une loi à laquelle doit se soumettre votre cerveau, vous empêchez toute possibilité d'évolution. À l'inverse, quand vous le mettez au passé, vous le mettez à distance, vous vous offrez la possibilité d'évoluer. Bien sûr, l'évolution ne se fera pas d'un coup de baguette magique mais, au moins, vous créerez une ouverture pour changer.

À l'école, nos enseignants et l'équipe de façon générale font un vrai travail d'évolution en profondeur, basé sur la psychologie d'évolution, qui leur permet d'intégrer peu à peu le non-jugement vis-à-vis d'eux-mêmes et vis-à-vis des autres. Évidemment, il s'agit du travail d'une vie et personne n'est parfait. Mais on peut d'emblée observer plusieurs choses : les enseignants n'ont pas de « chouchous » et pas de « boucs émissaires ». Ils n'ont pas non plus de « bête noire » chez les parents ou les collègues. Si un enfant en particulier « titille » leur ego, ils vont immédiatement travailler à leur niveau pour voir quelle projection négative ils ont sur lui. Une fois la projection identifiée, ils vont travailler à la dépasser de façon à accompagner l'enfant avec ouverture et empathie vers plus d'épanouissement. Ils vont créer une ambiance d'inclusion où tous les enfants sont acceptés, même s'ils ont un gros « crocodile » au départ. Ils vont autant que possible se placer du côté de l'enfant et lui faire sentir qu'il est accepté comme il est, qu'il demeure aimable quoi qu'il fasse. Ils vont aussi regarder les parents avec cette même bienveillance, en partant du principe que chacun fait du mieux qu'il peut avec ce qu'il a, ce qu'il sait et ce qu'il est à un moment donné.

Ils vont se placer comme des partenaires des parents. C'est cette même attitude positive qu'ils pratiquent bien sûr entre collègues. L'ambiance de travail est remarquable.

Une ambiance bienveillante

Cette ambiance bienveillante qui découle du non-jugement et de la positivité fait de Living School un véritable havre de paix. Les parents nous disent souvent qu'ils ont du mal à quitter l'école après le temps d'accueil du matin tant ils trouvent que l'ambiance est bonne. Les enfants qui ont connu d'autres écoles avant témoignent du bonheur de se sentir non jugés et acceptés. Enfin, les stagiaires sont souvent marqués par la qualité de communication et de relationnel dans l'école à tous les niveaux.

Une année, nous avons accueilli une nouvelle enseignante dans l'équipe. Cette jeune femme très professionnelle s'était réveillée en panique un matin : son réveil n'avait pas sonné, il était 8 h 20. Immédiatement, elle appelle l'école pour prévenir de son retard. À 8 h 50, elle sonne à la porte et Christine, notre responsable administrative, lui ouvre. Alors qu'elle s'attendait à des remontrances, quelle ne fut pas sa surprise d'entendre Christine l'accueillir avec un : « Belle performance ! Une demi-heure du réveil à la porte de Living School, bravo ! »

Introduire le non-jugement auprès des enfants

Nous enseignons le non-jugement aux enfants. Nous leur expliquons qu'être dans le non-jugement, c'est parler avec son « grand trésor » et qu'être dans le jugement de valeur, c'est parler avec son « crocodile ». Souvent, pour introduire cette notion, nous jouons un sketch. Deux enfants discutent et entrent en conflit à cause des jugements de valeur. Pour faire mouche, nous utilisons leurs codes : « T'es plus ma copine ! », « T'es méchant ! Si tu continues, je ne t'inviterai pas à mon anniversaire ! ». Évidemment, les enseignants de collège et lycée que nous formons s'adaptent à leur public et utilisent les codes des ados. Par le biais du sketch, nous permettons aux enfants de ressentir ce qu'est le jugement de valeur et l'impact qu'il crée chez l'autre. Nous leur apprenons à reformuler en se basant sur des faits et des observations. Ainsi, « Tu ne fais jamais de passe avec le ballon, tu joues trop perso ! » devient : « Quand nous avons joué au foot à la récré, à trois reprises je t'ai fait signe de me faire une passe et tu m'as ignoré pour essayer de marquer un but seul ! »

Le non-jugement permet de responsabiliser

La force du non-jugement, c'est qu'il permet de remonter à la source des problèmes et de les traiter. Dans notre société, rares sont les lieux où l'on parle vrai par peur d'accuser ou de mettre mal à l'aise ou de blesser. Dans les entreprises, si un collègue a un problème de communication, s'il a un comportement impulsif et négatif, au lieu de l'aider à en prendre conscience et de l'accompagner pour qu'il se repositionne, on aura tendance à l'écarter des postes de communication ou alors on lui adjoindra un autre collègue pour créer entre lui et ses interlocuteurs une « zone tampon ». Dans l'Éducation nationale, on a vu comme cela des enseignants passer d'école en école, sans que jamais le problème ne soit véritablement traité. Dans notre école, parce que nous avons développé un climat de non-jugement, les adultes comme les enfants n'ont pas peur de parler de leurs ego. C'est vraiment éclairant de pouvoir identifier les impacts négatifs de nos "ego" et de s'atteler à dépasser ces dynamiques négatives. C'est même un moyen formidable de nous redonner du pouvoir sur nos vies, de reconnaître que nous sommes créateurs.

Nous sommes à la source de toute création de qualité ou de non-qualité. Seul un regard non jugeant permet de remonter authentiquement à cette source. Seul un regard sur le potentiel des individus permet d'envisager un repositionnement.

Dépasser les stéréotypes et les clichés

Nous avons donc vu l'omniprésence du jugement de valeur envers les autres et envers soi… Mais il existe aussi une forme de jugement de valeur collectif : ce sont les stéréotypes et les clichés. Et il y en a encore beaucoup à l'œuvre dans la société : « les mamans cuisinent », « les papas bricolent », « les garçons ne portent pas de rose », « les garçons qui n'aiment pas le foot ne sont pas vraiment des garçons », « pompier, c'est un métier d'homme »... La première année d'existence de Living School, un petit garçon de trois ans du nom de Tiber a fait sa rentrée dans notre classe de trois-six ans. Et il est arrivé avec des chaussons roses. Assez rapidement ses parents nous ont indiqué que certains garçons, notamment les plus grands, se moquaient de lui quand nous avions le dos tourné. Nous avons donc convoqué un conseil d'enfants pour en parler. Tous ensemble, nous sommes arrivés à la conclusion que le rose n'était pas une couleur réservée aux filles. L'un des grands qui s'était moqué de Tiber a terminé la séance en reconnaissant qu'en fait c'était une couleur qu'il aimait beaucoup. Les moqueries se sont arrêtées. Cinq ans plus tard, quand Tiber a fait sa rentrée en CE2, il était heureux de me montrer sa nouvelle paire de chaussons, roses à paillettes, et nous avons bien ri en nous rappelant cet épisode de petite section.

Pour dépasser les stéréotypes liés au genre, nous utilisons aussi des albums, des vidéos et un support pédagogique créé par la Ligue de l'enseignement qui montre un ours dans différentes situations (en train de repasser, de donner un discours, de bricoler, de cuisiner) pour lesquelles l'enfant doit dire si elles s'appliquent au papa ours, à la maman ourse ou aux deux. Cela constitue une bonne base de discussion. Nous veillons à ce que les jeux ne soient pas estampillés « filles » ou « garçons ». Par exemple, dès la maternelle, nous encourageons les garçons à jouer au papa et à la maman et les filles à faire des jeux de construction ou à grimper aux arbres.

Nous avons pu vérifier que les graines semées portaient leurs fruits, car l'an dernier, dans la classe de cycle 3 (CE2, CM1, CM2), en déployant notre toute nouvelle frise historique de l'Antiquité à nos jours, les enfants se sont exclamés spontanément : « Mais où sont les femmes ? » Nous avons donc investi dans un jeu de cartes sur les femmes célèbres et expliqué que leur génération ferait certainement la part plus belle aux femmes. En tout cas, nos élèves sont bien déterminés à œuvrer dans ce sens.

Donner le droit à l'erreur

La peur de se tromper

Julie est une enseignante de CP en ZEP qui s'est formée en psychologie d'évolution. En fin d'année, elle propose à ses élèves une dictée de nombres. Les enfants sortent leurs ardoises, elle dicte des nombres qu'ils écrivent dessus en toutes lettres puis ils la tendent au-dessus de leur tête. Sarah, une élève de sa classe, se met à pleurer. Julie s'approche d'elle et lui demande ce qu'il se passe. Sarah répond dans un sanglot : « Maîtresse, j'ai tout faux. » Julie lui répond que ce n'est pas grave. Sarah rétorque : « Si, maîtresse, je suis nulle. » Cet épisode a beaucoup interpellé Julie, car il est intervenu des mois après la mise en place d'un climat de classe positif et non jugeant. Il montre combien Sarah, dès les trois premières années de sa scolarité, avait introjecté l'importance de ne pas se tromper. Pire encore, elle en venait à se dévaloriser personnellement en déduisant que si elle avait faux, c'est qu'elle était nulle.

Je suis certaine que vous avez tous en tête des exemples similaires, liés à votre expérience personnelle ou à celle de proches. Tel enfant qui préfère ne pas essayer plutôt que de se tromper. Tel autre qui n'ose pas dire qu'il n'a pas compris de peur de passer pour un idiot. Sans compter tous ceux qui ont mal au ventre par peur d'être interrogés.

La joie et le plaisir d'apprendre sont tellement naturels chez les enfants. Quel dommage d'étouffer cet élan !

J'ai même le souvenir d'un professeur de mathématiques dans un collège élitiste parisien qui, aux dires de la direction, avait « égaré » les copies de ses élèves par peur de révéler qu'ils n'étaient pas au niveau attendu. La peur n'est pas réservée qu'aux élèves. Il suffit de voir le niveau de stress d'un enseignant au moment de son inspection pour comprendre que c'est toute l'institution qui souffre de cette maladie !

Il faudrait développer un module de formation spécifique pour que les enseignants se donnent et donnent le droit à l'erreur. Il faudrait leur permettre de réhabiliter l'erreur, de voir combien elle permet d'apprendre et de se construire. Edison en donne un merveilleux exemple dans une interview de 1921[1] : « Après avoir mené des milliers d'expériences sans parvenir à résoudre notre problème et après que notre ultime expérience s'est révélée un échec, un de mes associés m'a dit combien il était déçu et dégoûté que nous n'ayons rien trouvé. Je l'ai alors rassuré et encouragé : nous avions bien appris quelque chose ! Nous avions bien compris de façon certaine que toutes ces façons-là ne marchaient pas et qu'il faudrait en essayer une autre. » Chaque enseignant devrait pouvoir rassurer ses élèves en leur disant : « Vous êtes perdus ? C'est très bien ! Ça veut dire que vous allez apprendre quelque chose aujourd'hui ! »

La pression du « Sois parfait ! »

Depuis plus de douze ans que j'accompagne des professionnels de l'éducation, j'ai pu m'apercevoir que beaucoup d'entre eux souffrent de cette injonction. « Sois parfait ! » Ce sont souvent d'anciens bons, voire très bons élèves. Ils veulent bien faire. Pris entre la nécessité de respecter les programmes et les réalités du terrain, ils se retrouvent souvent à faire le grand écart. Ils préparent leurs séances avec soin et ont du mal à lâcher prise lorsque la classe ne se déroule pas comme ils l'avaient prévu. Ils essayent de contrôler au mieux tous les paramètres, travaillent énormément, frôlent souvent le burn out pour boucler les programmes… Ils aimeraient tant que tout soit parfait et pouvoir mieux contrôler la situation, ils ressentent de la frustration quand quelque chose leur échappe. Et bien sûr, ils se mettent beaucoup de pression pour cela. Leur perfectionnisme se transforme en « tyran intérieur ». Ils se jugent beaucoup, se contraignent, et se condamnent s'ils ne se trouvent pas à la hauteur ou s'ils font des erreurs. Ils culpabilisent énormément. En conséquence, l'exigence et la rigidité qu'ils imposent ensuite à leurs élèves trouvent leur source dans ce positionnement. Ils mériteraient de lâcher cet idéal de perfection et de cesser de se persécuter ainsi. Ils s'en sentiraient mieux et leurs élèves aussi.

C'est à nous éducateurs d'être plus généreux et plus gentils envers nous-mêmes, si nous souhaitons apporter cette bienveillance aux

1. Interview dans l'*American Magazine* de janvier 1921.

enfants. Nous sommes comme des verres d'eau. Si nous voulons prodiguer de notre eau, nous avons besoin que notre verre soit rempli. Si notre verre est vide, nous aurons bien du mal à donner de l'eau. Donc remplissons nos verres ! Prenons soin de nous, reconnaissons nos qualités, valorisons-nous !

Oui, nous avons le droit de nous tromper et de faire des erreurs. Les enfants de Living School l'ont bien compris.

100 % responsable, 0 % coupable

Lors de la troisième rentrée de Living School, nous avons été rejoints par une jeune enseignante qui a pris la responsabilité de la classe de petite et moyenne sections de maternelle. Les premiers temps, j'étais à ses côtés pour la former à la spécificité de notre pédagogie. Un matin, elle commence un rassemblement en utilisant le mot « élèves ». Un petit garçon lève alors la main et demande : « Qu'est-ce que c'est que des élèves ? » Interloquée, l'enseignante se tourne vers moi et je réponds au petit garçon : « C'est la façon dont on appelle les enfants dans les autres écoles, mais ici, nous n'utilisons pas vraiment ce mot. Nous préférons dire "les enfants". » Les jours suivants, l'enseignante utilise à quelques reprises ce mot, se reprend, puis l'appellation d'« élève » lui échappe à nouveau. Le troisième jour, elle s'emporte contre elle-même à voix haute : « Je n'arrête pas de me tromper ! » À ce moment-là, un enfant de moyenne section, Tibo, lève la main et lui dit : « C'est pas grave, tu es en train d'apprendre, tu vas y arriver ! »

Il y a trois ans, nous accueillions une candidate au poste d'enseignante pour une matinée d'essai en classe de cycle 3. La candidate était visiblement stressée. Elle s'embrouille à un moment dans son explication et commence à perdre pied. Un de nos élèves, Elmar, s'adresse alors spontanément à elle : « C'est pas grave, tu peux te faire confiance. Et bravo pour ta première fois dans notre classe ! »

Non seulement les enfants ont intégré pour eux-mêmes le droit à l'erreur, mais ils encouragent aussi les adultes dans ce sens.

La psychologie d'évolution donne le droit à l'erreur et libère de la culpabilité. Elle nous rappelle que, dans toutes les situations de notre vie, nous sommes 100 % responsables, 0 % coupables. Ainsi, quand nous nous trompons, nous nous disons : « Je me pardonne, je mérite mieux et je recommence autrement. » Imaginez comme la vie devient un terrain d'exploration extraordinaire quand nous ne sommes plus paralysés par la peur de nous tromper !

Gérer son ego

À Living School, les enfants comme les adultes apprennent à gérer leurs ego. Les plus jeunes disent plus simplement qu'ils apprennent à dire « Stop » à leur crocodile. À cet effet, nous introduisons dans les classes deux notions essentielles de la psychologie d'évolution : le centrage et le décentrage.

Le centrage

En psychologie d'évolution, le potentiel de l'individu est symbolisé par un cercle.

Nous sommes centrés lorsque nous sommes en pleine conscience de notre propre potentiel, donc de nos ressources. Nous sommes décentrés lorsque nous sommes dans notre « couche extérieure » d'ego négatif (notre potentiel frustré et contrarié). Alors nous sommes en réaction, dans l'agression, la fuite ou l'évitement par exemple.

Le centre, c'est ce qui ne bouge pas quand tout tourne. C'est ce qui nous permet d'être stables et constants, même quand l'environnement extérieur bouge.

Le centrage se ressent à tous les niveaux de notre être, qu'il s'agisse de notre corps, de notre cœur, de notre intellect ou encore de notre dimension créative et intuitive. Quand nous sommes centrés, nous sommes bien dans notre corps. Les arts martiaux utilisent aussi cette notion de centrage. Ils parlent de centre, en japonais le *hara*, qui correspond à un point physique d'équilibre, notre centre de gravité. Quand nous sommes centrés, nous sommes dans une posture d'ouverture. Nos gestes sont souples et fluides. Nous sommes détendus, nous avons une vraie présence, un bon contact visuel avec notre interlocuteur. Nos postures sont alignées avec nos ressentis. Quand nous sommes centrés, nous sommes bien dans notre cœur. Plaisir, joie, élan, justesse sont autant de ressentis que nous pouvons éprouver. Notre cœur dit « Oui à la vie ! ». Quand nous sommes centrés, notre intellect fonctionne avec fluidité, les solutions se présentent avec plus de facilité car nous percevons mieux les choses. Enfin, quand nous sommes centrés, nous avons accès à notre dimension créative et intuitive. Nous sommes donc encore plus à même de trouver des solutions sur mesure aux situations que nous rencontrons.

Le décentrage

Quand nous sommes décentrés, c'est notre potentiel frustré et contrarié qui s'active. Il y a de nombreuses façons d'être décentré. On peut se le représenter physiquement. Un décentrage en avant peut traduire l'agressivité par exemple, l'envahissement ou encore la recherche de performance dans la pression (être sans cesse projeté dans le futur pour faire, faire, faire). Un décentrage en arrière peut traduire la fuite, la peur, l'inhibition, le déni ou la résistance passive par exemple. Les crocodiles de certains enfants sont maîtres dans la résistance passive. Alors que vous êtes pressés et que vous leur demandez de s'activer, ils prennent tout leur temps et mettent au défi votre patience. Enfin, on peut être décentré sur les côtés en étant dans la manipulation ou le louvoiement.

Je suis certaine que si vous prenez le temps d'être honnête avec vous-même, vous aurez une petite idée du « style de votre crocodile », autrement dit du mode opératoire de votre ego négatif. Il y a certains crocodiles qui monopolisent la parole et ramènent tout à eux… ce sont des crocodiles envahisseurs. Il y a des crocodiles qui se plaignent beaucoup et voient régulièrement le verre à moitié vide, ce sont les crocodiles râleurs ou victimes. Il y a des crocodiles qui manquent de confiance en eux-mêmes ou se sous-estiment, ce sont les crocodiles dévalorisants. Il y a des crocodiles qui mettent la pression et veulent que tout soit parfait, ce sont les crocodiles perfectionnistes, voire tyranniques. Il y a des crocodiles qui veulent toujours avoir le dessus, toujours avoir raison, ce sont des crocodiles dominateurs. Il y a des crocodiles qui refusent les réussites et préfèrent de loin l'échec, ce sont les crocodiles saboteurs. Il y a des crocodiles qui apprécient une certaine intensité de vie et se nourrissent des événements négatifs en les amplifiant, ce sont les crocodiles dramatisants. Il y a des crocodiles qui ne se posent jamais et ne se sentent bien que lorsqu'ils sont dans l'action, ce sont des crocodiles speed. Il y a des crocodiles qui vont tout entreprendre pour faire plaisir aux autres mais qui s'oublient eux-mêmes, ce sont des crocodiles épris de sacrifice. Il y a des crocodiles qui vont sans cesse voler au secours des autres, ce sont les crocodiles sauveurs. Tandis que d'autres vont systématiquement être dans le blâme, ce sont les crocodiles accusateurs. Il serait impossible de dresser une liste complète de tous les styles de crocodiles, mais vous commencez à avoir une petite idée de ce dont il est question. Et bien sûr, nos crocodiles peuvent combiner plusieurs styles, avoir plusieurs facettes, pourquoi réduire leur garde-robe ?

Nous ne sommes pas notre crocodile !

La bonne nouvelle, rappelez-vous, c'est que vous n'êtes pas votre crocodile ! Si vous pensez que ces comportements sont inhérents à votre personnalité, vous faites erreur. Vous êtes le plein potentiel et vous avez un crocodile, autrement dit un ego négatif. Nous ne sommes pas notre ego négatif. Par contre, plus vous aurez connaissance de son existence, plus vous pourrez apprendre à le gérer pour qu'il prenne de moins en moins de place dans votre vie. Car nos crocodiles impactent nos vies de façon négative. Certes, ils ont commencé à exister dès notre enfance en réaction aux impacts négatifs que nous avons reçus. Ils sont donc apparus pour une bonne raison. Un enfant qui ne se sentirait pas suffisamment reconnu par ses parents pourrait par exemple développer un crocodile victime de façon à attirer en retour l'attention à lui. Un enfant qui grandirait dans un environnement très répressif et culpabilisant pourrait développer un crocodile accusateur et dissimulateur de façon à ne pas être pris en faute et reporter l'attention négative de ses parents sur d'autres que lui. Un enfant qui grandirait dans une famille très axée sur la réussite et la culture de la performance pourrait développer un crocodile perfectionniste afin de ne pas décevoir. Nos crocodiles sont autant de stratégies inconscientes qui répondent aux impacts négatifs de notre enfance. Cependant, ils ne nous épanouissent pas et ne nous permettent pas de construire des relations harmonieuses avec les autres.

L'impact sur nos quatre niveaux de potentiel (corps, cœur, intellect, dimension créative et intuitive)

Quand nous sommes décentrés, c'est que nous sommes dans notre crocodile, dans notre ego négatif. Et alors nous pouvons ressentir ce décentrage à tous les niveaux de notre être, qu'il s'agisse de notre corps, de notre cœur, de notre intellect ou encore de notre dimension créative et intuitive. Au niveau du corps, le décentrage se traduit par des tensions et une sensation d'inconfort. Au niveau de notre cœur, la compréhension, l'ouverture, l'empathie et la joie ont laissé la place à la dimension émotionnelle et réactionnelle. Nous pouvons ressentir de nombreuses émotions négatives comme la peur, la colère, l'énervement, du découragement. Nous réagissons.

Lorsque nous sommes centrés, nous sommes capables de nous affirmer. Nous parvenons à nous positionner pour ce qui est juste, en étant calmes et posés. À l'inverse, lorsque nous sommes décentrés, nous ne sommes plus dans l'affirmation, mais dans la réaction… et bien souvent, ce positionnement va aussi amener notre interlocuteur à réagir.

Au niveau de notre intellect, lorsque nous sommes décentrés, la fluidité et la globalité qui caractérisaient le centrage ont disparu pour laisser la place à un mental souvent très affûté mais coupé des élans du cœur. Enfin, quand nous sommes décentrés, nous n'avons plus accès à notre dimension créative et intuitive.

Prenons l'exemple d'un enseignant et imaginons qu'en fin de journée, les enfants de sa classe commencent à s'agiter. Si l'enseignant est centré, il aura confiance en lui et saura relativiser la situation. Il ne prendra pas cette agitation contre lui personnellement. Il prendra une grande respiration pour ne pas laisser l'énervement le gagner, demeurant serein, proche des enfants et non jugeant. Il gardera confiance en lui et sentira qu'il est capable de ramener le calme. Parce qu'il sera centré, il aura accès à sa dimension créative et pourra imaginer et déployer telle ou telle stratégie pour apaiser la classe. Il restera en pleine possession de ses moyens et persévérera dans son intention jusqu'à ce qu'il obtienne le calme. Et s'il n'y parvient pas ce jour-là, il ne se jugera pas durement. Il se fera confiance et se mettra en quête de solutions pour la journée suivante.

À l'inverse, si l'enseignant est décentré, il n'aura pas conscience de son plein potentiel et se laissera gagner par l'énervement. Il sera tendu physiquement et psychiquement. Il aura tendance à juger les élèves et à devenir agressif à leur égard. S'il n'obtient pas gain de cause, il pourra perdre pied et se sentir découragé, ou alors rejeter d'autant plus la faute sur les élèves.

Repérer les marqueurs annonciateurs du décentrage

Lorsque nous abordons ces notions de centrage et de décentrage avec les enseignants, les enfants et les parents, nous invitons chacun à devenir conscient des marqueurs annonciateurs du décentrage. Des sourcils qui se froncent, un doigt accusateur qui se pointe, une tension dans le corps, une oppression dans la poitrine, certains mots qui reviennent... Chacun devient plus conscient du glissement qui s'opère et peut apprendre à se repositionner. Parfois nous leur proposons l'expérience suivante, tirée de la psychologie d'évolution. Debout, ils miment en forçant le trait comment ils sont quand ils sont centrés. Puis nous leur demandons de faire deux pas de côté. Là, nous leur proposons de se mimer décentrés, toujours en forçant le trait. Puis nous passons de l'un à l'autre. Les enfants se prêtent à l'expérience avec beaucoup d'aisance. J'ai toujours été impressionnée de voir combien leurs mimes reflétaient la réalité. J'ai le souvenir d'une enfant de grande section qui, quand elle était décentrée, avait tendance à se rigidifier complètement. Elle devenait raide comme un *I*. Et là, je la voyais incarner cette attitude face à laquelle j'avais dû faire face plusieurs fois dans la classe. En la faisant passer d'un mime à l'autre, je lui ai fait prendre conscience qu'à tout moment, quand elle était dans cet état, elle pouvait se recentrer.

Apprendre à se recentrer

La conscience du décentrage est la première étape qui va permettre de se recentrer. Elle joue un rôle essentiel et primordial. Si je ne suis pas consciente que je suis énervée, je ne vais pas pouvoir me recentrer. Par contre, si j'en suis consciente, je vais pouvoir mettre en œuvre des stratégies pour retrouver mon centrage. C'est pourquoi il est si important en éducation d'élever le niveau de conscience de chacun. C'est vraiment la conscience de son propre potentiel, l'identification à ses propres ressources, qui permet d'être centré.

Mais alors, comment se recentrer ? Voici différents moyens que nous expérimentons depuis dix ans à Living School. Il y a tout d'abord un moyen tout simple qui ne demande aucun investissement : la respiration. Lorsque les enfants sont agités, nous leur proposons de se recentrer en prenant trois grandes respirations. À l'inspiration, le ventre se gonfle comme un ballon. À l'expiration, il se dégonfle. Si cette étape de respiration ne suffit pas, nous ajoutons quelques exercices d'étirements et des mouvements corporels. Nous pouvons aussi décider d'interrompre nos travaux pour danser ou pour répéter l'exercice d'éveil corporel par lequel nous commençons toutes nos journées.

Il nous arrive régulièrement de méditer ou de pratiquer des massages. Bien sûr, nous n'attendons pas que la classe soit décentrée pour introduire ces pratiques et c'est parce que nous initions les enfants à ces outils qu'ils apprennent à mieux se recentrer quand c'est nécessaire.

Lorsqu'un enfant a besoin de se recentrer, il peut décider d'aller le faire au « jardin zen ». Il s'agit d'un coin spécifique de la classe sur lequel est posé un très grand plateau, rempli de sable fin. Les enfants disposent d'outils et de matériel pour dessiner et agrémenter leur jardin zen : râteaux de différentes formes, spatules, galets… C'est un environnement à la fois constructif et méditatif qui permet aux enfants de s'apaiser. Colorier des mandalas est aussi un bon moyen de se recentrer.

Parfois, un simple changement d'activité permettra aux enfants décentrés de se recentrer. Cela nécessite juste de la part de l'enseignant d'accepter de ne pas suivre à la lettre le programme qu'il avait prévu. Cette flexibilité sera récompensée, car elle permet d'être à l'écoute des besoins réels des enfants.

Quand l'adulte, qu'il soit parent ou professionnel de l'éducation, est décentré, il peut être bon aussi de se reposer sur un relai. Passer le relai à son conjoint, à son assistante maternelle, à un autre enseignant quand c'est possible permet de trouver le temps et l'espace de se recentrer.

Parfois le décentrage est si grand qu'il nécessite d'évacuer immédiatement le trop-plein d'énergie ou de frustration. C'est à cet effet que nous avons introduit à Living School le coussin de recentrage. Nous invitons aussi les familles et les enseignants à investir dans cet outil à la maison. Le coussin de recentrage est un objet symbolique qui sert exclusivement cette pratique. Autrement dit, il n'est pas question de s'asseoir dessus pour se reposer, d'y lire un livre ou d'y faire une activité. Cet objet s'apparente à tout simplement un pouf ou un coussin matelassé que nous choisissons solide et épais, et doté d'une poignée pour pouvoir le déplacer aisément.

Lorsque nous présentons le coussin de recentrage pendant le rassemblement en première année de maternelle, nous donnons plusieurs consignes pour en garantir une bonne utilisation.

La première consigne est que le coussin est là pour se faire du bien et qu'il est hors de question de se faire mal en l'utilisant. Nous expliquons aux enfants qu'en tapant avec leurs poings dans le coussin pour évacuer un trop-plein d'énergie ou une frustration, ils vont pouvoir se recentrer et ressentir à nouveau leur plein potentiel.

La deuxième consigne est que le coussin ne doit être utilisé que par une personne à la fois. À Living School, les enfants sont libres d'utiliser le coussin quand ils en ressentent le besoin. Passé le premier effet de nouveauté où il est possible que les enfants se le disputent, nous avons remarqué qu'ils l'utilisaient toujours à bon escient. D'autre part, si nous sentons qu'un enfant en a besoin mais qu'il ne prend pas l'initiative de le saisir, nous l'accompagnons. Au fil des mois, cette pratique génère un véritable apaisement.

Voici une démonstration pour une bonne utilisation du coussin de recentrage. Assise sur les genoux face au coussin, je tape dessus en rythme. J'explique aux enfants qu'en faisant ce geste, je fais partir mon crocodile et que je ressens ma force. Je ressens que je suis plus forte que mon crocodile. Je me souviens alors que je ne suis pas mon crocodile et que j'ai un grand trésor. Je peux aussi verbaliser en disant : « J'ai un grand trésor » ou « J'ai du potentiel ». Je me reconnecte d'abord à mon potentiel et je vide ensuite les frustrations. Nous avons observé au fil des ans que plus nous focalisions sur la reconnexion au potentiel, plutôt que sur la frustration ou l'émotion négative, plus nous permettions aux enfants de se recentrer aisément. Il ne s'agit donc pas d'un « coussin de colère », dans lequel je déverserais ma colère et mes frustrations en focalisant sur mon potentiel frustré et contrarié, mais bien d'un coussin de réactivation de mon potentiel.

Ensuite, j'invite un à un tous les enfants de la classe à se rassembler et à utiliser le coussin. J'encourage et je prodigue des conseils. Si un enfant manque de coordination, je l'aide à habiter davantage ses mouvements pour taper des deux poings en même temps. Si je sens qu'un enfant manque de tonus, je lui fais sentir qu'il a un réservoir de force dans le bassin et qu'il a le droit de l'utiliser... Les enfants sont toujours ravis de ce moment d'introduction à l'exercice du coussin de recentrage. Par la suite, le coussin trouve sa place dans un endroit défini de la classe et l'enfant se met dans un coin pour l'utiliser. Nous donnons des règles d'utilisation similaires pour le punching-ball que nous avons également et dont les enfants se servent obligatoirement avec des gants de boxe.

Les bienfaits du coussin et du punching-ball sont nombreux. Ce sont des outils qui permettent de se recentrer, de se reconnecter avec son potentiel et de vider ses frustrations, dans un cadre sécurisé. Au lieu de diriger sa frustration, voire sa violence, contre les autres ou contre soi-même, ce moment de recentrage permet de les évacuer. Ce sont donc des outils qui réduisent les tensions et la violence et qui permettent une meilleure gestion des émotions. Bien sûr, nous précisons toujours qu'il n'est pas question d'imaginer que le punching-ball ou le coussin représente quelqu'un en particulier !

De nombreux enseignants, suite à nos formations au savoir-être, ont mis en place un coussin de recentrage ou un punching-ball dans leur classe avec des résultats très probants. En juin 2013, j'ai rendu visite à une enseignante que nous avons formée dans une classe de CE2 d'une école publique de Créteil. Elle avait introduit avec succès le coussin de recentrage auprès de ses élèves. La seule différence notable avec Living School, c'est que les enfants faisaient la queue après la récréation pour utiliser le coussin. Quand je leur ai demandé pourquoi, ils m'ont expliqué qu'ils étaient exposés à beaucoup de violence et de conflits pendant la récréation et qu'ils ressentaient particulièrement le besoin de se recentrer avant de reprendre les apprentissages.

Marion, une enseignante que nous avons formée a introduit un punching-ball dans sa classe d'ULIS et utilise les notions de centrage et décentrage. Voici son témoignage : « Les premiers jours, les enfants allaient très souvent se servir du punching-ball, notamment certains enfants que je ne soupçonnais pas du tout avoir besoin de décharger autant ! Maintenant, ils l'utilisent un peu moins souvent, et j'ai l'impression qu'ils cernent davantage les moments où ils en ont vraiment besoin. J'interviens peu pour leur proposer de s'en servir, la démarche vient d'eux-mêmes. Les effets sont impressionnants ! Leur recentrage est beaucoup plus rapide qu'avant. J'emploie maintenant volontairement les termes de centrage et décentrage : plutôt que de dire à un enfant qu'il est puni et exclu de la classe, je lui propose de prendre un temps pour se recentrer, reprendre le contrôle sur son crocodile, et de revenir lorsqu'il se sent prêt. Cela fonctionne extrêmement bien et les changements sont rapides (en trois semaines !). Les décentrages sont moins longs, les enfants ont pris conscience qu'ils ont un pouvoir sur eux-mêmes et qu'ils peuvent utiliser toutes sortes de techniques pour se recentrer. Quelques-uns de mes élèves font même cette remarque à d'autres : "Ah, là, tu n'es pas centré ! Tu devrais aller te recentrer !", "Jérôme, là tu n'es pas centré !" »

L'importance de l'exemplarité

Comme toujours en ce qui concerne les questions d'éducation, l'exemplarité est primordiale. Une année que j'enseignais dans une classe de grande section et CP à Living School, j'ai été interpellée par un élève avec beaucoup de justesse. Nous étions dans le coin rassemblement avec tous les élèves et un enfant avait formulé plusieurs remarques négatives. Cet enfant que nous avions accueilli en début d'année était souvent dans l'opposition, voire la provocation. Alors que je commençais à me tendre sans m'en rendre compte, Elmar (CP) a levé la main. « Caroline, a-t-il dit, je crois que tu es un peu énervée… » J'ai pris une grande respiration et accueilli sa remarque. Oui, il avait raison. Puis il a continué : « Je crois que tu devrais aller te recentrer. Peut-être que tu pourrais taper dans le punching-ball ? » Une fois de plus, il avait raison. Mais j'étais partagée. Était-ce une bonne idée de laisser la classe ainsi ? Qu'allaient-ils faire pendant que je serais devant le punching-ball ? Je pourrais toujours jeter un œil par la vitre (la salle du punching-ball est attenante à la classe), ai-je remarqué. J'ai donc été pratiquer l'exercice de recentrage. Je l'ai fait jusqu'à ce que je me sente à nouveau détendue et sereine. Quand j'ai tourné la tête pour voir où en était la classe, j'ai vu quelques enfants dressés sur la pointe des pieds, tels des suricates, qui me regardaient par la vitre. Quand je les ai rejoints, les enfants étaient calmes, détendus et centrés. J'ai reçu leur message cinq sur cinq : « Ce que tu nous offres comme espace pour nous recentrer quand nous en avons besoin, nous te l'offrons à toi aussi. Nos règles de vie sont valables pour tous. » Voilà que je recevais de leur part une belle leçon de vie.

Lorsque les repères de centrage sont clairement signifiés aux enfants, ils ont tôt fait de les partager avec leurs parents et leurs proches aussi. Un matin, lors du temps d'accueil, une maman d'élève vient me voir et me dit : « Dis donc, c'est exigeant d'être parent d'élève à Living School ! Ça fait travailler sur soi ! » Je lui demande pourquoi et elle m'explique : « Hier, je rentre à la maison fatiguée et je commence à m'énerver et alors ma fille me regarde calmement et me dit : "Maman, on dirait que ton crocodile va sortir !" C'était tellement vrai que j'ai tout de suite relativisé. Je me suis calmée et du coup, nous avons passé une belle soirée. »

Commencer par soi

Les enfants intègrent aussi pour eux-mêmes cette notion d'exemplarité : ils savent que pour bien gérer une relation, il faut toujours commencer par se gérer soi-même. Si nous attendons toujours que l'autre change pour faire évoluer la relation, nous avons peu de chances d'aboutir. Si, par contre, nous commençons par nous repositionner pour nous centrer et voir l'autre dans son potentiel, alors nous créons la possibilité d'avoir une relation constructive.

Voici une anecdote racontée par Mauve qui illustre ce « management de soi » : « Le matin du départ en classe verte, une enfant, Amélie, qui était assise dans le train me confie : "Tu sais, Mauve, j'ai réussi à dépasser ma peur de quitter ma maman pour venir en classe verte, parce que je sais qu'au fond j'ai un grand potentiel et que je suis capable d'y arriver." Je lui réponds que c'est super et elle ajoute : “Et si jamais mon ego et mes peurs remontaient, je dirais : ‘Lâche’, en respirant, ‘Lâche, lâche’, en faisant des mouvements pour m'aider à me recentrer.” Je dis à cette enfant qu'elle est exemplaire dans la gestion de son ego. Trois minutes après qu'elle m'a fait part de cette réussite, une de ses copines de classe la challenge un peu avec un jeu de cartes compétitif en voulant gagner à tout prix. Amélie regarde sa copine, me regarde, commence à prendre une grande respiration puis regarde sa copine en disant : “Je lâche, je lâche.” Sa copine, désarçonnée, lui dit : “Mais quoi, qu'est-ce qu'il y a ?” Amélie lui répond : “Là, je sens que nous ne sommes pas dans la coopération.” Sa copine lui répond : “Oui, tu as raison, j'arrête.” » Voilà un bel exemple de management de soi et des autres pour aller vers des relations plus épanouies.

Une dynamique d'évolution

Le temps aidant, il est merveilleux de voir combien les enfants entrent dans une dynamique d'évolution et de dépassement. En s'identifiant à leur plein potentiel, les enfants parviennent à s'affranchir de beaucoup de schémas négatifs et ils finissent même par rire de leur crocodile.

Amélie, CM1, raconte : « Moi, avant, je pensais que si les autres enfants de la classe ne faisaient pas exactement comme je voulais, c'est qu'ils ne m'aimaient pas. Mon crocodile voulait beaucoup contrôler et commander. C'était un “crocodile petit chef”. Maintenant, je n'ai plus besoin de ça et j'ai beaucoup plus d'amis. »

Elmar, quand il était en CM1, raconte aussi comment il a su se repositionner : « Un jour, j'avais le bourdon, je me sentais triste, je n'arrivais pas à reconnaître mon bonheur et à un moment, je me suis recentré en repensant à toutes les choses positives dans ma vie. J'ai vu toute la chance que j'avais, mes jouets, mes livres – j'en ai beaucoup parce que j'adore ça... Ça me fait du bien dans mon cœur, et là le crocodile commence à fondre. Avant, quand mon crocodile était là, je n'avais envie de rien. J'étais triste et je ne voulais rien faire. Et quand j'ai pris le temps de penser à toutes les choses positives, eh bien j'avais envie de faire plein de choses et j'ai même aidé ma mère pour le ménage ! »

En 2016, Anne-Sophie, mon adjointe, a beaucoup travaillé avec un enfant de CE2 sur sa posture en rassemblement. Cet enfant avait tendance à s'affaler, bavarder ou se mettre en retrait lors de ces moments de regroupement. En fin d'année, il était devenu vraiment présent et participait activement. Lorsque les enfants l'ont valorisé pour cet effort de changement, il a spontanément mimé sa posture d'avant en disant : « C'est vrai qu'avant, mon crocodile, il faisait comme ça ! » et toute la classe a ri de bon cœur tant son mime était réaliste.

Ces repères de l'ego négatif et du plein potentiel permettent aussi aux enfants de porter une analyse plus juste sur le monde extérieur. Une année, Anne-Sophie avait dans sa classe une enfant dont les parents venaient de se séparer. Cette enfant avait rencontré des difficultés d'apprentissage qui s'étaient particulièrement manifestées au moment de la séparation. Quelque temps plus tard, avec nos encouragements, cette enfant avait retrouvé l'élan pour apprendre et progresser. Elle avait retrouvé la confiance en elle et la motivation. Mais malgré cela, en fin d'année scolaire, son papa nous avait dit que sa fille s'était régulièrement plainte de ne pas y arriver, allant jusqu'à lui dire qu'elle était nulle. Observant un écart de perception entre ce qui était ressenti à l'école et ce qui l'était à la maison, Anne-Sophie avait demandé un rendez-vous aux parents mais au préalable, elle avait souhaité clarifier les choses avec l'enfant. Voici leur échange :

Anne-Sophie : Tu sais, ton papa nous a parlé du fait que tu avais beaucoup partagé ton sentiment de découragement avec lui et je voudrais savoir ce que tu ressens par rapport à ça ?

L'enfant : Ah oui, c'est vrai, cette année, mon crocodile est beaucoup sorti !

Anne-Sophie, surprise qu'elle fasse un lien si immédiat avec son crocodile : Ah bon, et c'était quoi ce crocodile, alors ? Un crocodile d'exagération ? Un crocodile de victimisation ?

L'enfant : Ah oui, oui, oui, c'était un crocodile d'exagération !

Anne-Sophie : Mais pourquoi tu sens qu'il est sorti, ce crocodile ?

L'enfant : Il est sorti parce que je voulais que mon papa ressente que moi, mon frère et ma maman, on était tristes. Je voulais qu'il ressente ça.

N'est-ce pas incroyable de sentir ce recul chez une enfant de huit ans ?

Collectivement, les enfants se soutiennent aussi sur ce chemin d'évolution. Assez rapidement, il leur est apparu qu'il n'était pas bon de « donner à manger aux crocodiles des copains ». Autrement dit, les enfants évitent les complicités négatives. Si le crocodile d'un enfant a tendance à être susceptible, les enfants vont veiller à ne pas le provoquer. Si un autre a tendance à la victimisation, les enfants vont éviter de le plaindre. Si un autre est irascible, ils n'iront pas jeter d'huile sur le feu.

Il y a toutefois un écueil à éviter : celui de trop parler des « crocodiles » et pas assez des « grands trésors » des enfants. Quand un enseignant me confie qu'il y a trop de « crocodiles » dans sa classe, c'est qu'il focalise trop sur eux. Je dis parfois en riant que pour chaque mention d'un crocodile, il faudrait mentionner au moins trois fois le grand trésor dont sont porteurs des enfants. Le fait est que nous n'obtenons des résultats tangibles que si nous posons résolument le regard sur le plein potentiel des enfants.

S'épanouir à tous les niveaux de son être

Nous avons vu combien il était essentiel de porter notre regard sur le plein potentiel des enfants et combien ce riche potentiel était une source d'évolution. Mais l'être humain est un tout. Il dispose d'un corps, d'un cœur, d'une tête et d'une dimension créative et intuitive. C'est donc l'ensemble de ces quatre niveaux de potentiel qui demande à se développer harmonieusement.

Dans nos sociétés, nous avons tendance à prendre la partie pour le tout. Les modèles d'éducation sont plutôt enclins à focaliser sur la tête, sur l'intelligence. Un peu comme si l'être humain était un « cerveau sur pattes » – les pattes n'étant bien sûr que le moyen de locomotion du « dieu cerveau ». De plus, nos programmes scolaires sont beaucoup focalisés sur une certaine forme d'intelligence, ils insistent particulièrement sur les intelligences linguistiques et logico-mathématiques, sans prendre en compte toute la diversité de nos intelligences.

Même si les programmes ont évolué dernièrement pour inclure d'autres dimensions et d'autres formes d'intelligence, nous sommes encore assez loin d'une prise en compte de l'être humain dans sa globalité et dans toute sa complexité, loin d'un développement harmonieux de toutes les dimensions de l'être.

Idéalement, nos écoles pourraient permettre aux enfants et aux jeunes d'être bien dans leur peau et pleins de vitalité. Nos écoles pourraient aussi leur permettre d'être bien dans leur cœur, autrement dit d'avoir une pleine confiance en eux-mêmes et d'avoir des relations constructives les uns avec les autres. L'école pourrait aussi être le lieu du développement d'une intelligence nouvelle, plus globale, reliée au cœur et à la créativité. Cette intelligence globale servirait à la transformation positive de la société. Enfin, l'école pourrait encourager la créativité de ses élèves et devenir un lieu d'innovation, ce d'autant que 60 % des métiers qui seront exercés en 2030 n'existent pas encore[1].

Dans le chapitre précédent, nous avons fait connaissance avec les notions de « centrage » et de « décentrage ». Évidemment, ces notions se déclinent dans nos quatre niveaux de potentiel. Nous sommes centrés quand nous fonctionnons harmonieusement au niveau de notre corps, de notre cœur, de notre tête et de notre dimension créative. À l'inverse, nous sommes décentrés quand nous ne fonctionnons pas de façon cohérente.

Voici ce qui se passe quand nous sommes centrés :

Au niveau de notre corps

Nous sommes bien dans notre corps, détendus et présents physiquement à nous-mêmes et aux autres. Notre gestuelle et notre langage corporel sont en cohérence avec notre ressenti. Nous nous sentons en forme, pleins d'énergie.

Au niveau de notre dimension affective, émotionnelle et relationnelle (le cœur)

Nous sommes conscients de notre potentiel, de nos qualités et de nos ressources. Nous nous sentons en sécurité. Nous sommes affirmés. Autrement dit, notre dimension de cœur est épanouie : elle dit « oui » à la vie (et donc « non » à la violence, à l'irrespect, etc.). La psychologie d'évolution prend toujours comme référence la vie. Elle entend par « vie » ce qui permet de vivre, ce qui construit, ce qui épanouit, réalise et harmonise. Dire « oui à la vie », ce n'est pas

1. Selon une étude du cabinet Wagepoint.

être « gentil » et répondre positivement à toutes les sollicitations. Dans certains cas, dire « oui à la vie », c'est dire « non » de façon affirmée à ce qui est destructeur pour soi et pour les autres. Nous nous sentons alors pleinement en cohérence avec ce que nous faisons et ce que nous vivons. Nous sommes également ouverts aux autres et dans l'empathie. Cette dimension de cœur est l'instance en nous qui nous fait dire « j'aime », « j'ai envie », qui développe un élan naturel pour la vie. En résumé, c'est l'instance qui souhaite le meilleur pour soi et pour les autres.

Au niveau de notre intellect

Nous disposons alors d'une « intelligence globale ». Cette intelligence est dite « globale » car, dans l'évaluation qu'elle fait des situations, elle prend en compte les autres niveaux et leurs besoins : le corps, la dimension intellectuelle et la créativité. Elle n'est pas qu'une intelligence purement cartésienne, qui fonctionnerait pour elle-même, coupée du reste, mais elle est une intelligence du cœur qui prend en compte l'intuition, la créativité et les besoins du corps. Elle ne cloisonne pas les différentes instances dans la personne mais cherche au contraire des solutions qui apportent des réponses à leurs besoins dans les meilleures proportions. C'est une intelligence qui allie la logique et la dimension humaine.

Au niveau de notre dimension de vision, de création et d'intuition

Nous sommes tournés vers l'ouverture. Nous sommes détendus et cette détente nous donne accès à notre intuition et à notre créativité. Nous nous autorisons naturellement à imaginer ce qui n'a pas encore été imaginé, à rêver des rêves et à avoir des visions. Il n'y a rien d'ésotérique ici car tout ce qui existe grâce à l'homme aujourd'hui a d'abord été rêvé et imaginé. Pour réaliser quelque chose, il faut d'abord le concevoir.

Vivre un moment de centrage où tout semble s'aligner est particulièrement exaltant. Nous avons envie de réaliser un projet, les idées viennent facilement, nous les structurons avec facilité et nous les concrétisons avec élan.

Voici un exemple que je trouve particulièrement éloquent d'un bon alignement aux quatre niveaux. Il nous est donné par le père Ceyrac, un missionnaire jésuite (1914-2012) qui œuvra beaucoup en

Inde, dans son livre *Tout ce qui n'est pas donné est perdu.* « Quand nous sommes arrivés ici, raconte-t-il, il y a de nombreuses années, plus de trente ans, nous avons compris que l'une des priorités était de mettre en place un réseau de puits. Nous avons aussi avec nos étudiants indiens lancé sur ces terres arides l'idée de construire une ferme modèle. Autour de nous, les gens disaient qu'on était fous, qu'aucun arbre ne pousserait ici. On a voulu leur montrer qu'on pourrait faire de tout terrain un paradis, une oasis. On a planté des cocotiers, trois mille cocotiers ! Les gens nous ont dit : "Vous êtes fous, les cocotiers poussent le long des rivières." Je leur ai répondu : "Eh bien, nous essaierons !" On a fait un très grand rêve. On en revient à ce qui me semble si important dans nos vies d'hommes et de femmes. Il faut rêver des rêves et voir des visions. Cela fait rire beaucoup de gens… Rêver des rêves et voir des visions. Si on ne fait pas cela, rien ne changera dans ce pays[1]. »

Résultat, en l'espace de trente ans, ils ont creusé 1 120 puits, soit la possibilité d'accéder à l'eau pour plus d'un demi-million de personnes. De plus, l'emplacement du forage a fait changer les mentalités : les puits étant creusés sur un terrain communautaire et non privé pour ne pas renforcer les inégalités déjà existantes, ils étaient à disposition de l'ensemble du village (et non d'une caste), et c'étaient les villageois eux-mêmes qui les avaient réalisés avec l'aide de l'équipe du père Ceyrac. La ferme modèle vivait de ses cocotiers, manguiers et goyaviers. Elle est devenue la meilleure productrice de goyaves de toute la région.

Seul un alignement des quatre niveaux permet de produire de tels résultats. Il faut d'abord avoir l'envie pour soi et pour les autres de contribuer : c'est la dimension du cœur. Il faut ensuite s'autoriser à rêver : c'est la dimension de vision, de création et d'intuition. Puis il s'agit de concevoir un projet qui tienne compte de façon globale de l'ensemble des paramètres de la réalité (choix possible entre terrains privé et communautaire, existence des castes, implication des populations) afin d'élaborer une réponse adaptée : c'est l'intelligence globale qui permet cela. Enfin il faut concrétiser : c'est alors qu'entre en jeu la dimension du corps, qui permet le passage à l'action.

---

1. Père Ceyrac, *Tout ce qui n'est pas donné est perdu*, Desclée de Brouwer, 2000.

À l'inverse, voici ce qui arrive quand nous sommes décentrés :

Au niveau de notre corps

Nous sommes tendus et stressés. Il subit les impacts négatifs de cette tension : fatigue, somatisation, douleur… Un ressenti négatif qui s'exprime par la fermeture, la tension, la rigidité.

Au niveau de notre dimension émotionnelle, relationnelle et affective

Nous nous retrouvons dans ce que la psychologie d'évolution nomme l'« état émotionnel et réactionnel ». Autrement dit, nous sommes dans notre « potentiel contrarié et frustré ». Notre ressenti est négatif : frustration, agressivité, dépression, peur, envie de fuir… Nous réagissons. Nous sommes donc alors décentrés : soit en avant dans l'agressivité, soit en arrière dans la fuite, soit sur le côté dans l'évitement ou la manipulation. Ce sont les situations ayant un lien avec les impacts de notre passé qui réactivent notre potentiel contrarié. Bien souvent, quand nous sommes dans cet état, nous avons tendance à entrer dans le rapport de force avec les autres.

Au niveau de notre intellect

Nous sommes alors coupés de notre intelligence globale. C'est le « mental abstrait » ou le « mental menteur », qui prend le relais. Cette dimension, coupée de la vie, est complice de l'émotionnel réactionnel. Elle le justifie a posteriori. Elle va trouver mille bonnes raisons – socialement acceptables – de justifier les peurs, les impulsions et les réactions de l'émotionnel réactionnel, de les rendre rationnelles.

Prenons un exemple simple : dans une classe, un enseignant demande aux élèves de se grouper par deux. Paul ne « supporte » pas Rémi, mais ils forment la dernière paire. Plutôt que de dire à l'enseignant qu'il n'a pas envie de travailler avec Rémi, Paul va dire : « Nous avons déjà travaillé ensemble la dernière fois, est-ce que je ne peux pas plutôt me mettre avec Malika ? » Son mental menteur sera venu au secours de son émotionnel réactionnel pour trouver une bonne raison de ne pas travailler avec Rémi.

Autre exemple plus subtil : Patrice est cadre dirigeant dans une entreprise. Il dirige une équipe et il éprouve des difficultés à s'affirmer. Un de ses employés en CDD pose de sérieux problèmes à cause de son comportement irascible. Son assistante lui a signalé à plusieurs reprises qu'il serait bon d'intervenir et de « recadrer » l'employé, car des clients se sont plaints. Mais Patrice, qui a peur de s'affirmer, lui répond : « À quoi bon, vous savez qu'il n'entend rien et puis son contrat se termine dans deux mois. » Son mental menteur trouve de bonnes raisons de ne pas intervenir et de ne pas s'affirmer. Patrice s'autorise à ne pas gérer cette situation, alors qu'elle exigerait de l'être, car elle est productrice de non-qualité (plaintes de clients, mauvaise ambiance). Ce mental menteur est donc le complice privilégié de l'émotionnel réactionnel. Leur complicité génère du stress, car plus l'émotionnel réactionnel est puissant, plus le mental abstrait doit rapidement lui trouver des raisons valables de se manifester. L'énergie de l'individu est alors mobilisée de façon importante à « rationaliser » ce qui ne l'est pas. Autrement dit à générer de l'irrationnel ! Et tandis que ces deux instances « tournent en boucle », les autres niveaux de la personne, le corps et l'intuition, sont mis de côté.

Ce mental menteur est également qualifié de « mental abstrait » car au lieu de prendre en compte les vraies raisons et les vraies causes de l'inconfort émotionnel vécu par la personne, il va trouver des justifications a posteriori. Ainsi, au lieu d'englober toutes les instances de la personne, il ne se focalise que sur l'émotionnel réactionnel. Il est par conséquent coupé de la vie réelle.

La psychologie d'évolution le symbolise par des lignes droites et perpendiculaires formant un quadrillage, un ensemble de cases. En effet, ce mental abstrait est analytique, il découpe, isole et cloisonne. Au lieu de réunir ce qui demande à l'être : le corps, le cœur, l'intellect et la créativité, il met dans des cases, fabrique des silos. C'est ce qu'on nomme souvent l'intelligence « cartésienne ». Outil du savoir, cette intelligence a été isolée des autres dimensions, et notamment de celle du cœur. Elle agit mécaniquement, froidement. Au lieu de fonctionner ensemble, dans une intelligence globale, ces deux instances, le cœur et l'intellect, ont donc été séparées. C'est là probablement la plus grande rationalisation du « mental menteur » : avoir rendu rationnel et logique un mental « coupé de la vie » donc irrationnel et avoir rendu subjective et illogique la dimension du cœur.

Cette suprématie du mental abstrait justifie des positions humainement intenables. Grâce à celle-ci, il devient par exemple tout à fait logique et rationnel de réaliser du profit à court terme, fût-ce au détriment de notre humanité. Ainsi une partie de l'industrie textile produit à moindre coût sans se soucier des conditions de travail inacceptables de son personnel (voire de ses sous-traitants). Ainsi certains groupes de l'industrie chimique polluent en toute impunité.

Au niveau de notre dimension de vision, de création et d'intuition

Quand nous sommes décentrés, nous n'avons plus accès à cette dimension dans la mesure où la détente qui est nécessaire à son activation est remplacée par le stress. Dans cet état de stress, nous ne pouvons plus innover, créer, inventer, développer une vision. Nous pouvons juste reproduire l'existant, l'organiser à outrance pour le contenir dans des cases.

Pour illustrer mon propos, j'aimerais partager avec vous un exemple concret de passage d'un « non-alignement des quatre niveaux » à un fonctionnement harmonieux des quatre niveaux. C'est un de mes amis, dirigeant de la filiale indienne d'un gros groupe pharmaceutique, formé à la psychologie d'évolution et au leadership éthique, qui m'a rapporté cette anecdote.

Lorsque cet ami a pris la direction de la filiale, il a demandé à l'ensemble de son équipe de lui présenter leurs produits, leurs résultats, leurs marchés et leurs stratégies. Lors de la revue, intervient un jeune cadre indien brillant, chef de produit d'un vaccin contre la rage. Il a fait les meilleures universités en Inde. Il est reconnu pour ses performances excellentes et son intelligence vive.

Il commence sa présentation : il parle vite, sans prendre le temps de poser ni sa voix ni sa respiration. Ainsi, il laisse entendre à mon ami qu'il ne va pas lui faire perdre son temps – c'est connu, les directeurs généraux n'aiment pas perdre leur temps – et qu'il est capable d'être à la fois efficace et concis. Il est évident qu'il veut faire bonne impression. Il souligne les performances exceptionnelles de son produit qui depuis sept années consécutives est en tête des ventes. Il termine en évoquant les prévisions : de toute évidence, les ventes vont un peu stagner car le produit arrive à maturité. Mon ami le questionne alors sur ce dernier point : en quoi peut-il dire que ce produit arrive à maturité alors que la rage continue à sévir en Inde en faisant des milliers de morts chaque année ? Le jeune cadre répond en présentant une simulation graphique qui démontre rationnellement cette arrivée à maturité du produit.

Voici l'analyse aux quatre niveaux de la présentation de ce jeune cadre :

Il est soucieux de faire bonne impression auprès de son nouveau directeur. Au fond de lui, c'est donc la peur de n'être pas accepté et reconnu qui le motive. Il est ambitieux et souhaite être remarqué pour son brio intellectuel. Ce qui est moteur chez lui est l'émotionnel réactionnel. Il est coupé de sa dimension de cœur et coincé dans son mental abstrait qui s'évertue à démontrer à tout prix qu'il a raison. Le stress que génère cette situation impacte son corps : sa respiration est hachée, compressée. Autre impact du stress : il n'a plus accès à la dimension de vision, de créativité et d'intuition. Sa vision reste limitée à son marché tel qu'il l'a conçu, de façon étroite. Et c'est sur cette base que son mental abstrait expose des graphes et des raisonnements qui paraissent incontestablement « rationnels ». C'est là tout « l'art » du mental abstrait : faire un raisonnement logique sur une base fausse. C'est en cela qu'il est si difficile à détecter.

Voici la suite de l'anecdote. Mon ami interpelle le jeune cadre : « Savez-vous qu'en France ou au Royaume-Uni, la rage n'existe quasiment plus ? » Le chef de produit répond : « Oui, bien sûr ! », comme si mon ami le prenait pour plus bête qu'il n'est, et sans pour autant sentir où il veut en venir. Mon ami continue : « Est-ce que vous pourriez envisager que la rage n'existe plus en Inde ? » Silence. Le chef de produit répond finalement que cette vision ne lui paraît pas concevable. Il justifie : « Le Royaume-Uni est une île, ça simplifie les choses. » Mon ami reprend : « Ne pensez-vous pas que cette vision – éradiquer la rage en Inde – est plus porteuse que l'arrivée à maturité de votre vaccin ? » Nouveau silence. Sentant la résistance de son interlocuteur, mon ami lui demande de lui parler de la rage. Le chef de produit lui remet à la fin de leur entretien un DVD sur le sujet que mon ami visionne le soir. Y sont filmés les derniers jours – absolument terribles – d'un patient (ancien instituteur) victime du virus. Le lendemain, mon ami convoque à nouveau le chef de produit et lui fait part de son ressenti au visionnage. Il lui demande s'il a vu la vidéo. L'autre répond que non seulement il a vu la vidéo mais qu'il a aussi vu des patients en direct. Mon ami lui demande ce qu'il a ressenti. Après quelques tentatives pour rester dans le mental, le chef de produit s'ouvre et lui révèle spontanément que ce qu'il ressentait, c'était qu'« aucun être humain ne devrait connaître de telles souffrances ». Ce chef de produit venait de renouer avec sa dimension de cœur. Leur discussion a continué et le chef de produit a commencé à trouver de nouvelles idées à mettre en œuvre. Dans les minutes qui suivirent il concevait une vaste campagne qu'il intitulait lui-même « *Rabbies Free India*[1] ». Cette campagne allait impliquer de nombreuses parties prenantes dans la prévention, notamment auprès des animaux errants. Le produit allait devenir durant quelques mois le premier produit du marché pharmaceutique indien. S'ouvrir à sa dimension de cœur avait permis à ce chef de produit d'effectuer un vrai réalignement aux quatre niveaux[2].

La dimension affective a ceci de primordial qu'elle est le siège de toutes les décisions. C'est elle qui dit « J'aime » ou « Je n'aime pas », « J'accepte » ou « Je n'accepte pas » et qui va ensuite influer sur l'ensemble des actions entreprises par la personne. Contrairement à la conception généralement partagée, l'intellect est au service de cette dimension. Si le moteur est le cœur, c'est l'intelligence globale qui va le servir. Si par contre l'émotionnel réactionnel est aux commandes, c'est le mental menteur ou abstrait qui va le servir.

Même lorsque nous avons l'impression que « notre raison a pris le dessus sur nos sentiments », c'est toujours notre dimension de cœur qui au fond décide.

Einstein l'avait compris lorsqu'il écrivait : « Nous devons faire attention de ne pas faire de l'intellect notre dieu ; il a bien sûr des muscles puissants mais pas de personnalité. Il ne peut pas commander ; seulement servir. » Hélas, notre société et son modèle éducatif ont fait de cet intellect un dieu en lui prêtant la rigueur et l'objectivité que le cœur n'aurait pas. Or le mental abstrait, nous l'avons vu, ne peut pas sans le cœur prendre la mesure de la réalité.

1. « Une Inde sans rage ».

2. Mon ami m'a hélas raconté plus tard que le vice-président de l'entreprise américaine titulaire du brevet, qui avait félicité le chef de produit dans un premier temps, l'avait désavoué par la suite. Lorsqu'il s'était rendu compte que celui-ci poursuivait sérieusement son objectif d'une Inde sans rage, il avait réagi en disant : « On ne va tout de même pas scier la branche sur laquelle nous sommes assis… » et avait fait pression pour que le projet ne bénéficie pas de tous les budgets nécessaires pour aller à son terme.

Le cœur est ce qui permet de mesurer la qualité de vie dans chaque chose. C'est ce qui faisait dire à Antoine de Saint-Exupéry : « On ne voit bien qu'avec le cœur. »

Il est donc urgent dans nos sociétés de réhabiliter la dimension du cœur et d'éveiller les consciences pour apprendre à vivre harmonieusement aux quatre niveaux. Voyons comment à l'école nous pouvons amorcer ce changement.

Le corps

Dans une de ses conférences[1], Ken Robinson, expert international de l'éducation, nous interpelle en faisant le constat suivant : « Où que nous allions dans le monde, les systèmes éducatifs ont la même hiérarchie des matières enseignées. Les maths et les langues arrivent en tête, suivis des sciences humaines et, tout en bas, des arts. Il n'y a aucun système éducatif sur la planète qui enseigne la danse chaque jour comme nous enseignons les maths. Pourquoi ? » Il ajoute avec un sourire mutin : « Pourquoi pas ? Les maths, c'est important. Danser, c'est important aussi. Les enfants dansent tout le temps. Nous avons bien un corps n'est-ce pas ? À moins que je n'aie loupé quelque chose… »

Que pourrions-nous faire pour remettre le corps à l'honneur à l'école, au-delà des séances classiques de motricité ou de sport ?

Se mouvoir et prendre soin de son corps

Les enfants devraient être libres de leurs mouvements. Depuis quelques années, la motricité libre rencontre un grand succès dans le monde de la petite enfance, sous l'impulsion d'Emmi Pikler[2] dans les années soixante. Les bébés ont été délivrés de leurs transats et mis sur des tapis où ils peuvent se mouvoir librement. Les transats et trotteurs, qui imposent une position non naturelle à l'enfant dans ses mouvements, c'est-à-dire dans laquelle il ne pourrait se mettre seul sont proscrits. L'enfant est encouragé à faire ses expériences par lui-même, c'est ainsi qu'il développera un sentiment de confiance et de sécurité intérieure.

1. « En quoi l'école tue la créativité », conférence TED talk https://www.ted.com/talks/ken_robinson_says_schools_kill_creativity?language=fr#t-1078057.

2. Emmi Pikler est un médecin pédiatre hongrois qui a mis en œuvre avec succès au sein de la pouponnière de Loczy une approche innovante, basée sur la libre activité de l'enfant, sur son bien-être corporel et sur la qualité relationnelle de l'adulte référent.

L'école pourrait largement s'inspirer de cette expérience. Elle pourrait permettre aux enfants d'évoluer librement dans les classes, sans être contraints. Observez une classe de CP, si la pédagogie n'est pas un peu active, vous verrez des petits corps qui s'impatientent sur leurs chaises. N'est-ce pas déraisonnable de leur imposer l'immobilité des heures durant ?

Nous devrions aussi encourager les enfants à être à l'écoute de leurs besoins. Ils devraient pouvoir aller aux toilettes quand ils le souhaitent et trouver pour cela des lieux accueillants et propres. Les enfants devraient pouvoir boire régulièrement, avant même que la soif ne se fasse ressentir. Les enseignants aussi auraient bien besoin de penser à mieux s'hydrater. Dans notre école, les adultes comme les enfants ont tous des gourdes d'eau pour se désaltérer à tout moment de la journée et ils vont les remplir dès qu'elles sont vides.

Les élèves pourraient apprendre à mieux apprécier leur corps et à en prendre soin. Un bon moyen pour faire connaissance avec son corps, c'est d'effectuer un éveil corporel. À Living School, chaque matinée commence par un éveil corporel. Nous avons conservé un coin rassemblement dans toutes les classes de la maternelle au CM2. Ce lieu est celui où nous nous retrouvons trois fois par jour pour échanger, partager et apprendre ensemble. L'éveil corporel est enseigné dès la petite section de maternelle autour d'un simple moment de silence et d'une bougie allumée. Il commence par trois grandes respirations que nous matérialisons en suivant le souffle du doigt. Il se poursuit par un automassage de toutes les parties du corps du haut vers le bas. Pour les enfants plus jeunes, nous faisons appel à leur imaginaire. Par exemple, nous imaginons que nous savonnons notre corps avec un gel douche dont ils choisissent la couleur… L'éveil corporel se poursuit par des mouvements de tête, d'épaules et d'étirements. Il se termine souvent par un moment consacré à la méditation. Les enfants expriment leurs envies pour cette journée qui commence ou leurs intentions : « J'aimerais qu'on passe une belle journée tous ensemble », « J'aimerais qu'on pense à mon grand-père qui est à l'hôpital », « J'aimerais qu'on pense aux réfugiés »… En cours d'année de petite section, les enfants commencent à animer l'éveil corporel avec l'aide des enseignants. Dès la grande section, ils l'animent en toute autonomie, à tour de rôle. Les parents peuvent aussi s'inscrire pour participer à ce moment de vie. Souvent, ils y trouvent une façon formidable de commencer la journée. A contrario, nos anciens élèves sont souvent déçus de voir que ce rituel n'existe pas dans leurs nouveaux établissements. Plusieurs d'entre eux ont cependant conservé cette habitude qu'ils pratiquent seuls.

Les pratiques de la méditation, de la relaxation ou du yoga peuvent tout à fait trouver leur place à l'école et sont un levier formidable pour le bien-être et les apprentissages.

Il serait souhaitable que les enfants puissent bouger régulièrement et pas seulement pendant les récréations. Les pédagogies actives, qui responsabilisent et autonomisent les élèves, permettent ce mouvement dans la classe. Non seulement elles l'autorisent, mais surtout elles l'encouragent, car elles savent que le mouvement est nécessaire pour les apprentissages. Quand les enfants sont excités ou qu'ils ont besoin de bouger, nous n'hésitons pas à interrompre les activités de classe pour danser. Les enfants adorent ces moments et sont capables ensuite d'une meilleure concentration.

Le rapport au corps n'est pas toujours évident pour les enseignants. Certains ressentent la nécessité de mettre une distance avec leurs élèves pour asseoir leur autorité ou pour éviter d'être envahis. Les affaires de pédophilie ont certainement aussi découragé les professionnels de l'éducation de créer une proximité avec les enfants et les jeunes. Le contact est pourtant essentiel et structurant. Les enfants ont besoin d'un toucher respectueux et sain. C'est ce toucher, dit « ontologique », qui confirme l'enfant dans son existence et qui aurait besoin d'être enseigné dans le monde de la petite enfance et à l'école.

Le corps allié magistral des apprentissages

Le corps est un allié prépondérant dans les apprentissages. Il permet l'intégration en profondeur. Renilde Montessori, la petite-fille de Maria Montessori, disait en 2000 : « Tout ce qui est appris avec une implication totale du corps, de l'intelligence et de l'esprit s'intègre au plus profond de nous. » L'apprentissage, qui devrait être global et mobiliser tous les niveaux de notre potentiel (le corps, le cœur, la tête et la créativité), est encore trop souvent cantonné à la dimension intellectuelle.

Une jeune lycéenne de 1re STT[1] communication m'a livré un témoignage qui va dans ce sens. Tout au long de l'année, son enseignante n'a sollicité l'ensemble de la classe que d'un point de vue intellectuel, par un cours magistral. Par exemple, les jeunes ont appris l'importance du langage non verbal au travers de fiches et pour vérifier l'acquisition des connaissances, l'enseignante a organisé une interrogation écrite mais à aucun moment les élèves n'ont pu s'exercer au cours de mises en situation. Or il y a une différence énorme entre posséder intellectuellement un contenu et l'avoir « intégré », jusque dans son corps. Ces jeunes que l'on forme à devenir de futurs experts en communication n'auront pas appris à être exemplaires. Ils auront un savoir purement intellectuel, mais n'auront pas la pratique. Savoir n'équivaut pas à faire. Les savoirs acquis de cette façon, sans l'implication du corps, ni de la dimension affective, sont abstraits, coupés de la réalité tangible. Ils sont purement intellectuels et ne sont pas liés à l'expérience et ni intégrés en profondeur. La compréhension intellectuelle ne suffit pas à elle seule à mettre en œuvre un changement en profondeur. Si je veux apprendre à prendre la parole en public en étant détendue, je vais avoir besoin de mobiliser mon corps, ma dimension affective et émotionnelle et de vivre cette expérience plusieurs fois jusqu'à ce que je me sente à l'aise.

Il est vraiment essentiel que les enseignants impliquent le corps autant que possible dans leurs séances pédagogiques.

Voici quelques exemples de notre pratique à Living School. Bien sûr, chacun pourra trouver ou créer ses propres ressources pour impliquer le corps dans les apprentissages. Et je suis certaine que beaucoup d'enseignants ont déjà déployé leur créativité dans ce sens.

En maternelle, lorsque nous faisons du graphisme, nous traçons les figures ou les lettres dans l'espace avant de les tracer avec un crayon. Les enseignants ont à disposition dans leur classe des plateaux avec de la semoule qui permettent aux enfants de tracer avec leur doigt les formes avant de les reproduire dans les cahiers. Nous utilisons aussi des lettres rugueuses pour permettre aux enfants d'en suivre le tracé avec leur doigt. Si nous constatons qu'un enfant a tendance à écrire en miroir, nous l'invitons à se mettre debout et

1. Sciences et technologies tertiaires.

à faire une séance de *cross crowl*. Le *cross crowl* est un exercice de *braingym* qui consiste à toucher son genou droit avec son coude gauche, puis son genou gauche avec son coude droit et à répéter cet enchaînement. Cet exercice synchronise les deux hémisphères du cerveau. Souvent, après cet intermède, l'enfant écrit à l'endroit sans problème.

En mathématiques, nous privilégions les manipulations qui permettent aux enfants d'apprendre en s'amusant et en jouant. Ils sont engagés activement dans les apprentissages. Par exemple, dès la moyenne section, nous introduisons les réglettes Cuisenaire. Ces réglettes de couleurs et de tailles différentes permettent d'entrer dans le système décimal et de faciliter l'apprentissage du calcul de façon concrète et non abstraite. Je ne peux aussi que recommander le matériel Montessori de mathématiques qui est magnifiquement pensé et que nous avons plaisir à utiliser.

En sciences, nous privilégions le tâtonnement expérimental. Une semaine sur deux, les enfants manipulent, et l'autre semaine ils formalisent les conclusions de leurs expériences. En élémentaire, les enfants ont à disposition du matériel pour réaliser à nouveau certaines expériences. Les enfants sont profondément motivés par ces séances ! Une année, un de nos élèves était arrivé le matin très pâle, les yeux fiévreux. J'ai pris sa température et, comme elle dépassait 38 °C, je lui ai indiqué qu'il allait devoir rentrer chez lui se reposer. À ce moment-là, il s'est effondré en m'expliquant qu'il voulait à tout prix rester pour ne pas « louper » l'expérience de sciences.

Pour apprendre à lire, en français comme en anglais, nous avons aussi référencé des méthodes ludiques qui mobilisent le corps. En français, nous utilisons la méthode des Alphas[1] qui fait appel à la mémoire visuelle, auditive et kinesthésique et nous la combinons avec la méthode Borel-Maisonny qui, comme la langue des signes, associe des gestes aux sons.

En musique, nous nous appuyons principalement sur la méthode Dalcroze[2] qui met le mouvement au service de l'apprentissage de la musique.

1. Développée par une psychopédagogue suisse, Claude Huguenin.
2. Émile Jaques-Dalcroze est un musicien, compositeur, pédagogue et chansonnier suisse, créateur de la méthode rythmique qui porte son nom et qui prend en compte la perception physique de la musique.

Le jardinage est aussi une excellente activité manuelle que nous pratiquons avec plaisir et nous réfléchissons à l'avenir à développer des ateliers tricot, couture, tissage ou travail du bois, comme dans les écoles Steiner.

Notre société déprécie trop souvent l'action du corps. Ainsi les filières techniques ou professionnelles, qui forment aux métiers plus manuels, sont dévalorisées. Alors que les jeunes sont touchés par le chômage, l'artisanat faisait campagne en juin 2016 avec un slogan attractif : « 80 % des apprentis trouvent un CDI dans les trois mois. » Pourtant, seulement 5 % des jeunes choisissent la voie de l'apprentissage[1]. On voit bien tout le changement de mentalité à opérer pour revaloriser ces filières et ces métiers.

Éduquer à la santé et à la vitalité

Outre l'implication du corps dans les apprentissages, il semble essentiel d'éduquer les enfants à la santé. À cet effet, nous avons fait appel à une professionnelle, le docteur Véronique Chabernaud, fondatrice de Créer la vitalité et Enfance et vitalité[2]. Grâce à elle et au programme que nous avons conçu, les enfants apprennent à avoir une alimentation saine, équilibrée et joyeuse. Voici une bonne occasion de se réconcilier avec les fruits et légumes, de faire connaissance avec tous les types de sucres, de parler d'alimentation biologique, d'élaborer de bons goûters... Éduquer à la santé et à la vitalité, c'est aussi réfléchir au phénomène de la pollution, au cycle du sommeil, à la question de la somatisation, au rôle de nos émotions... et les enfants sont captivés par ces thèmes. Le sommeil, notamment, est un vrai sujet de préoccupation, et ce d'autant plus qu'on sait maintenant qu'il joue un rôle essentiel dans les apprentissages et qu'il est parfois un facteur aggravant des troubles de l'attention. Peu à peu, les enfants apprennent à ne plus considérer la santé comme la simple absence de maladie. Leur conception se rapproche de la définition de l'Organisation mondiale de la santé : « [...] un état de complet bien-être physique, mental et social, et ne consiste pas seulement en une absence de maladie ou d'infirmité. » Ils prennent conscience qu'ils peuvent renforcer leur vitalité qui est leur état naturel.

1. D'après le Fonds national de promotion et de communication de l'artisanat.

2. Véronique Chabernaud est l'une des créatrices du jeu Vitality destiné aux enfants de sept à douze ans pour leur donner les repères d'une bonne vitalité.

Qui dit vitalité, dit alimentation saine et de qualité. Dès la création de Living School, j'ai mené un véritable combat pour obtenir une cantine 100 % bio. Une étude datant de 2005 montre clairement que les enfants qui passent à une alimentation biologique voient les résidus de pesticides disparaître de leurs urines en cinq jours[1]. Quand on connaît l'impact des risques associés à ces produits pour la santé, on ne peut que regretter la lenteur de la transition vers le bio. En 2007, quand j'appelais un à un les grands groupes de restauration collective, j'ai réalisé combien la filière était en retard sur ces sujets. Les commerciaux me riaient au nez, mon cahier des charges leur semblait extravagant et irréaliste. J'ai dû me résoudre à l'époque à ouvrir avec une cantine à 25 % bio. Rapidement, j'ai eu l'intuition que nous serions plus forts à plusieurs. J'ai donc démarché d'autres écoles pour budgétiser plusieurs centaines de repas par jour et peser dans les négociations. C'est à ce moment-là que j'ai rencontré Élisabeth Laville, du cabinet Utopies. Elle lançait un projet similaire, « Nos cantines pour la planète », que nous nous sommes empressés de rejoindre. En 2009, nos premiers repas 100 % bio nous étaient livrés… et depuis, malgré les changements de prestataires et la fin du projet, nous avons maintenu le cap du 100 % avec détermination. Notre cahier des charges va même au-delà du bio : privilégier les produits locaux et de saison, diminuer la consommation de viande rouge (dont l'impact sur le climat est catastrophique), éviter les espèces de poissons menacées et les produits industrialisés, bannir les OGM, proposer un repas végétarien par semaine… Notre souhait est ouvertement d'avoir une cantine à la fois bonne pour la santé et bonne pour la planète.

Il est bon aussi pour la santé de nos enfants qu'ils aient un contact régulier avec la nature (voir le chapitre : « Cultiver un lien fort avec la nature »). Chaque jour, nous sortons une heure dehors au parc des Buttes-Chaumont. Évidemment, nous sommes bien loin de la nature sauvage, mais nous pouvons déjà profiter des arbres, de l'herbe et observer les saisons. Je sais que dans l'Éducation nationale, de nombreux projets voient le jour pour végétaliser

1. « Organic diets significantly lower children dietary exposure to organophosphorus pesticides », Chensheng Lu, Kathryn Toepel, Rene Irish, Richard A. Fenske, Dana B. Barr et Roberto Bravo, *Environmental Health Perspectives*, 2005.

les cours de récréation et sortir du béton : murs végétaux, potagers, plantations d'arbres... Ils apportent un vrai bol d'air pour les enfants.

L'éducation sexuelle

Enfin, être bien dans sa peau, c'est aussi avoir des clés sur la question de la sexualité, adaptées à l'âge des enfants. À Living School, nous abordons principalement deux thèmes en maternelle : les différences filles-garçons et l'importance de respecter et de faire respecter son corps. En cycle 2, nous revenons sur ces thèmes et abordons la question des bébés : comment fait-on les bébés ? Comment se développe le bébé ?... En cycle 3, nous abordons la puberté. Ces séances ont lieu deux à trois fois par an. Les enfants en sortent renforcés et ravis de mieux comprendre le cycle de la vie. Dans un contexte où 81 % des victimes de violences sexuelles en France sont des mineurs[1], nous sommes conscients du rôle de prévention qu'ont à jouer les écoles. Nous mettons donc l'accent sur le respect du corps. Nous partons du principe qu'en donnant des repères clairs et structurants, les enfants sauront s'affirmer ou, le cas échéant, briser la loi du silence, quand on sait qu'à 94 %, les agressions sexuelles sont commises par un proche.

En résumé, pour permettre aux enfants d'être bien dans leur corps à l'école, il est essentiel de leur apprendre à écouter et répondre à leurs besoins physiologiques, de libérer leurs mouvements, de bouger, de danser, d'apprendre à être en bonne santé, d'être régulièrement au contact de la nature, de comprendre la sexualité et de faire respecter son corps.

Le cœur

La dimension affective, émotionnelle et relationnelle est essentielle pour un développement harmonieux des enfants et elle est aussi une clé des bons apprentissages.

1. Selon l'enquête « Impact des violences sexuelles de l'enfance à l'âge adulte », réalisée en 2015 par l'association Mémoire traumatique et victimologie, avec le soutien de l'Unicef dans le cadre de la campagne « Stop au déni ».

On ne voit bien qu'avec le cœur

Hélas, de façon générale, il existe dans l'éducation une méfiance vis-à-vis de cette dimension. D'une part, bien souvent, les enseignants souhaitent maintenir une distance avec leurs élèves, par peur d'être débordés ou de faire du « copinage ». D'autre part, cette dimension est souvent qualifiée de « subjective » et par conséquent, elle est considérée comme source potentielle de nombreux problèmes.

Cette méfiance est liée au fait que notre modèle éducatif ne fait pas la différence entre l'état émotionnel et réactionnel et la dimension du cœur. Ce sont deux choses différentes. Il amalgame les deux sous une étiquette labellisée « subjectif » et « irrationnel ». Du coup, il ignore l'un et l'autre, pour ne se focaliser que sur ce qui, selon lui, est « objectif » à savoir la dimension intellectuelle rationnelle, froide et logique.

Cette dimension de cœur est celle qui dit « oui » à la vie, qui dit « j'aime », « j'ai envie ». C'est là qu'est le siège de la motivation. Là réside l'élan et le plaisir d'apprendre. C'est aussi ce qui permet de ressentir ce que l'on veut au fond de soi, et aussi ce que les autres ressentent. Notre dimension de cœur nous permet d'être dans l'empathie. Elle nous donne la possibilité de nous mettre à la place des autres, et de ressentir leurs besoins en profondeur. Elle nous permet d'évaluer avec justesse les effets d'une décision. C'est elle qui permet de mesurer la qualité véritable de chaque chose et de chaque situation. Contrairement à ce qu'on pourrait penser, c'est donc ce qui permet d'avoir une vision réellement objective (car globale et non partielle) de la réalité.

Plus la priorité est donnée aux repères extérieurs que constituent les enseignants, les notes, les camarades et les parents, moins l'enfant a accès à cette dimension en profondeur. En effet, plus il va travailler à l'école pour d'autres que lui-même – pour ses parents, pour ses enseignants, pour « son futur », pour être le meilleur –, moins il va être en contact avec ce qu'il souhaite vraiment au fond de lui. Il va peu à peu s'aliéner et se couper de son ressenti.

L'enfant prend progressivement comme référence ce que lui disent les figures d'autorité autour de lui, au lieu de se fier à son propre baromètre, son « repère intérieur » (voir le chapitre qui lui est consacré). Combien de vocations sont ainsi contrariées ou même ignorées, car les enfants ont appris à ne pas s'écouter ? Ces vocations refoulées, ces envies profondes étouffées engendrent naturellement de la frustration et au fil des années de la souffrance, même chez les bons élèves.

Le fait de vouloir le meilleur pour soi et pour les autres est constitutif de la dimension de cœur, de l'empathie. Mais notre modèle éducatif a du mal à prendre en charge ces questions. D'une part, il a tendance, nous l'avons vu, à couper les enfants de leur ressenti. Ceux-ci n'apprennent pas vraiment à s'écouter, à écouter leurs besoins et leurs envies. Par conséquent, ils ont du mal à vouloir le meilleur pour eux-mêmes, car ils se conforment aux attentes extérieures. D'autre part, notre façon d'éduquer a tendance à renforcer la compétition entre les élèves et les coupe donc de l'envie d'aider les autres et de vouloir le meilleur pour eux. Les enseignants font du mieux qu'ils peuvent dans ce système mais manquent souvent de repères et de formation pour susciter l'empathie chez les élèves.

Dans les programmes, la dimension affective, émotionnelle et relationnelle est souvent ignorée. Elle est tolérée tant que l'enfant est jeune. Mais cela ne dure pas. Trop souvent, cette dimension se retrouve associée à la faiblesse, à la naïveté, voire à la niaiserie. Heureusement, il y a partout, que ce soit dans l'école publique ou privée, des enseignants chaleureux qui prennent en compte cette dimension et marquent positivement des générations d'enfants grâce à leur positionnement bienveillant.

La non-prise en compte de la dimension affective, émotionnelle et relationnelle, source de mal-être à l'école

Si l'école prenait vraiment en compte cette dimension du cœur, alors les apprentissages se feraient dans l'élan, la joie et le plaisir. Les enfants iraient à l'école en courant ! Ils auraient un plaisir naturel à apprendre, à découvrir de nouvelles choses et à déployer leur potentiel.

Au lieu de cela, l'école est encore souvent le lieu de l'obligation et de la contrainte. Les élèves sont régulièrement stressés et la peur de l'échec y est malheureusement prégnante.

Malgré les efforts des enseignants pour faire réussir leurs élèves, l'enfant est souvent ignoré dans son élan et son envie d'apprendre. Il n'accède plus à son ressenti en profondeur, ni à sa motivation et à sa force. Il intègre qu'il faut « capter » vite pour éviter d'être rejeté. Il vit sa scolarité dans la peur de ne pas y arriver. Il cherche alors à combler ce manque de confiance en soi, d'estime de soi et d'épanouissement par des compensations, des « bénéfices secondaires ». Bien souvent, même un élève bien adapté, qui réussit scolairement, est au fond un élève stressé, voire un élève frustré à force de se conformer aux attentes extérieures.

Si nous ne voulons pas produire du mal-être en série, il est essentiel de résolument prendre en compte la dimension affective, émotionnelle et relationnelle des élèves. Bien sûr, il faut bien discerner quand cette dimension est positive et constructive et quand, à l'inverse, elle génère un état émotionnel et réactionnel. Dans notre école, nous encourageons le développement de la dimension positive et constructive, celle qui est au service de la vie.

Développer l'empathie

Nos enseignants sont proches des enfants. Ils sont chaleureux et aimants. Parce qu'ils travaillent le non-jugement, ils accueillent pareillement tous les enfants, même ceux dont le comportement est parfois difficile. Ils savent que plus un enfant a reçu d'impacts négatifs dans le passé, plus il a besoin d'attention positive. Parfois, quand un enfant est hors de lui et qu'il explose, ils savent qu'un contact chaleureux sera plus bénéfique qu'un énième recadrage. Ils développent cette empathie qui leur permet de se mettre à la place des enfants et de ressentir leurs vrais besoins. Ils se placent du côté de l'enfant plutôt que dans un « rôle » d'éducateur qui se voudrait supérieur à l'enfant. Souvent, derrière une grosse colère, il y a un besoin de reconnaissance ou d'amour. De même en maternelle, quand les enfants éprouvent des difficultés à se séparer de leurs parents, nos enseignants font un travail d'accompagnement auprès des enfants et des parents pour les aider à passer le cap. En début d'année, si un enfant pleure pendant le rassemblement, l'enseignant ira l'aider à s'apaiser en communicant un geste bienveillant[1] que nous

1. Ceci est un exemple du toucher respectueux et sain dont je parlais plus tôt dans la partie sur le corps.

appelons les « ronds d'amour ». Il en profitera pour le modéliser pour l'ensemble de la classe : « Vous voyez, les enfants, Inès est triste. Elle aurait aimé que son papa reste avec elle. N'est-ce pas Inès ? (Inès approuve d'un mouvement de tête, tout en continuant de sangloter.) Je vais lui faire des ronds d'amour dans le dos. Ça va lui faire du bien. Vous voyez, j'envoie de l'amour dans son dos avec ma main bien à plat et je maintiens Inès avec douceur en posant mon autre main sous sa clavicule. » Inès s'apaise et les enfants observent avec grand intérêt la séquence. Très vite, ils intègrent ce geste bienveillant.

Quand un enfant tombe au parc, quand un enfant pleure, ils sont plusieurs à venir vers lui et à l'accompagner jusqu'à ce qu'il s'apaise en lui faisant des « ronds d'amour » dans le dos. Cela leur devient si complètement naturel, qu'ils l'utilisent en dehors de l'école.

Dès la première année d'existence de Living School, une maman d'élève nous a raconté comment son fils, Tiber, trois ans et demi, était venu à la rescousse d'une enfant qui était tombée du toboggan au parc. Il l'avait aidée à se relever, lui avait demandé comment elle allait et lui avait fait des « ronds d'amour » dans le dos jusqu'à ce que ses pleurs s'arrêtent. Le papa de la petite fille, qui était arrivé sur le lieu de la chute un peu après Tiber, avait été impressionné par l'empathie de cet enfant de maternelle.

J'ai moi-même pu bénéficier de cette attention bienveillante. Un jour, je participais avec mes élèves à un événement sur le thème « Apprendre au XXIe siècle » et pendant que j'animais un atelier, je me suis fait voler mon ordinateur portable. Quand j'ai compris que l'ensemble de mon travail, mes fichiers (dont une partie de ce livre) et mes photos de famille avaient disparu à jamais, je me suis sentie accablée. Je me suis assise à une table et j'ai mis ma tête entre mes mains. Et puis soudainement, j'ai senti une main douce et chaleureuse dans mon dos qui faisait des ronds pour m'apaiser. Les larmes me sont montées aux yeux. C'était Léopoldine, une élève de CM1. Elle m'a prodigué quelques mots de réconfort. Je me suis sentie accueillie dans ma tristesse et ça m'a fait du bien.

Accéder au ressenti

Nous permettons aux enfants de développer de l'empathie, parce que nous les encourageons dans toutes les situations pour accéder à leur ressenti. Pour demander l'avis d'une personne, nous avons l'habitude de dire : « Qu'en penses-tu ? » À Living School, nous disons : « Que ressens-tu ? » Essayez et vous sentirez la différence. Avec la première question, votre interlocuteur est sollicité au niveau de son intellect, de sa dimension mentale, et ce n'est pas du tout aussi engageant que lorsque vous lui demandez ce qu'il ressent. Là, il va davantage vous faire part de son authentique positionnement.

Dans notre école, nous demandons souvent aux enfants ce qu'ils ressentent. Ils prennent alors l'habitude d'écouter leurs émotions et ils apprennent à les partager avec les autres. Cette attitude développe un « parler vrai » tellement précieux ! Une année, alors que nous étions en train de préparer la classe verte avec les enfants de cycle 3 (CE2, CM1 et CM2), un élève fraîchement arrivé montrait une résistance palpable à la répartition dans les chambres. Il aurait aimé être dans une chambre pour lui seul. Son enseignante, Anne-Sophie, l'a pris en aparté et lui a demandé ce qu'il ressentait au fond de lui qui l'empêchait d'être avec ses amis. Il s'est alors livré : « Tu sais, il m'arrive encore parfois de faire pipi dans mon lit la nuit et si on dort en groupe, les autres vont se moquer de moi. » Elle l'a valorisé d'avoir parlé vrai. Cela éclairait tellement son positionnement. Elle lui a ensuite dit qu'il n'était absolument pas obligé de partager cela avec les enfants de la classe, mais qu'il pouvait se rassurer sur le fait qu'à Living School, il ne serait jamais jugé et que personne ne se moquerait de lui. Lors du rassemblement suivant, cet élève – à la stupéfaction d'Anne-Sophie –, a pris la parole devant toute la classe : « Voilà, tout à l'heure, je vous disais que je ne voulais pas partager ma chambre avec d'autres garçons en classe verte. En fait, j'avais peur, parce que parfois il m'arrive de faire pipi au lit et j'avais peur que vous vous moquiez de moi. » Tous les enfants l'ont rassuré, certains ont dit : « Tu sais, ça peut arriver ! » ou « Ça m'est arrivé à moi aussi ! ». Cet enfant a alors poussé un gros soupir de soulagement et il a été félicité par ses camarades d'avoir eu le courage de dire les choses. Et la classe verte s'est très bien déroulée pour lui, sans aucune moquerie à son égard !

Cette dimension du cœur est ce qui permet de mesurer la qualité et la justesse ou non d'une situation. La dimension intellectuelle n'est pas capable d'une telle chose. Elle a une grande capacité d'organisation, mais elle ne permet pas de ressentir. Parfois, je rencontre des enseignants qui, dans leur « logique toute rationnelle », sont exaspérés de consacrer trop de temps à certains élèves. Ils me disent qu'« en toute logique » ils devraient en consacrer autant à chaque élève. Je prends alors le temps de leur faire ressentir la situation et les besoins des élèves de leur classe. Alors, ils réalisent grâce à cette prise de recul que certains enfants ont plus de besoins que d'autres et qu'il est juste de leur consacrer plus de temps. Quand ils mettent en place un climat de coopération et de non-jugement dans leur classe, les enfants acceptent facilement que l'enseignant consacre un peu plus de temps à certains qu'à d'autres en fonction des besoins.

Quand cette dimension du cœur est développée chez les enfants, elle leur permet de mieux ressentir les situations, de donner des conseils plus avisés et de prendre des décisions plus justes. Elle leur permet de développer l'empathie et la générosité. Nous savons combien la notion de « partage » n'est pas toujours évidente entre les enfants, ni même entre adultes.

Il suffit de passer un peu de temps sur une aire de jeux pour voir que le sens de la propriété se développe très tôt chez les enfants. J'entends régulièrement des parents au parc s'adresser à leur enfant de la façon suivante : « Rends-lui son ballon ! Tu joues avec ton ballon et lui avec le sien ! » Il n'est pas étonnant de constater ensuite le raidissement des enfants pour défendre bec et ongles leurs affaires et leur pré carré.

Apprendre à partager se fait souvent sous la contrainte : « Tu partages, c'est comme ça ! Une moitié pour toi, une moitié pour lui ! Voilà. » Le tout teinté de morale : « Quand on est gentil, on partage avec les autres. »

Ce mode d'éducation amène les enfants à entrer dans une dynamique de manque et pose des limitations. Leurs comportements sont dictés ensuite par la peur de manquer. Au lieu de cela, il y a tant à faire pour développer l'élan du cœur chez les enfants, pour développer chez eux le plaisir d'apporter de la joie aux autres.

Lors d'une sortie au parc avec ma fille, nous découvrons une myriade de bulles de savon portées par le vent. Nous remontons à la source de ces bulles et trouvons une femme et deux enfants sur une aire de jeux qui régalent les plus petits de ce spectacle. Dans un bel élan de générosité, la femme a proposé à tous les enfants présents d'essayer l'étui à bulles. Les enfants et leurs parents étaient aux anges. Et les deux enfants qui accompagnaient cette femme, son neveu et sa nièce comme je l'ai compris ensuite, prodiguaient des conseils aux plus petits. Ils étaient eux aussi ravis et joyeux. Les parents ont commencé à parler entre eux, les enfants à jouer ensemble et le partage des ballons et des installations s'est fluidifié. En quittant le parc ce jour-là, je me suis dit que les neveux de cette femme avaient la chance d'éprouver à son contact ce qu'était le plaisir de donner. Pas de donner en ayant le sentiment d'avoir accompli une bonne action, mais de donner en éprouvant spontanément de la joie.

Contribuer

À Living School, nous travaillons à développer cette ouverture du cœur, qui est naturellement présente chez les enfants si on n'inculque pas la peur de manquer ou de ne pas être à la hauteur. Et les enfants ont régulièrement initié des actions qui témoignent de cet élan. Pour reprendre la métaphore du verre d'eau, leur verre est bien plein et l'eau s'écoule naturellement vers l'extérieur, comme une fontaine.

Une année, lors d'un club vacances, les enfants ont proposé d'écrire des mots positifs et des encouragements sur des petits papiers qu'ils ont décorés puis mis dans un chapeau. Ils sont ensuite allés les offrir aux gens qu'ils ont croisés au parc des Buttes-Chaumont en leur proposant de piocher dans le chapeau. Les personnes étaient touchées et ravies, certaines émues aux larmes.

Une autre année, ils ont décidé de préparer un coli surprise pour les SDF du quartier avec des sandwichs, des jus de fruits et même des montres en état de marche, car l'un des SDF avait expliqué qu'il n'arrivait pas à se repérer dans la journée depuis qu'il avait perdu sa montre. Pour accompagner ce cadeau, ils avaient rédigé des cartes postales dont voici quelques extraits : « Tu es gentil », « Lucien, tu es le meilleur SDF du quartier ! », « Tu as un très, très, très gros potentiel, ne l'oublie pas ! ».

Dernièrement, alors que nous finissions un cycle sur la biodiversité, les enfants ont pris l'initiative d'aller offrir leurs plantations de fleurs, d'herbes aromatiques et de légumes aux passants du parc des Buttes-Chaumont. Les jeunes pousses émergeaient de jolis petits pots en verre, ornés de messages concoctés par les enfants :

« Prenez soin de vous et de cette plante ! », « Préservez la biodiversité ! », « Prenez soin de cette plante comme si c'était vous ». Les gens étaient touchés et tellement surpris, que certains sortaient promptement leur porte-monnaie… tandis que les enfants, d'un geste, leur signifiaient que l'action était gratuite. Il y a eu ce jour-là tant de personnes touchées par la beauté du don ! Une personne âgée, qui est restée aux côtés des enfants un certain temps pour leur dire combien elle trouvait cette initiative formidable, leur a promis de leur donner des nouvelles de la plante. Une femme en fauteuil roulant et au sourire radieux. Un papa qui ne savait plus comment consoler son petit garçon jusqu'à ce que Gabin, CP, se plante devant eux et leur tende son pot. En fin de journée, les enfants exultaient. Ils avaient rendu des gens heureux.

La joie et le plaisir comme moteurs des apprentissages

Du point de vue des apprentissages, nous mobilisons cette dimension affective, émotionnelle et relationnelle. D'ailleurs, nous avons bien compris qu'elle en était le moteur. Si un enfant a l'envie et l'élan pour apprendre, alors il sera en situation de réussir ce qu'il entreprend. Il ne sera pas freiné par les difficultés, car en profondeur, il aura un levier puissant, celui de l'envie et du plaisir de comprendre et d'évoluer.

Il est tellement affligeant de voir que les enfants ont naturellement du plaisir à apprendre mais que le système éducatif a tendance à tuer dans l'œuf cet élan. Très vite, les enfants ressentent le poids de l'obligation et des contraintes. Le moteur du plaisir et de la joie est vite remplacé par la peur de l'échec et l'esprit de compétition. Quel potentiel gâché ! Heureusement qu'il n'y a pas d'école pour apprendre à marcher. Combien de temps donnerait-elle aux enfants pour apprendre la marche ? Comment considérerait-elle les milliers de fois où l'enfant tombe ? Très vite, les enfants seraient découragés…

Avec les enfants, nous mesurons chaque jour la puissance de la joie et du plaisir comme moteurs des apprentissages. C'est ce qui nous permet de suivre le programme de l'Éducation nationale, tout en enseignant la moitié du temps en anglais, ainsi qu'en faisant des séances hebdomadaires de savoir-être et d'écocitoyenneté. Nous ne serions pas en mesure de mener de front tous ces apprentissages si les enfants et les adultes n'étaient pas motivés. Souvent, lorsque nous animons des formations au savoir-être pour des enseignants à l'extérieur, ceux-ci nous demandent comment ils peuvent « redonner le goût de l'effort à leurs élèves ». Ils ressentent que de nombreux élèves sont démotivés, que leur écoute est volatile et qu'ils n'ont pas d'intérêt pour l'école. En les accompagnant lors de nos formations, ces enseignants prennent conscience en tout premier lieu de la dynamique de contrainte et d'obligation qu'ils s'infligeaient à eux-mêmes par souci de bien faire. Ils découvrent qu'ils avaient un gros besoin de contrôle et qu'ils avaient tendance à se mettre la pression. En se repositionnant pour être plus bienveillants à leur propre égard, en lâchant prise davantage, en retrouvant la joie de faire des choses qui leur font plaisir avec les élèves, c'est tout le climat de classe qui s'en trouve transformé. Alors la motivation des élèves refait surface, même dans les climats les plus difficiles. En remettant le plaisir et la joie au cœur des apprentissages, les problèmes de motivation et de « manque d'efforts » disparaissent.

Voici quelques conseils pour impulser cette dynamique. D'une part, l'exemplarité – comme toujours – est essentielle. Une personne motivée qui a du plaisir à enseigner va facilement transmettre sa motivation. D'autre part, plus les savoirs sont porteurs de sens, plus ils sont motivants. Il n'y a rien de moins enthousiasmant que de travailler pendant des heures sur quelque chose d'abstrait dont on ne comprend pas les tenants et les aboutissants. Par exemple, en mathématiques et en sciences, nous allons privilégier les manipulations et expériences qui vont rendre très concrètes toutes les notions abordées. Imaginez la notion de « nombre au carré » en mathématiques. N'est-ce pas merveilleux de comprendre que le carré de 4 est un carré de 4 par 4, donc un vrai « carré » de 16 cases ? Et que le cube de 4 est réellement un cube dont l'arrête fait 4 et qui est constitué de 4 carrés de 16 cases empilés, donc de 64 cases… Plus les savoirs peuvent se rapporter à la vie, plus les élèves sont intéressés. Et plus la méthode d'enseignement est active et ludique, plus les enfants sont captivés. Il y a tant à faire aussi pour permettre aux enfants d'être des « chercheurs ». Quand chaque phase d'apprentissage est précédée d'un moment de recherche, les enfants deviennent réellement acteurs de leurs apprentissages.

Il y a aussi beaucoup de joie à coopérer dans les apprentissages. Plus vous sortez des logiques de compétition, plus vous créez un climat propice où chacun peut apprendre à son rythme et progresser. Nous avons fait le choix du multiniveau dans nos classes, car dans cette configuration, les occasions de coopération et d'entraide ne manquent pas. Exemplarité, sens, pédagogie active et ludique, coopération, voilà quelques pistes pour retrouver la joie et le plaisir d'apprendre, si naturels chez les enfants. Cela présuppose aussi de sortir du diktat des programmes scolaires. J'entends par là qu'au lieu de les subir, d'être dominés par eux et de courir toute l'année pour les « boucler », il va être question de les maîtriser (pas de les ignorer). Cela demande d'en développer une vison vraiment globale. Au lieu d'être accablé par la complexité des compétences à aborder, il sera question d'en définir la logique. Au lieu d'être agis par les programmes, vous devenez « acteurs » de ceux-ci.

La dimension du cœur joue donc un rôle essentiel dans l'éducation des enfants. Elle leur permet de développer empathie, justesse, générosité... Elle leur permet d'apprendre et d'évoluer avec élan et facilité. Bien souvent, dans notre société, la dimension du cœur est associée à la faiblesse. Il y a urgence à concilier l'ouverture du cœur et la force ! Ce sont deux qualités que j'aimerais voir émerger chez tous les individus car trop souvent ils combinent soit l'ouverture du cœur et le manque d'affirmation, soit la fermeture du cœur et la force. Il n'y a rien de plus beau que de voir l'amour et la force réunis en une même personne. Quand nous prenons la mesure des enjeux mondiaux, ce sont bien ces qualités qu'il nous faudrait tous combiner pour relever les challenges.

La tête

« Il n'y a pas d'enfants bêtes »

Juliette est une enfant qui rencontre de grandes difficultés dans les apprentissages. Elle souffre notamment de dyslexie. À l'école du quartier, les maîtresses ont trouvé qu'elle n'était pas « scolaire ». Les parents de Juliette ont essayé de l'aider avec du soutien scolaire, une orthophoniste, une psychologue... mais les difficultés persistent. Quand Juliette et ses parents nous rencontrent pour une inscription à Living School, c'est elle qui mène l'entretien du haut de ses six ans. Elle m'émerveille. Elle m'explique combien le climat est tendu entre elle et sa maîtresse. Elle en a marre de l'entendre crier. Au fur et à mesure de sa scolarité à Living School, Juliette, avec notre accompagnement et celui de ses parents, reprend peu à peu confiance dans sa capacité à apprendre. Un jour, je la sollicite pour intervenir au Forum des enfants[1] au cours d'une conférence sur le savoir-être devant cinq cents élèves d'écoles publiques du Havre. Nous avons préparé ensemble ce qu'elle souhaitait y dire. À la question, « Juliette, qu'as-tu le plus changé dans ton savoir-être ces dernières années ? », elle m'a spontanément répondu : « Je me mets beaucoup moins en colère qu'avant », ce qui était vrai. Et là, le jour de la conférence, devant le parterre de cinq cents enfants et cent adultes, je lui pose la question. À mon grand étonnement, elle répond tout à fait autre chose : « Avant, je croyais que j'étais bête. Maintenant, je sais qu'il n'y a pas d'enfants bêtes, ça n'existe pas. Nous sommes tous naturellement intelligents. » J'ai été parcourue d'un immense frisson, j'ai senti que Juliette partageait spontanément avec tous ces enfants ce qui l'avait tant aidée, le plus beau cadeau qu'elle avait reçu à Living School et qu'elle leur offrait en retour. Elle avait compris qu'elle avait des difficultés, certes, mais qu'elle n'était pas « bête ». J'ai saisi cette perche et j'ai dit : « Il y a certainement dans la salle des enfants qui se sont un jour sentis bêtes ou qui se sentent encore bêtes… » Contre toute attente, sans même que je le demande, j'ai vu une forêt de mains se lever. Les deux tiers de la salle. J'ai été estomaquée. Comment ? Comment se peut-il qu'autant d'enfants de huit à onze ans pensent déjà d'eux-mêmes qu'ils sont bêtes ? Je n'ai pu m'empêcher d'extrapoler : voilà donc le résultat de notre système éducatif, des millions d'enfants qui ne se sentent jamais à la hauteur. Il n'est pas étonnant que 35 % d'entre eux aillent à l'école avec la sensation d'un mal de ventre.

1. Le Forum des enfants est un événement qui a été conçu et animé par Living School dans le cadre du Positive Economy Forum lancé par Jacques Attali au Havre. Le Forum des enfants a touché des centaines d'enfants d'écoles et de centres de loisirs pour les sensibiliser au fait qu'ils ont le potentiel d'agir pour transformer positivement la société et le monde.

Il suffit de s'intéresser un petit peu au cerveau pour comprendre que nous sommes tous naturellement intelligents. Comment pourrait-il en être autrement avec nos cent milliards de neurones ? Nous n'avons de cesse de le répéter à Living School : il n'y a pas d'enfants bêtes ! Notre cerveau est naturellement conçu pour nous permettre d'apprendre dans la fluidité et la facilité. Ce sont surtout les impacts émotionnels négatifs qui altèrent le fonctionnement de notre cerveau.

Les premières années de développement de l'enfant sont particulièrement importantes car son cerveau est immature et vulnérable. Si les adultes qui s'occupent de l'enfant sont trop durs, l'enfant va développer une insécurité grandissante qui va aussi impacter son développement cognitif. Catherine Gueguen, pédiatre et auteur du livre *Pour une enfance heureuse*, attire notre attention sur ce point : « Toutes ces découvertes [en neurosciences affectives] nous montrent l'importance de la petite enfance et du rôle des adultes vis-à-vis de l'enfant, c'est-à-dire qu'il faut absolument tout faire pour que l'éducation soit la plus empathique possible, bienveillante et soutenante avec les enfants[1]. »

L'intelligence globale

La psychologie d'évolution nous rappelle que nous disposons tous d'une intelligence globale, qui inclut les besoins du corps et du cœur, ainsi que notre intuition et notre créativité. Cette intelligence est fluide et souple. Elle nous permet d'avoir une vision globale des situations et d'y apporter des réponses sur mesure. Parce que cette intelligence est reliée au cœur, elle prend en compte notre ressenti, ainsi que le ressenti des autres pour apporter des solutions justes. C'est une intelligence au service de la vie reliée à l'intuition et à la créativité qui nous permet d'innover et de trouver des solutions nouvelles. C'est une intelligence qui écoute les besoins du corps et qui est bien ancrée dans la réalité, aussi bien dans le court, dans le moyen que dans le long terme. Enfin, c'est une intelligence qui rend heureux et qui donne un sentiment profond que chaque chose est à sa juste place quand nous la déployons, car elle allie logique

1. Interview du Dr Catherine Gueguen, Robert Laffont, 2014, *Pour une enfance heureuse* : https://www.youtube.com/watch?v=oJzBvmzibD4&feature.

et dimension humaine. Bref, c'est l'intelligence nouvelle, au service de l'humanité, que nous aurions besoin de déployer.

L'économie circulaire est un bel exemple de mise en œuvre de l'intelligence globale. En s'inspirant du cycle de la nature, le professeur Walter R. Stahel, le fondateur de l'économie circulaire, a eu l'idée de transformer nos déchets en ressources et d'intégrer la durabilité dans la conception des produits. Le déchet d'une industrie devient ainsi la matière première d'une autre. Fini le gaspillage à tout-va, vive le recyclage, vive la location... L'impact pour notre société est très positif : moins de déchets, moins de gaspillage, moins d'émissions de CO^2, des créations d'emplois et des économies. Pour sortir du paradigme bien ancré de notre économie linéaire, il fallait d'abord ressentir que cette économie n'était pas tenable et avoir l'envie d'en changer (dimension du cœur). Seule une vision vraiment globale permet de prendre la mesure de la situation (déchets, gâchis, impacts environnementaux...) et d'envisager des solutions radicalement nouvelles.

C'est cette même intelligence globale que nous avons besoin de développer chez les enfants et les jeunes. Howard Gardner, psychologue et professeur à Harvard, père des « intelligences multiples » en a identifié huit types : l'intelligence linguistique, l'intelligence logico-mathématique, l'intelligence musicale, l'intelligence spatiale, l'intelligence kinesthésique (le corps), l'intelligence interpersonnelle (vers les autres), l'intelligence intrapersonnelle (compréhension de soi, de ses forces, de ses objectifs et comment y parvenir), l'intelligence naturaliste (discrimination entre les choses). Gardner étudie en ce moment la validité scientifique de deux autres intelligences qui lui semblent deux candidates valables : l'intelligence existentielle (les grandes questions, amour, mort, vie) et l'intelligence pédagogique (qui permet d'enseigner)[1]. L'école devrait permettre à chaque enfant d'être conscient de toutes ces formes d'intelligences et de pouvoir les explorer et les déployer.

Hélas, notre modèle éducatif dominant, déplore Gardner, conçoit l'intelligence comme un bloc unique. Il ne s'appuie que sur les deux premiers types. Au lieu d'éduquer chaque enfant, le modèle

1. Howard Gardner présente les « intelligences multiples » dans une conférence en ligne « Blackboard BbWorld ». 2016 : http://www.youtue.com/watch?V=8n2pnYne0ZA

a pour objectif d'enseigner la même chose à tous et de sélectionner les meilleurs sur la base de l'intelligence langagière et logicomathématique. Lors d'une conférence à laquelle j'assistais en 2005, Gardner nous a rappelé combien le système français des grandes écoles fonctionnait de la sorte. En France, le résultat d'une telle sélection amène 110 000 jeunes à quitter chaque année le système scolaire sans qualifications.

L'intellect est la dimension par excellence sur laquelle tout l'effort éducatif se focalise pour produire des « têtes bien pleines et bien faites ». Il ne s'agit pas de l'intelligence globale, qui prend en compte les besoins du corps, du cœur et ceux de la dimension intuitive et créative. Notre modèle, qui s'est construit sur les savoirs académiques, a tendance à focaliser toute son attention sur l'intelligence « rationnelle », qui en fait n'est autre que le « mental abstrait ». C'est assez regrettable car nous avons pu voir précédemment combien ce mental abstrait pouvait être coupé de la vie, en contraignant les enfants et les jeunes à ingurgiter pendant des heures et des années une somme colossale de connaissances souvent abstraites et stériles.

La prédominance de ce mental est particulièrement marquée en France, pays qui se targue de développer chez les élèves le fameux « esprit critique ». Je vois pour ma part, derrière cet esprit critique, une tendance au jugement de valeur, teintée de supériorité et d'émotionnel réactionnel, et il me paraît plus porteur de développer le « discernement ». L'esprit critique à la française est bien souvent une usine à casser et à décourager toute initiative, prise de risque ou créativité.

Pur produit de notre système éducatif à la française, j'ai moi-même mis un certain temps à me déconditionner de certains automatismes. Ayant fait une grande école, j'avais le sentiment d'avoir un esprit affûté, vif, voire supérieur, et il m'arrivait régulièrement de juger durement des projets, des initiatives ou même des personnes, sous prétexte de ne pas les trouver assez intelligentes ou cultivées. Je jugeais vite car c'est là l'une des caractéristiques du « mental abstrait », il est extrêmement rapide. Le temps du mental est bien plus rapide que le temps du ressenti. Il faut un certain temps pour aller au contact de son émotion, la rencontrer, la ressentir et la conscientiser. Le mental qui fonctionne en surface, hors sol, va plus vite.

Au fil des années de mon « déconditionnement » et de la réappropriation de mon potentiel global, j'ai pu noter un ralentissement de mon débit de parole. Tant que j'étais dans le mental, je parlais très vite et j'étais très coupée de mes émotions. Dès que j'ai osé prendre le temps de ressentir davantage, de m'ouvrir à une vision et à une intelligence plus globales, mon débit s'est naturellement ralenti. J'ai développé une parole plus habitée, plus vivante. J'étais plus présente à moi-même et aux autres. Alors que mon éducation m'avait encouragée à rester dans un « entre-soi », puisque je ne fréquentais que des personnes qui me ressemblaient (même niveau d'« éducation », d'études, de milieu social...), le « démoulage » opérant, je commençais à m'ouvrir plus largement aux autres. J'ai alors remarqué quelque chose d'assez troublant. Il m'est apparu que plus les gens étaient « éduqués », plus ils avaient fait de « grandes études », plus leur dimension de cœur avait tendance à être fermée ou étriquée. Quand, dans des dîners « mondains », j'évoquais les souffrances dans le monde, les inégalités effrayantes ou les conditions de vie difficiles de certaines populations, il arrivait que certains sourient en coin, un peu gênés pour moi, à la limite du cynisme. J'avais la désagréable sensation de passer pour Sophie Marceau au Festival de Cannes[1]. La naïve, un peu « cucul », qui n'avait rien compris aux mécanismes de notre monde. À l'inverse, dans des milieux plus simples, j'ai souvent senti une résonnance chez les gens et beaucoup plus d'empathie. C'est la preuve selon moi de l'impact de notre éducation qui crée une hypertrophie de la tête et une hypotrophie du cœur. Comme je l'ai expliqué à maintes reprises, cela va plus loin que la simple hypotrophie du cœur. Il y a bien souvent une forte dévalorisation de cette dimension chez les « élites » qui la dénigrent et ne tiennent pas toujours les joies simples et les sentiments en haute estime.

À ce propos, j'ai le souvenir d'une interview de Joe Dassin qui m'avait beaucoup amusée. La journaliste s'étonnait de voir un homme si intelligent donner dans la variété. Comment pouvait-il faire des chansons aussi bêtes ? N'avait-il pas l'intention d'explorer un registre un peu moins populaire, de proposer des textes un peu

1. Sophie Marceau, en charge de remettre la palme d'or en 1999, avait fait un discours assez décousu, tentant tant bien que mal d'expliquer le lien entre le cinéma, la guerre et les enfants malades qu'elle avait rencontrés plus tôt dans la journée et qui l'avaient certainement bouleversée.

mieux pensés ? Le ton était incisif et j'attendais avec impatience la réponse de Dassin. Avec aplomb et calme, il lui avait répondu qu'il ne souhaitait pas faire des chansons prétentieuses. Ses chansons étaient là pour apporter de la joie aux gens, pour alléger leur quotidien, en un mot, pour les aider à vivre. J'aimerais tant que nos élites partagent ce même souci de nous aider à mieux vivre !

Le discernement

C'est sur la base de ce constat que nous avons introduit la notion de « discernement » auprès de nos élèves, des parents et des enseignants. Pour discerner, il faut d'abord avoir une vision globale. Le « mental abstrait » est tellement analytique qu'il morcelle et ne permet pas d'embrasser la globalité d'une situation. Il est toujours prisonnier d'une logique partielle. Le discernement exige aussi de rester proche de la situation avec le cœur pour mieux ressentir ce qui se joue. Edel Gött le formule ainsi : « Si vous souhaitez développer le discernement, regardez toute chose et toute situation avec du recul, mais en restant proche avec le cœur. Développez un regard global qui inclut les effets d'une action ou d'une situation sur l'environnement humain et autre, et sur le futur. Imaginez même les effets des effets, un peu comme des ronds dans l'eau après y avoir jeté un caillou. Imaginez toujours une longue chaîne de causes à effets[1]. »

Enfin, le discernement exige d'être davantage conscient. Comme le dit Einstein : « Nous ne pouvons pas résoudre des problèmes à partir du niveau de conscience qui les a engendrés. »

Une des enseignantes que nous avons formées et qui pratique la pédagogie Freinet et que nous avons formées avait dit, suite à la formation : « Avant je me demandais pourquoi les enfants n'allaient pas à l'atelier sciences que j'avais mis en place pour eux sur les temps individuels. Depuis, je me suis rendu compte que c'est moi qui créais cette situation. Vu que les enfants sont en retard sur leurs plannings de travail, je suis stressée et mécontente quand ils vont à l'atelier sciences alors qu'ils n'ont pas fini leur boulot. Du coup, ça ne les encourage pas à y aller. Il va falloir que je revoie l'organisation ou que j'inclue l'atelier sciences dans le plan de travail. » Avant, elle faisait une analyse mentale de la situation et ne

1. *Now or Never, l'urgence d'agir*, Edel Gött, Louise Courteau, 2009.

s'incluait pas, elle n'avait pas conscience que son savoir-être avait un impact sur la situation. Maintenant, elle prend en compte tous les paramètres et s'inclut.

Aujourd'hui, nous avons plusieurs années de recul, et le retour que nous avons concernant nos anciens élèves par leurs enseignants ou leurs directeurs d'établissement actuel, c'est qu'ils ont développé une intelligence étonnante. Ils ont non seulement de bons voire très bons résultats, mais ils ont aussi un sens aigu du bien commun. Ils sont souvent délégués dans leur classe, trouvent régulièrement des solutions innovantes, s'intéressent à beaucoup de choses et sont force de proposition. Ils surprennent leurs enseignants par leur capacité à s'adresser à eux dans un échange de personne à personne (plus horizontal que vertical) et sont appréciés pour leurs apports souvent très pertinents.

J'aimerais tant que cette intelligence globale soit enseignée dans toutes les écoles, pour tous les enfants, car c'est de cette intelligence dont nous avons besoin pour nous épanouir et transformer positivement la société.

La dimension intuitive et créative

Yasmine est une enseignante suisse. Depuis plus de dix ans, elle enseigne en primaire dans les écoles publiques de son canton. En février 2014, elle arrive à Living School pour remplacer Anne-Sophie pendant son congé maternité en classe de cycle 3 (CE2, CM1 et CM2). Au bout d'une semaine de remplacement, elle vient me trouver dans le bureau et s'exclame : « Écoute, je n'ai jamais vu des élèves aussi créatifs ! » Amusée et intriguée, je lui demande de m'expliquer ce qui lui fait dire cela. Elle me fait part de son ressenti : ici les élèves sont plus libres, ils ont moins de limites. Elle me cite un exemple. Pour préparer les élèves à la visite d'une architecte spécialisée dans le développement durable, elle leur avait proposé d'imaginer la maison idéale. Ayant mis à leur disposition des feuilles et des crayons, elle s'était attendue à les voir dessiner des plans ou faire des croquis. Quelle ne fut pas sa surprise quand en quelques minutes, elle avait vu s'élever sur les tables de nombreuses maquettes en 3D !

La créativité, grande absente des écoles

Thérèse Amabile, psychologue à Harvard, a analysé les « tueurs » de créativité qui inhibent la mémoire active – l'espace mental dans lequel se produit le bouillonnement créatif. Elle en a identifié trois. La surveillance, autrement dit l'examen constant qui étouffe la liberté (dimension essentielle à la créativité). Le jugement, c'est-à-dire la vision critique qui se manifeste prématurément et tue l'idée dans l'œuf. Et enfin les dates butoir, car un emploi du temps surchargé crée un effet de panique et sape la disponibilité d'esprit. Hélas, ces trois éléments sont présents dans le système éducatif. L'élève est surveillé par les enseignants pendant les heures d'apprentissage et par des « surveillants » à l'heure des récréations ou des pauses, il est soumis à des examens de façon récurrente pour tester ses acquis. Le jugement de valeur et la peur de se tromper, nous l'avons vu précédemment, sont omniprésents. Enfin, les enseignants comme les élèves sont contraints par un planning strict puisqu'il faut boucler les programmes, souvent au pas de course.

Ken Robinson, expert international en éducation dont la conférence TED[1] est la plus regardée au monde, rappelle combien nos systèmes éducatifs tuent la créativité de nos élèves. Bien sûr, explique-t-il, ce n'est pas la faute des enseignants. C'est l'héritage d'un modèle éducatif pensé à l'époque des Lumières pour répondre aux besoins de la révolution industrielle. L'école a alors été conçue sur une vision étroite de l'intelligence, principalement académique, qui est devenue outil de sélection. Elle avait pour objectif de servir l'industrialisation, ce qui explique que son organisation ne soit pas sans rappeler, dit-il, les chaînes de production : la cloche qui sonne, l'enseignement segmenté en différentes matières, l'organisation par tranches d'âge, les tests standardisés.

Les conditions de notre système éducatif ne sont donc pas optimales pour créer.

D'autre part, comme nous l'avons vu dans le chapitre « S'épanouir à tous les niveaux de son être », au niveau individuel, ce

1. Les conférences TED (Technology, Entertainment and Design) sont une série internationale de conférences organisées par la fondation à but non lucratif The Sapling Foundation. Cette fondation a été créée pour diffuser des « idées qui valent la peine d'être diffusées » (en anglais : « *ideas worth spreading* »).

quatrième niveau qu'est la dimension de vision, de création, d'intuition, n'est activé que si l'individu évolue harmonieusement et globalement aux quatre niveaux. Autrement dit, cette dimension n'est présente dans l'individu que s'il est bien dans son corps, bien dans son cœur et bien dans sa tête. Or la tendance dans notre système éducatif est de dissocier le corps du reste et de le subordonner à l'apprentissage. Il ne tient pas assez compte de la dimension affective, émotionnelle et relationnelle, souvent ignorée voire dénigrée. Enfin, il focalise de façon démesurée sur l'intellect qui, coupé des autres dimensions de l'être, se transforme en « mental abstrait ». Évidemment, le stress engendré par cette focalisation sur le mental abstrait dans une logique de performance et de rapidité coupe l'individu de sa dimension de vision, de création et d'intuition.

De plus, il y a peu de plages horaires spécifiques consacrées à la créativité. Rares sont les moments au cours d'une scolarité où l'on encourage les enfants et les jeunes à développer leur créativité, à inventer *ex nihilo*. On leur demande davantage de mémoriser un programme préconçu plutôt que de créer et de se vivre comme créateurs de quelque chose.

La posture des enseignants joue hélas un rôle important dans ce manque de créativité. La plupart sont extrêmement stressés par « le programme à boucler » parce qu'ils veulent que leurs élèves soient au niveau. L'élève qui doit mémoriser un programme pour ensuite le restituer en fin d'année au moment de l'évaluation n'a pas développé sa faculté de vision, de création, d'intuition. Il a juste utilisé sa capacité de mémorisation.

Libérer la créativité pour transformer positivement la société

Carl Rogers, père fondateur de l'approche centrée sur la personne, avait déjà souligné dans son livre *Liberté pour apprendre* (1976) le drame de l'absence de créativité : « J'ai entendu des savants qui appartiennent aux plus grands établissements scientifiques et aux plus célèbres universités trouver absurde d'encourager tous les étudiants à la créativité : nous avons besoin, disaient-ils, d'une foule de techniciens et de travailleurs de moyenne envergure, et si un petit nombre de savants, d'artistes et de chefs émergent, cela suffira bien. Cela peut en effet leur suffire. Ou à vous. Je veux qu'on enregistre que ce n'est pas assez pour moi. Quand je constate l'énorme potentiel qui se trouve chez l'étudiant ordinaire, je veux essayer de le libérer. Nous travaillons dur pour libérer l'extraordinaire énergie qui se trouve cachée dans l'atome et dans son noyau. Si nous ne consacrons pas une énergie égale – oui, et autant d'argent – à libérer le potentiel de chaque individu, alors le décalage énorme qui existe entre le niveau de ressources énergétiques physiques et celui des ressources humaines va nous condamner à une destruction universelle bien méritée. »

On pourrait qualifier la vision de Carl Rogers de catastrophiste, mais l'est-elle vraiment ? En effet, que penser d'une humanité qui ne développe pas sa capacité d'invention, de créativité ? Ce quatrième niveau, nous l'avons vu dans la première partie, représente la dimension d'évolution. Sans cette dimension, l'homme n'évolue pas. Et pourtant, face aux défis de ce monde, l'homme aurait grandement besoin de développer cette capacité.

Nous avons besoin de faire émerger une génération de créateurs, d'acteurs de changement, mais notre modèle éducatif a plutôt tendance à produire des producteurs-consommateurs, des bons exécutants au service d'un système à bout de souffle. Or nous sommes nés pour créer, nous nous réalisons dans la création et c'est ce qui nous permet d'évoluer. La création ne doit pas se cantonner à la dimension artistique, elle doit rayonner dans tous les domaines. Il y a tant de secteurs à réinventer pour que les activités humaines – nos entreprises, nos organisations et nos institutions – soient réellement au service d'un mieux-être sur la planète.

À Living School, ce qui permet à nos élèves d'être créatifs, c'est d'abord un regard positif sur le potentiel des élèves, qui encourage leur prise d'initiative. C'est aussi le fait que nous soyons dans un climat détendu avec des moments d'intériorité (éveil corporel, relaxation, sophrologie). Des apprentissages usuels, comme ceux de la lecture et de l'écriture, comportent des moments de créativité. Par exemple, en élémentaire, tous nos élèves possèdent un cahier d'écrivains en herbe. Dans ce cahier, ils écrivent des textes simples de leur cru (au début quelques mots, écrits phonétiquement) qu'ils illustrent par un dessin. C'est à partir de leurs productions que nous (ré)introduisons les grandes règles d'écriture, comme la majuscule et le point, d'orthographe et de grammaire. Les enfants font ainsi les apprentissages en fonction de leurs besoins et restent très motivés pour écrire.

Enfin, nos élèves ont au quotidien un temps libre qu'ils peuvent consacrer à leurs projets personnels. Certains profitent de ce moment pour concevoir des inventions qu'ils dessinent et détaillent dans des cahiers.

Je partage le point de vue de Ken Robinson sur la créativité : « C'est le processus qui permet d'avoir des idées originales qui ont de la valeur. » Dans notre école, nous avons fait le choix de mettre notre créativité au service de l'humanité. Et Ethan, neuf ans (élève pendant six ans à Living School) nous en fait une belle démonstration. Le voici, en pleine COP21, qui discute avec moi sur le changement climatique :

Ethan : Caroline, ce serait bien qu'on ne perde pas toute l'énergie qu'on produit déjà !

Moi : Qu'est-ce que tu veux dire par là ?

Ethan : Ben tu vois, quand on est dans une salle de gym et qu'on fait du vélo... eh bien, il faudrait qu'on transforme tout ça en énergie !

Moi : C'est génial que tu aies pensé à ça, Ethan, figure-toi que ça existe déjà !

Ethan : Ah bon, c'est vrai ? (grand sourire)... et aussi tu vois, quand les gens dansent, on pourrait récupérer l'énergie aussi !

Moi : Ethan, tu as vraiment de super idées, je sais qu'il y a une discothèque qui a déjà pensé à ça et qui a fabriqué un sol qui transforme les pas de danse des gens en énergie...

Ethan, le lendemain : Caroline, vu que notre gros problème, c'est quand même le CO_2 dans l'atmosphère, on pourrait peut-être imaginer une cheminée qui capterait le CO_2 et le transformerait en autre chose pour le supprimer de l'atmosphère.

Moi : Je n'y avais jamais pensé, Ethan, je vais me renseigner pour voir si ça existe...

Et là, bingo, je découvre que les techniques de captage et de stockage géologiques du CO_2 existent. Je partage l'info avec Ethan qui exulte. Toutes ses inventions existent, ses intuitions sont donc excellentes !

Plus tard encore :

Ethan : Caroline, pourquoi tu trouves que le nucléaire n'est pas une solution ? C'est quand même bien que ça ne relâche pas de CO_2.

Je prends un temps pour lui expliquer le problème des risques et des déchets radioactifs. Je lui parle de la catastrophe de Tchernobyl, de celle de Fukushima et de leurs impacts. Je le vois entrer dans une réflexion profonde. Il me dit : « En fait, il faudrait trouver le moyen de neutraliser la radioactivité ! » C'est vraiment ce qui s'appelle « *Think out of the box*[1] »... J'adore la façon de penser, de créer et d'inventer d'Ethan, il est vraiment libre et au service du bien commun !

Et pour terminer en beauté :

Ethan : Tu sais pourquoi j'adore inventer tout ça ?...

Moi : Non, dis-moi !

Ethan : Parce que plus tard, je veux être un scientifique pour la planète !

Voilà le genre de vocations que nous sommes tellement heureux de susciter à Living School.

Avoir un bon « repère intérieur »

Le village de grenouilles est en fête à l'heure de la traditionnelle course qui a lieu tous les ans. Cette année, la course est ambitieuse puisqu'il faut atteindre le sommet d'une tour immense. Les spectateurs se sont amassés le long du parcours pour voir les participantes. Mais plus on s'approche de la tour et plus leurs commentaires sont critiques. « Inutile ! », « Elles n'y arriveront jamais ! », « L'obstacle est bien trop raide ! », « Peuh ! Laissez tomber ! », « C'est im-possible ! »... Une à une, les grenouilles, déjà bien fatiguées, renoncent à la course. Toutes abandonnent sauf une qui ne baisse pas les bras et qui continue sa progression, malgré les pronostics décourageants. Elle grimpe, escalade la tour, étape par étape, sans se retourner, sans s'arrêter. Quand elle arrive au sommet, la foule est stupéfaite. Elle redescend euphorique et les grenouilles s'amassent autour d'elle pour la presser de questions sur son succès. C'est alors qu'on réalise que... cette grenouille était sourde.

1. Penser hors du cadre.

Repère intérieur, repère extérieur

Pour développer au maximum la confiance en soi et avec cela les possibilités de réussite de chaque enfant, nous favorisons à Living School ce que la psychologie d'évolution appelle le « repère intérieur ». Contrairement aux habitudes qui nous amènent souvent à accorder trop d'importance au regard des autres, nous allons inviter les enfants à se fier davantage à leur « boussole intérieure ». De façon générale, nous avons l'habitude de fonctionner en « repère extérieur ». C'est le regard des autres qui prime. Un enfant à l'école est confronté à de nombreux repères extérieurs : ses parents, ses enseignants, ses copains, la mode, ses notes, ses éventuels frères et sœurs, le milieu social où il évolue, les réseaux sociaux… S'il leur donne trop d'importance, il va sans cesse se comparer, tenter de se conformer, de faire plaisir et il va finir par y perdre son identité. Ce positionnement de vie va le déresponsabiliser et l'aliéner car il aura abandonné son pouvoir à l'extérieur. Au lieu de se reconnaître un plein potentiel, il attendra un jugement de la part des autres. Cette croyance aura tendance à le rendre impuissant. En cas d'échec, cela l'incitera à blâmer les autres car il aura la sensation de ne pas maîtriser la situation.

Lorsque nous avons un bon repère intérieur, nous sommes en contact avec nos ressources et nous conservons notre pouvoir. Nous nous sentons capables et responsables. Nous avons conscience de notre propre valeur. Nous n'attendons pas que les autres bougent ou changent pour améliorer une situation, nous savons que nous pouvons agir par nous-mêmes.

Prenons l'exemple d'un jeune qui arrive en classe préparatoire aux grandes écoles. Imaginons que l'année du bac, cet élève était considéré par tout son entourage (enseignants, parents, camarades) comme quelqu'un de brillant. Il avait 18 de moyenne générale et obtenu son bac avec mention très bien. Il rejoint alors une classe préparatoire très élitiste où il s'entend dire qu'il est une « sous-merde » et obtient 7 de moyenne générale au premier trimestre. Si ce jeune fonctionne en repère extérieur, il y a fort à parier qu'il sera dévasté. Il aura la sensation d'être nul. Il risquera de perdre ses moyens et d'abandonner la partie. Il se plaindra de la situation, mais ne saura pas comment la résoudre. Il ressentira un profond malaise. À l'inverse, si ce jeune a un bon repère intérieur, il relativisera la situation. Il se dira que cette classe prépa est très sévère dans sa notation et que la façon de traiter les élèves n'est pas juste. S'il a à cœur de faire ces études-là, il redoublera d'effort pour progresser. Il se fera confiance. Si le climat ne lui plaît pas, il trouvera peut-être une autre école pour préparer les concours dans une ambiance plus sereine. Quoi qu'il arrive, il se fera confiance pour trouver des solutions et ne se laissera pas déstabiliser.

Avoir un bon repère intérieur repose donc sur une bonne confiance en soi et la conscience de son potentiel. À Living School, lorsque nous remarquons qu'un enfant accorde trop d'importance au regard des autres, nous l'aidons à renforcer son repère intérieur. Si un enfant vient vers moi avec un dessin en me disant : « Il est beau mon dessin, hein ? », je sais qu'il est en quête d'approbation et qu'il attend de la reconnaissance. Quand un enfant cherche de la reconnaissance, par principe, c'est important de la lui donner. De ce fait, je vais commencer par le valoriser : « Oh oui, il est très beau ce dessin. J'aime beaucoup les couleurs que tu as choisies. Et l'oiseau là, il est original ! » Je vois que l'enfant est heureux et je poursuis : « Et toi, dis-moi, est-ce que tu le trouves beau, ton dessin ? » L'enfant est parfois surpris de ma question. Quelquefois, même, il entre un peu en résistance... mais je l'accompagne alors pour qu'il puisse reconnaître la valeur de son dessin. De cette façon, je l'aide à prendre conscience de sa propre valeur et du plaisir de faire les choses en étant satisfait de lui.

Que nous soyons parents ou professionnels de l'éducation, il arrive que dans la précipitation, le stress ou l'exaspération nous renforcions les repères extérieurs des enfants. C'est ce qui se passe lorsque nous nions le ressenti de l'enfant et que nous décidons à sa place : « Comment ça, tes chaussures sont trop petites ? On les a achetées il y a quinze jours ! » ; « Mais non, tu n'as pas mal, il n'y a rien » ; « Qu'est-ce que tu me racontes ? Ce pantalon te va très bien ! »

Alors que j'écris ce passage dans un train, j'assiste à un échange entre une mère et son jeune enfant qui illustre parfaitement ce propos. La famille déménage. Le petit garçon pleure. Sa mère lui demande : « Pourquoi tu pleures ? » L'enfant répond : « Parce que je ne vais plus voir mes copains de la crèche. » La maman rétorque : « Tu vas avoir d'autres copains. Moi aussi je perds mes copines. » Le petit continue de pleurer. La maman reprend : « Pourquoi tu pleures ? Arrête de pleurer. Ça ne sert à rien de pleurer. Et puis on n'est pas à la maison ici. Il y a des gens qui nous regardent. » L'enfant continue. La maman aussi : « Pourquoi tu pleures ? Pourquoi tu pleures ? Pourquoi tu pleures ? » Au fond, je sens dans sa voix combien elle-même est triste et démunie. C'est dur pour elle aussi. Mais elle veut être forte. Elle cherche à raisonner l'enfant. Heureusement l'enfant insiste et elle finit par pleurer avec lui. Cette maman fait du mieux qu'elle peut. Si elle avait développé un bon repère intérieur, elle aurait pu d'emblée dire à l'enfant : « Je comprends que tu sois triste. Tu sais, moi aussi je suis très triste. » L'enfant se serait senti reconnu dans ses émotions et ils auraient été soulagés tous les deux.

La comparaison renforce aussi le repère extérieur des enfants : « Ton frère était meilleur élève que toi » ; « Tu as eu combien à ce contrôle ? Et les autres ? » De même si l'on fait appel régulièrement à des instances extérieures à l'enfant : « Si tu continues, je t'envoie chez le directeur ! » ; « Je vais en parler à ton père/ta mère, ce soir ! » ; « Si tu voles encore, la police va venir te chercher et te mettre en prison ! » Lorsque l'on fonctionne avec pour seul argument la punition et la récompense, les motivations de l'enfant deviennent extérieures à lui. Il ne fait pas les choses parce qu'il en ressent la justesse. Non, son seul souci sera d'éviter la punition (donc d'agir par peur) ou de recevoir la récompense (donc d'agir par intérêt).

Dans notre école, il n'y a ni punition ni récompense. Nous travaillons à ce que les enfants intègrent les règles de vie pour ce qu'elles sont : un bon moyen de vivre harmonieusement les uns avec les autres. Ce que nous visons, c'est que les enfants aient à cœur de les respecter, parce qu'ils en comprennent l'utilité et le sens. Et pour l'immense majorité des enfants, cela se passe ainsi. À chaque début d'année, des règles de vie sont élaborées avec eux dans les classes. Nous les mettons aussi régulièrement en position de responsabilité, ce qui les amène à mieux comprendre l'utilité de ces règles de vie. Par exemple, dès le CP et sur la base du volontariat, les enfants peuvent animer la cantine ou aller aider leurs camarades de maternelle à s'installer pour la sieste.

De même, nous ne donnons pas de notes à nos élèves. Les notes engendrent la comparaison et la compétition. Pour nous, c'est important que chacun travaille pour soi, dans l'optique de se dépasser et de progresser. De ce fait, nous évaluons les compétences en indiquant si elles sont acquises, en cours d'acquisition ou non acquises. À partir du CM2 toutefois, pour préparer la transition vers le collège, nous traduisons en notes les évaluations. De cette façon, nos élèves savent à quoi s'attendre et peuvent prendre du recul par rapport au système de notation.

Une bonne façon de renforcer le repère intérieur de l'enfant est de lui faire confiance. Plus l'enfant se sent capable, moins il est dépendant du regard des autres. C'est aussi une bonne chose de le questionner sur son ressenti : « Que ressens-tu ? », « Que sens-tu au fond de toi ? » L'utilisation de l'expression « au fond de toi » aide beaucoup les enfants à accéder à leur ressenti véritable. Lors d'un conflit entre enfants, il n'est pas rare d'entendre : « T'es plus mon copain ! » Dans une fratrie aussi, les enfants ont parfois des mots durs : « Je te déteste ! » Il est toujours bon de faire appel au ressenti de l'enfant, plus en profondeur : « Je suis certain(e) qu'au fond, au fond de toi, tu aimes toujours ce copain ou tu aimes toujours ton frère/ta sœur. » Jamais un enfant qui a pris le temps de ressentir ne m'a répondu non et pour l'enfant en face, c'est un vrai soulagement.

Dès la première année de Living School, j'ai mesuré la puissance du repère intérieur. Un de nos élèves, Djayan, rejoignait le CP dans une école catholique du quartier. Nous lui avions proposé de continuer à venir les mercredis pour notre activité de club. J'étais un peu inquiète pour lui et son adaptation dans son nouvel environnement. Le premier mercredi, je me suis précipitée vers lui pour lui demander des nouvelles. Il m'a répondu : « Oh tu sais, ma nouvelle école, c'est pas comme à Living School ! » Il s'est expliqué : « Ben tu vois, quand tu fais une bêtise, tu as une croix et au bout de trois croix, tu as une punition. Et quand tu te comportes bien, tu as une image et au bout de trois images, tu as une plus grosse image. » Je lui ai alors demandé comment il se sentait dans cette nouvelle école. Très spontanément, il m'a répondu : « Tu sais, c'est pas comme ça qu'il faut faire avec les enfants. C'est pas juste. Mais j'essaye de pas avoir trop de croix. » J'ai été impressionnée par sa capacité d'analyse, du haut de ses six ans, et de sa prise de recul par rapport à ce nouveau système. Il avait l'air confiant et heureux malgré tout. Le mercredi suivant, il est arrivé rayonnant et cette fois, c'est lui qui s'est précipité vers moi : « Tu sais, Caroline, j'ai maintenant deux copains… et je leur ai appris la chanson du plus grand trésor ! » J'étais émue. Non seulement, il ne s'était pas démonté, mais voilà qu'il essaimait ! C'était bien au-delà de mes attentes.

Huit ans plus tard, quand nos tout premiers élèves ont quitté Living School pour le collège, je les ai interviewés pour leur demander ce qu'ils avaient le plus retenu de leur scolarité et ce qui leur serait le plus utile dans la vie. Oscar, dix ans, m'a immédiatement répondu : « Le repère intérieur ! » Je lui ai demandé en quoi ce repère intérieur allait compter dans sa vie, voici ce qu'il m'a répondu : « Le repère intérieur, ça permet de surpasser beaucoup de choses. Quand quelqu'un te dit que t'es moche, par exemple, pour que ça ne nous vexe pas, on va pas se dire : "Oh oui, tout le monde me dit que je suis moche, je suis sûrement moche dans la vraie vie, pourquoi je suis né ?" On va plutôt se dire : "Est-ce que moi, je pense que je suis moche ? Non ! Donc je ne suis pas moche." […] Toutes les personnes qui te disent "T'es moche !" "T'es bête !" etc., c'est faux. Et au fond, si tu ne le penses pas, c'est pas vrai. »

Avoir un bon repère intérieur ne signifie pas pour autant ignorer complètement les autres pour n'en faire qu'à notre tête. Nous sommes des êtres sociaux. Si nous sommes en réaction contre les autres ou en rébellion, c'est que nous sommes en repère extérieur, nous nous définissons sur la base d'une opposition. Finalement, se conformer ou être un rebelle revient au même : c'est fonctionner en repère extérieur.

Le repère intérieur et la justesse

Le repère intérieur permet de se positionner pour ce qui est juste, en surmontant ses peurs éventuelles.

Alan, notre ancien enseignant canadien, m'a raconté cette anecdote. Un jour qu'il sortait en récréation au parc avec ses collègues et les enfants d'élémentaire, ils arrivent sur une grande pelouse. À proximité, un groupe de collégiens est en train de pique-niquer. Pendant que nos élèves jouent, les collégiens commencent à se lever et quittent le lieu en laissant tout un tas de détritus sur place. Immédiatement, deux de nos élèves, Cannelle (CM1) et Tibo (CE1) demandent à Alan s'ils peuvent courir derrière les collégiens pour leur demander de ramasser leurs déchets. Alan accepte et les suit à une distance raisonnable. Une partie du groupe de collégiens fait des gestes très explicites pour faire entendre qu'ils ne reviendront pas sur leurs pas. Mais Cannelle et Tibo ne lâchent pas. Finalement, deux des collégiens font demi-tour et jettent les déchets à la poubelle. Alan n'en revenait pas ! Deux de nos élèves avaient réussi à s'affirmer auprès d'adolescents, sans qu'il n'intervienne. Ce jour-là, Cannelle et Tibo avaient des choses à célébrer dans leurs cahiers de réussites !

On le voit bien dans cet exemple, avoir un bon repère intérieur demande de ressentir ce qui est juste pour pouvoir s'affirmer. Dans un monde toujours plus mouvant, où les valeurs sont en perte, ce sont des qualités essentielles pour permettre une réelle évolution de l'humanité.

Certaines familles qui s'intéressent à Living School ont parfois peur que notre école soit un cocon pour les enfants, une bulle coupée des réalités. Certains pensent même qu'il faut préparer les enfants à la dureté de la vie. Or plus un enfant est plongé, sans repères et sans confiance en soi, dans un monde de violences, plus il est désemparé et plus il subit. Même l'enfant qui s'en sortira le mieux aura développé des comportements de domination en lieu et place d'une bonne confiance en soi et sera, au fond de lui, en souffrance. Rien ne vaut un environnement bienveillant pour démarrer sa vie ! Quant à cette impression de bulle douillette ou de « monde des bisounours », elle est en totale contradiction avec ce que nous sommes. À Living School, les enfants sont conscients de la dureté du monde, mais ils ont les ressources pour faire face et apporter des solutions constructives. Et parce qu'ils ont développé un bon repère intérieur, ce sont des êtres qui osent se positionner, même face à des adultes.

Renforcer sa « sécurité intérieure »

Nous voici au moment tant attendu du spectacle de fin d'année. La salle des fêtes de la mairie du XIXe est comble. Plus de deux cents personnes sont là. Moana (CE1) est restée aux côtés de sa mère Yvoine. Elle est impressionnée par la foule. L'année passée (sa première année à Living School), elle avait déclaré forfait. Sa mère s'attend à ce que la situation se reproduise… et puis soudain, elle voit Moana prendre une grande inspiration et se dire tout haut : « Petite peur à la noix, je n'ai pas besoin de toi[1] ! » Elle bondit de son siège, déterminée, et se dirige vers les élèves de sa classe. C'est décidé, elle montera sur scène !

Nous sommes en classe verte au Centre écologique du Croux pour découvrir la nature sauvage du Morvan et faire du poney. Elmar, qui n'est déjà pas très rassuré par l'animal, vient de se voir attribuer Ondine, un poney qui a ses sautes d'humeur. Je m'apprête à en toucher un mot à la monitrice pour qu'elle lui donne un poney plus coopératif, quand je vois Elmar prendre son courage à deux mains… Je l'entends se répéter cette phrase « Petite peur à la noix, je n'ai pas besoin de toi ! » comme un mantra. Il appréhende, certes, mais il surmonte. Et tout le séjour, il gère avec Ondine, la tenant à distance de façon ferme quand elle essaye de le mordre. Il sortira de cette classe verte renforcé et plus serein !

Notre société nourrit notre imaginaire négatif

Souvent, en tant qu'éducateurs, nous sommes confrontés aux peurs des enfants : peur de la séparation d'avec ses parents, peur du noir, peur du loup, peur des monstres, peur de se faire mal, peur des voleurs, peur des « méchants », peur de l'échec, peur de la « honte » devant les autres, peur de n'être pas assez (beau, intelligent, aimable, etc.), peur de manquer… Il faut dire que notre société nourrit l'imaginaire négatif. Il suffit de regarder ou lire les informations pour voir que, bien souvent, elles se concentrent sur les mauvaises nouvelles : les guerres, les conflits, les tensions, les catastrophes,

1. « Petite peur à la noix, je n'ai pas besoin de toi » est une phrase tirée du livre jeunesse *Tout est possible* d'Aline de Pétigny aux Éditions Pourpenser que nous utilisons lors de nos séances de savoir-être.

les meurtres, les faits divers affreux, les morts… Il serait tellement plus avisé de partager aussi les nouvelles positives : les innovations pour l'environnement, les initiatives individuelles ou collectives pour transformer positivement la société et le monde, les façons d'améliorer notre santé et notre bien-être… Les livres, les séries, les jeux, la télévision viennent aussi nourrir nos imaginaires négatifs. Les publicitaires utilisent ce levier pour mieux placer leurs produits, car il est attesté qu'un consommateur est plus réceptif aux messages qu'on lui envoie quand il est en situation de stress, d'angoisse ou de peur. Au lieu d'imaginer le meilleur, nous avons tendance à voir le pire dans les situations qui se présentent à nous. Ce positionnement de vie crée beaucoup d'insécurité dans notre quotidien d'adultes et nos enfants en sont impactés négativement. Nous aurions besoin d'être plus vigilants vis-à-vis de ce que nous laissons entrer dans nos esprits.

Notre imaginaire se nourrit aussi de nos dispositions intérieures

Il se trouve que notre « monde intérieur » influence notre imaginaire. L'imaginaire se nourrit de notre histoire personnelle, de nos représentations et de nos croyances sur la vie. Nous avons tous des croyances limitantes sur nous-mêmes (« je ne suis pas doué pour telle chose »), sur les autres (« sur la route, les femmes conduisent mal ») ou sur la vie (« la vie est dure », « il faut en baver pour y arriver »).

Et bien souvent, nous subissons les impacts négatifs de notre imaginaire, sans même savoir que nous avons la possibilité d'influer sur lui. En fait, nous sommes beaucoup plus créateurs de notre réalité que nous ne l'imaginons.

En nous invitant à développer un imaginaire positif, la psychologie d'évolution nous propose de devenir plus conscients de la façon dont nous nourrissons notre imaginaire. Elle invite chacun à être plus exigeant sur ce qui le construit : est-ce que ces représentations servent ma vie et mon épanouissement ? Est-ce que ces croyances m'aident à avancer et évoluer ? En faisant le choix conscient de nos représentations et croyances, en décidant de donner plus de place à celles qui servent davantage notre bien-être, nous construisons peu à peu une vie plus sereine et plus positive.

Plutôt que de nous laisser influencer (souvent inconsciemment) par ce qui nous insécurise et nous diminue, nous faisons le choix de construire des représentations plus positives qui nous sécurisent et nous font grandir. Car au fond, ce n'est pas toujours la réalité qui nous fait souffrir, mais plutôt la représentation que nous nous en faisons. Voyez sur la plage deux enfants qui jouent dans les vagues. Soudain, une vague plus puissante vient les submerger. Le premier se relève en pleurant et court vers ses parents en larmes. Le deuxième se relève et défie la vague en riant ! La même réalité s'est manifestée pour eux, mais leurs perceptions diffèrent. Même chose pour les adultes, quand un obstacle se dresse sur la route, certains vont baisser les bras, déprimer, accuser, tandis que d'autres vont y voir l'opportunité de grandir et de dépasser une situation – certes difficile – mais qui peut potentiellement leur permettre de devenir une « meilleure version d'eux-mêmes ». Il est donc essentiel de s'intéresser à nos perceptions, c'est la clé pour devenir acteur de sa vie.

Utiliser notre imaginaire de façon positive

Les sportifs de haut niveau utilisent depuis longtemps cette capacité de visualiser. Un skieur qui s'élance dans un parcours de slalom géant aura travaillé en amont plusieurs fois la visualisation de son parcours. Ce faisant, il se sera préparé à l'action en renforçant les voies neuronales de son cerveau. Plus nous répétons l'activation neuronale d'une voie, même par simple imagination, plus cette voie se renforce et permet d'automatiser le geste auquel elle correspond. En effet, notre cerveau ne fait pas la différence entre un geste réalisé physiquement et le même geste réalisé mentalement.

Si vous doutez de la force de la visualisation, ou si vous souhaitez l'expérimenter, je vous propose l'exercice suivant. Mettez-vous debout, les pieds bien ancrés dans le sol. Tendez un bras et pointez le doigt devant vous. Sans bouger les pieds du sol, essayez de faire faire un tour, dans le plan horizontal, à votre bras tendu le plus loin possible en arrière. Notez mentalement jusqu'où vous allez en prenant pour repère dans la pièce ce que votre doigt indique au plus loin de sa progression. Maintenant que vous avez identifié ce repère, baissez le bras. Détendez-vous et fermez les yeux. Dans votre imaginaire, et dans votre imaginaire seulement, donc sans bouger physiquement, visualisez que vous faites faire un tour complet à votre bras, un 360 degrés dans le plan horizontal, tout en sachant bien sûr que cela n'est pas possible. Quand vous aurez fini cet exercice de visualisation, ouvrez à nouveau les yeux et refaites l'expérience physiquement en essayant d'aller le plus loin possible. Notez mentalement jusqu'où vous allez. Avez-vous remarqué comme vous avez progressé ? Là est la puissance de la visualisation !

À Living School, nous apprenons aux enfants à utiliser leur imaginaire de façon positive, nous les habituons à visualiser ce qui leur tient à cœur. Nous les invitons à ressentir par anticipation la joie et l'élan qu'ils vivront le jour où ils auront réussi et réalisé leurs projets, leurs rêves. Ainsi, les enfants gagnent en confiance en eux et font de leur imaginaire un précieux ami ! Par exemple, dans la classe de CE2 / CM1 / CM2, les enfants, de retour des vacances de Noël, vont travailler sur leurs tableaux de visualisation (*vision boards*) pour l'année nouvelle. Ils y font figurer tout ce qu'ils ont envie de vivre sous forme d'images et de dessins glanés dans des revues ou sur Internet. C'est une bonne façon de se motiver pour réaliser leurs envies et leurs rêves. Les enfants prennent l'habitude d'être positifs et de se sentir acteurs de leur vie. Une année, une de nos élèves avait même exprimé le souhait d'aider sa mère à évoluer dans ce sens, car, disait-elle : « Ma mère a pour l'instant tendance à voir le verre plutôt à moitié vide qu'à moitié plein ! »

Nous travaillons aussi, dès la maternelle, à renforcer la sécurité intérieure des enfants. Bien souvent, les enfants placent leur sécurité dans des éléments extérieurs qui les rendent dépendants. Alors qu'il est normal de dépendre de son parent quand nous sommes petits, cette dépendance devient handicapante quand elle nous empêche d'être autonome, par exemple s'il s'agit d'aller passer une nuit chez des proches ou chez un ami. La psychologie d'évolution nous fournit un excellent moyen de renforcer l'imaginaire positif des enfants pour les aider à avoir une bonne sécurité intérieure. Si un enfant ressent de la peur, nous l'invitons à visualiser tout autour de lui une « bulle » qui matérialise son espace personnel, dans lequel il se sent bien et dont il a besoin pour évoluer sereinement. Nous l'amenons à se sentir en sécurité dans cette bulle et à imaginer qu'elle se matérialise dans l'immédiateté chaque fois qu'il a peur. Je connais beaucoup d'adultes qui pratiquent cette visualisation avec pour effet de se sentir beaucoup plus sereins et apaisés.

Au fil des ans, j'ai pu mesurer la portée de ce repère. Un petit garçon de maternelle, Léonard, faisait un cauchemar récurrent sur les fétiches de la sorcière Karaba[1]. Immanquablement, il finissait ses nuits dans le lit de ses parents. Je lui ai proposé, dès qu'il se réveillerait de ce cauchemar, de bien ressentir sa bulle autour de lui. Quelques jours plus tard, il a demandé à célébrer sa réussite. Il avait suivi mon conseil. Non seulement il n'avait plus peur des fétiches, mais en plus il ne faisait plus le cauchemar. Sa maman, soulagée, m'a confirmé que les cauchemars avaient cessé et m'a demandé ce qui avait produit ce miracle. Un enfant de grande section nous a aussi raconté comment, grâce à la bulle, il avait pu se passer de sa veilleuse. Il nous a expliqué : « J'étais en train de m'endormir et ma veilleuse s'est éteinte d'un coup. J'allais me lever pour demander à maman et papa de la remplacer ou d'allumer la lumière du couloir, quand je me suis souvenu de la bulle. Alors je l'ai imaginée tout autour de moi et je me suis endormi sans ma veilleuse. Le lendemain, j'ai raconté ma réussite à papa et maman. Ils étaient contents et moi aussi. Quand ils m'ont demandé s'il fallait qu'ils rachètent une veilleuse, j'ai dit : “Non, pas besoin.” » Un autre enfant, en CE1, revient de vacances. La maison qu'il habite avec sa maman et son frère a été cambriolée pendant leur absence. Sa maman m'explique que depuis plusieurs jours, suite à l'événement, les enfants dorment très mal. À peine arrivé dans sa classe, cet enfant attrape une feuille de papier et des feutres. Il se pose à une table et dessine sa maison. Il se représente à l'intérieur, puis il ajoute sa mère et son frère. Ensuite, il prend un feutre jaune et entoure la maison d'une bulle de lumière. Enfin, il explique à son enseignante et ses camarades ce qu'il vient de faire. Le lendemain, sa maman nous raconte qu'il a fait une nuit complète et paisible. Elle nous remercie. Développer un imaginaire positif peut nous rendre bien des services !

On voit combien, dans un environnement de peur accrue, liée aujourd'hui à la menace terroriste par exemple, il est essentiel de développer une bonne sécurité intérieure. Cela ne signifie pas

1. Voir le film d'animation *Kirikou* de Michel Ocelot.

s'exposer et prendre des risques inconsidérés, cela veut juste dire se sentir en sécurité et garder ses moyens à tout moment et dans toutes les situations.

Développer des relations harmonieuses avec les autres

À Living School, les enfants comme les adultes apprennent à développer une « communication de potentiel à potentiel ». Pour permettre des relations harmonieuses avec les autres. En voici une illustration, tirée de mon expérience personnelle.

Passer de la communication de « problème à problème » à la communication de « potentiel à potentiel »

En janvier 2005, j'étais remplaçante dans une classe de CP dans une école privée catholique du XVe arrondissement à Paris. Le vendredi, la directrice de l'établissement m'informe qu'une maman d'élève va prendre en charge l'enseignement de l'anglais. Il s'agit de sa première intervention dans la classe et c'est la première fois qu'elle enseigne l'anglais. Je l'accueille dans la cour de récréation et me présente à elle. Parlant couramment l'anglais, je me propose de l'aider si elle en a besoin. Elle prend ma proposition d'aide comme un affront et me répond avec brusquerie : « Avec HEC[1] et dix années à la direction commerciale dans un grand groupe international, Kraft Jacob Suchard, je pense que je devrais pouvoir m'en sortir ! »

J'ai d'abord pris sa réponse comme une attaque personnelle, j'avais très envie de lui rétorquer : « Moi aussi j'ai fait une grande école et travaillé dans un grand groupe, figurez-vous ! » Évidemment, cette répartie n'aurait pas manqué d'envenimer les choses en nous faisant entrer dans un rapport de force. C'est ce qui s'appelle « la communication de problème à problème ». Au lieu de s'identifier à leur potentiel, les protagonistes s'identifient à leurs manquements et leurs faiblesses. Du coup, ils se protègent en agressant

1. École des Hautes études commerciales, l'une des plus prestigieuses écoles de commerce de France.

l'autre et en lui montrant qu'ils lui sont supérieurs, ou bien en l'évitant ou en le fuyant...

Consciente que j'étais sur le point de réagir, j'ai respiré et je me suis recentrée. Le recentrage présuppose en effet d'être conscient, c'est-à-dire d'avoir la capacité à se mettre en position d'observateur de ses propres émotions pour diagnostiquer qu'on est en réaction et se recentrer. J'ai donc d'abord réalisé que j'étais en réaction, puis j'ai fait ce recentrage. Là, en pleine possession de mon potentiel, consciente que ma valeur ne dépend pas de ce que me dit cette personne, je me suis dit que je n'avais rien à prouver à cette maman d'élève.

En me recentrant, j'ai eu une vision plus globale de la situation et j'ai réalisé que si cette maman d'élève se réfugiait derrière un statut d'appartenance, c'est qu'elle avait un profond sentiment d'insécurité concernant sa valeur personnelle. Tout en identifiant cette fragilité, je me suis adressée au potentiel de mon interlocutrice : « Je vous proposais juste mon aide, je ne remets pas en doute vos capacités ! » Le mot « juste » était là pour lui signaler qu'elle avait été rude dans sa communication et en même temps je veillais à la rassurer, sans la juger. La tension s'est immédiatement apaisée et elle m'a répondu après un silence : « C'est gentil, merci. J'aurai peut-être besoin de vous, car c'est mon premier cours avec vingt-neuf enfants ! » J'avais donc vu juste. Nous avons rejoint la salle de classe avec les élèves et le premier cours d'anglais a commencé.

La communication de potentiel à potentiel a lieu lorsque :
1. Nous sommes centrés, pleinement conscients de notre potentiel.
2. Nous considérons l'autre dans son potentiel (non-jugement).
3. Nous développons une vision globale de l'autre qui tient compte de son potentiel, mais aussi de ses zones de fragilité (potentiel frustré et contrarié).

C'est une communication positive et constructive. Il est évident que ce n'est pas parce que nous sommes centrés que notre interlocuteur va se recentrer dans l'immédiateté. Cela peut prendre du temps. Néanmoins, si nous souhaitons avoir cette communication de potentiel à potentiel, il est indispensable d'être centré. C'est une condition *sine qua non*.

La « communication de potentiel à potentiel » nous invite à toujours chercher le « terrain commun » avec notre interlocuteur. Les enfants de Living School ont appelé cette recherche du terrain commun le « pont d'or ». Il s'agit de ce lieu qui nous réunit, ce sur quoi nous sommes d'accord. Dans le cas présent, ce qui nous reliait avec cette maman d'élève était l'intérêt des enfants.

Les effets d'une « communication de potentiel à potentiel » sont toujours porteurs et positifs, tandis qu'une « communication de problème à problème » aura, elle, des impacts négatifs tangibles.

On le voit clairement dans cet exemple. Si j'avais réagi émotionnellement, je serais entrée dans le rapport de force avec cette maman d'élève. Je l'aurais laissée gérer la classe seule. Les élèves l'auraient testée et un climat d'excitation se serait installé. J'aurais tiré un bénéfice secondaire de la voir en difficulté, elle qui me prenait de haut quelques minutes auparavant. Néanmoins, il y a fort à parier que personne ne serait sorti gagnant de cette expérience. La maman d'élève, bénévole, n'aurait pas renouvelé l'expérience. Les enfants n'auraient rien appris. Quant à moi, pour un bénéfice secondaire de court terme (une petite vengeance), j'aurais dû ensuite faire de nombreux efforts pour rattraper une ambiance de classe devenue délétère.

À l'inverse, notre communication de potentiel à potentiel a permis que ce cours d'anglais se déroule dans de bonnes conditions. Parce que nous avons bien coopéré, les enfants étaient heureux et attentifs. La maman d'élève est repartie satisfaite et motivée à l'idée de poursuivre cette aventure en intervenant une heure toutes les semaines. L'ambiance dans la classe est restée sereine et positive.

À Living School, l'équipe comme les enfants et les parents sont formés à cette communication. Nous abordons les aspects théoriques et aussi la mise en pratique. Nous faisons régulièrement des mises en situation sur des cas réels. Si un enseignant ressent des difficultés dans sa communication avec un enfant, nous allons le mettre en situation pendant nos temps pédagogiques. Un collègue va jouer le rôle de l'enfant, tandis que l'enseignant concerné va tenter de gérer la situation sur la base de la communication de potentiel à potentiel. Ces moments permettent de se dépasser, de travailler le non-jugement, de développer son empathie ou de s'affirmer. Nos élèves ont aussi la chance de pouvoir gérer leurs difficultés relationnelles à l'aide de ces mises en situation.

Une année, Anne-Sophie avait demandé à ses élèves de moyenne et grande sections de maternelle s'ils avaient des situations problématiques à résoudre. Une enfant de grande section avait levé la main : « J'ai des problèmes avec ma grand-mère. Ça ne se passe jamais bien quand elle vient me chercher après l'école. Elle s'énerve et elle crie. Moi, je me mets en colère ou je pleure. » C'est effectivement une situation dont nous avions été régulièrement témoins. C'était incroyable de voir la détermination de cette enfant de cinq ans à vouloir la solutionner. Un camarade qui avait bien cerné le comportement de cette grand-mère a proposé de jouer son rôle. Ce fut criant de vérité. L'enfant a compris beaucoup de choses pendant la mise en situation. Elle a commencé à toucher du doigt ce qu'elle pouvait faire pour s'affirmer sans réagir. Elle a pris des grandes respirations pour éviter que « son crocodile ne sorte ». Et dans les jours qui ont suivi, nous avons pu noter une franche amélioration dans sa relation avec sa grand-mère.

Voici un autre exemple raconté par Anne-Sophie : « L'année dernière, en séance de savoir-être, je demande aux enfants s'il y a des choses qu'ils souhaiteraient partager : des réussites, des moments d'inconfort ou des problématiques qu'ils souhaitent résoudre. Ethan lève la main et dit : "Oui, moi j'aimerais partager le fait que quand je donne la main à ma camarade pour aller au parc, elle me serre trop la main et ça n'est pas agréable. J'aimerais que ça s'arrête." Pour mieux comprendre cette situation, je décide de présenter à nouveau le schéma de la communication de potentiel à potentiel à toute la classe et plus spécifiquement pour Ethan et sa camarade. Ethan écoute très attentivement et j'insiste auprès des enfants pour qu'on ne reste pas sur des préjugés concernant les autres. Par exemple, dans le cas de cette enfant, ce n'est pas parce qu'elle a serré trop fort la main d'Ethan que ça sera toujours comme ça. Je fais un petit signe de tête vers elle et je vois qu'elle acquiesce. Je rappelle qu'on a besoin de tous se voir dans nos potentiels, tout en ayant bien sûr la vision globale et donc la conscience du crocodile qui se manifeste parfois.

« Suite à nos échanges, je demande aux enfants qui se sentiraient l'envie d'avoir comme partenaire cette enfant pour aller au parc, donc de la voir dans son potentiel. Immédiatement, Ethan lève la main. Nous sommes tous stupéfaits et agréablement surpris. Je dis un grand bravo à Ethan qui a parfaitement illustré cette communication de potentiel à potentiel. Le plus touchant demeurant la réaction de l'enfant en question : quand elle a vu la main d'Ethan se lever, j'ai lu sur son visage la surprise et la joie. Visiblement, elle ne s'y attendait pas. Ses yeux se sont mis à briller, elle s'est mise à sourire. Ça a été un moment très fort et Ethan était très heureux aussi de l'avoir touchée ainsi. »

Résolution des conflits et médiation

Dans notre école, nous mettons aussi en place un programme de médiation. Les enfants médiateurs veillent à ce que les conflits soient gérés sur la base de la communication de potentiel à potentiel. Chacun s'exprime tour à tour, sans être interrompu par l'autre.

Les enfants respectent les étapes de la résolution de conflit :

1. Qu'est-ce que j'ai vu ou entendu ? Ils font attention à ce que les protagonistes s'en tiennent aux faits et sortent des jugements de valeur.
2. Qu'est-ce que je ressens ? Ils font bien attention à ce que les enfants expriment leur ressenti sans accuser l'autre, en s'appuyant sur leurs véritables sentiments.
3. De quoi ai-je besoin ?
4. Quelle est ma demande ? Les enfants médiateurs veillent à ce que la demande ne soit pas un ordre, mais bien une vraie demande formulée en « Est-ce que… ? » donc laissant libre l'interlocuteur de répondre « oui » ou « non ».

En milieu d'année, en sortant de mon bureau, je tombe sur un attroupement de cinq élèves de classe 4 en pleine discussion dans la salle d'activité attenante à leur classe. Je m'approche d'eux pour leur demander ce qu'ils font. Léopoldine lève la tête et m'explique qu'elle est médiatrice d'un conflit qui concerne ces quatre enfants de CE2. Je leur demande si je peux assister à cette médiation, ils acquiescent. L'ambiance est visiblement tendue. Un élève s'exprime quand il est interrompu par une autre. Avant même que Léopoldine n'intervienne, cet enfant recadre : « J'aimerais que tu me laisses finir. Je t'ai écoutée tout à l'heure, c'est mon tour maintenant. » L'élève s'excuse et écoute. Je suis impressionnée par cette affirmation juste, faite sans réactionnel. Au fur et à mesure que la parole se libère, que les besoins s'expriment, les tensions s'apaisent. Léopoldine n'hésite pas à utiliser les repères que nous lui avons enseignés. Invitant untel à voir l'autre dans son potentiel, proposant à cet autre d'exprimer ce qu'il ressent vraiment « au fond, au fond » de lui. C'est magnifique de la voir gérer avec talent, tact et justesse la situation. Les enfants aussi sont moteurs dans la résolution et ils repartent apaisés, soulagés d'avoir parlé vrai et d'avoir été entendus. Je ne peux m'empêcher en quittant le groupe de penser à tous les conflits ouverts ou larvés auxquels j'ai pu assister dans le monde des entreprises, sans que personne ne soit vraiment « équipé » pour les résoudre. Au moins, ces enfants devenus adultes sauront se positionner avec justesse.

Il est certain que dans les petites classes de maternelle, la gestion des conflits ne peut pas s'élaborer de la même façon. Les mots manquent. Du coup, dès la petite section nous introduisons l'affirmation de l'espace personnel par ce que nous appelons le « STOP ». Pour éviter d'être tapés, poussés ou bousculés par leurs camarades, nos élèves mettent leurs deux mains, devant eux, comme pour faire parade. Nous travaillons ce geste avec chacun d'eux. Leurs tendances sont assez révélatrices. Certains enfants qui manquent d'affirmation vont le faire trop mollement ou laisser un vide entre leurs mains. D'autres vont détourner ce geste pour essayer de frapper. Nous accompagnons chacun jusqu'à ce que le geste soit intégré de la bonne façon, comme si les mains tombaient du ciel pour former un mur.

Il y a six ans, une maman du club du mercredi s'est adressée à l'une de nos animatrices : « Est-ce que c'est bien ici que vous avez appris à mon fils à faire un "STOP" pour ne pas être embêté par ses camarades ? » L'animatrice lui a confirmé. La maman a poursuivi : « Merveilleux ! Un grand merci à vous. Si seulement toutes les écoles pouvaient mettre en place cette même gestion de la violence ! Figurez-vous que j'ai vu mon fils l'utiliser dans la cour de récréation et quand je l'ai questionné, il m'a expliqué que c'était sa nouvelle façon de se défendre et qu'il l'avait enseignée à ses amis. »

La justesse comme repère, plutôt que la morale

À Living School nous ne sommes pas dans la moralisation.

Si un enfant fait mal à un autre, nous n'allons pas, pour résoudre la situation, le presser de s'excuser en disant « pardon ». Nous allons au contraire prendre le temps de lui faire ressentir, sans le culpabiliser, ce que son action a eu comme impact.

Cet enseignement commence dès la maternelle. Si Lukas fait mal à Léonard et que Léonard pleure, je vais d'abord m'approcher de Léonard, me mettre à son niveau et prendre soin de lui en lui faisant des « ronds d'amour » dans le dos. Tout en faisant cela, je vais demander à Lukas de rester là proche de nous. Je vais demander à Léonard d'exprimer ce qui s'est passé et ce qu'il ressent. Je vais ensuite dire à Lukas : « Est-ce que tu sens dans ton cœur ce que Léonard te dit ? » Je vais aussi le déculpabiliser : « Je sais qu'au fond de toi, ce n'est pas ce que tu souhaitais. » Souvent, assez naturellement l'enfant s'excuse et vient prendre le relais pour faire des « ronds d'amour » dans le dos de son camarade. Là, il se passe quelque chose de vrai. Là, nous développons réellement l'empathie des enfants. Nous sommes bien loin du « pardon » lâché entre les dents serrées pour faire plaisir à l'adulte, tout en gardant le contentieux entier.

Cette année, j'ai été époustouflée par un enfant de CE2 qui avait bien intégré cette différence majeure entre résoudre authentiquement un conflit et se contenter de faire la morale. Il m'explique que le mercredi après-midi, il va souvent jouer chez un ami. « Cet ami, me dit-il, a du mal à prêter ses jouets et ses affaires. Alors j'essaye de lui faire ressentir le plaisir de partager mais souvent, son papa intervient avant que j'aie fini, pour lui faire la morale… Alors pour l'instant, je n'ai pas réussi à l'aider ! »

Comme vous le voyez, la communication de potentiel à potentiel mérite vraiment d'être enseignée dès le plus jeune âge, à condition que les adultes encadrants reçoivent aussi cette formation, afin de modéliser un relationnel positif et constructif pour les enfants et les jeunes.

Vivre une démocratie éclairée

Apprendre à communiquer de potentiel à potentiel est un cadeau pour la vie. L'école doit être le lieu d'apprentissage du « vivre-ensemble ». Comment poursuivre cette communication positive et constructive dans le collectif ? À Living School, nous avons fait le choix de permettre aux enfants d'être créateurs, autrement dit nous leur reconnaissons la capacité de décider pour eux-mêmes dans bien des domaines. C'est cette expérience de la démocratie que nous expérimentons à l'école. Et nous avons grandi avec les enfants dans cette expérience !

Les conseils d'enfants

Dès le début de l'aventure, nous avons mis en œuvre des conseils d'enfants. Les conseils d'enfants sont là pour permettre à ces derniers de s'impliquer dans la gestion concrète de la vie de classe et de l'école. Ils développent les notions de coopération et de citoyenneté. Ils sont l'occasion de suggérer des améliorations, de proposer des projets, de célébrer des réussites et de gérer d'éventuels problèmes. Chez nous, selon l'âge des enfants, le conseil peut durer de 15 à 45 minutes. Il peut avoir lieu toutes les semaines ou tous les quinze jours. Il peut réunir, selon les sujets, une, plusieurs ou toutes les classes. Les enfants se retrouvent en rassemblement. Un bâton de parole sert à répartir les interventions.

Pour préparer le conseil, nous mettons une boîte à disposition avec des papiers de trois couleurs différentes selon les catégories de sujets : « Je veux célébrer… » (réussite à célébrer qui correspond souvent à la mise en place d'une décision prise lors d'un précédent conseil), « Je veux résoudre… » (problèmes d'organisation, conflit entre enfants), « Je veux parler de… » (la prochaine sortie, un projet, la récréation, les jeux, une proposition). Toutes les notes postées par les enfants sont signées afin que chacun assume pleinement ses responsabilités et ses besoins, tout en sachant qu'il ne sera pas jugé pour cela. Les conseils permettent d'améliorer la vie courante de l'école, les relations entre les enfants et l'émergence de nouveaux projets.

Parce que les enfants ont pris l'habitude d'être sollicités dans les décisions qui les concernent, ils n'hésitent pas à faire connaître leur avis.

Il arrive régulièrement qu'ils nous remercient chaleureusement si une décision va dans leur sens. Un été, nous avions installé des crochets dans les entrées pour permettre aux enfants de suspendre leurs trottinettes, car nous souhaitions encourager ce mode de déplacement. Une foule d'enfants est venue nous remercier de cette initiative. Une autre fois, j'avais décidé qu'en classe verte, nous pourrions donner une totale liberté de mouvement aux enfants d'élémentaire dans un très large périmètre (bien défini et identifié) à la condition qu'ils se déplacent par deux. Ils m'ont aussi remerciée à la fin du séjour avec beaucoup d'élan pour cette décision et, forts de cette expérience, je les ai vus grandir car ils ont bien associé cette liberté accordée à une nouvelle responsabilité.

Être à l'écoute des enfants

D'autres fois, il arrive qu'ils nous interpellent sur des décisions auxquelles ils auraient souhaité être associés. Je me souviens d'un moment particulièrement fort me concernant. Une année, j'avais été sollicitée pour intervenir lors d'un événement. Depuis que nous avons des classes d'élémentaire, j'ai pour habitude de proposer à des élèves de m'accompagner pour témoigner, sachant que la force de leur témoignage vaudra bien mieux qu'un long discours. Donc, cette fois-là, je propose à Tiber et Léopoldine de m'accompagner, ce qu'ils acceptent avec joie. Plus tard, j'apprends que les élèves de leur classe questionnent mon choix : pourquoi les avoir choisis eux ? Est-ce qu'ils seraient mes « chouchous » ? Pourquoi ne pas proposer à l'ensemble de la classe ? Évidemment, je ressens à ce moment-là la justesse de leur interpellation. Je vais donc à leur rencontre et leur explique mon choix. Je reconnais volontiers que j'aurais dû davantage les consulter et je m'engage à ce que, pour les prochaines apparitions publiques, nous mettions en place un processus démocratique pour désigner les élèves qui témoigneront.

L'occasion m'en est rapidement donnée puisqu'à la rentrée suivante, j'ai à nouveau besoin d'élèves pour animer le Forum des enfants au Havre.

Pour cette troisième édition du Forum des enfants le 16 septembre 2015, nous recevons dans le Théâtre de l'hôtel de ville trois cent cinquante enfants des centres de loisirs et une cinquantaine d'adultes accompagnateurs sur le thème de la protection des océans. Nous accueillons quatre intervenants remarquables et, pour rendre l'événement encore plus passionnant, nous décidons de scénariser toutes les interventions. J'ai donc besoin de trois enfants qui seront sur scène pour animer l'événement. Un enfant dans le rôle du conteur, et deux autres jouant le rôle d'un garçon et d'une fille. Quand je suis venue parler du projet en classe 4 (CE2/CM1/CM2), les enfants ont immédiatement été emballés ! J'ai demandé qui souhaiterait me suivre et, à mon grand étonnement, une foule de mains se sont levées. Nous avons donc décidé ensemble comment procéder pour désigner démocratiquement les trois enfants. Gareth a été le seul à postuler pour le rôle de conteur, qui lui va comme un gant. Isaac et Ethan ont postulé pour être le garçon, Lise, Lula, Azucena et Léopoldine pour le rôle de la fille. Quand je leur ai demandé d'expliquer leurs motivations pour le rôle, leurs arguments étaient incroyables : « J'ai envie de toucher quatre cents personnes » ou encore « Ça me fait vraiment plaisir de le faire et je sens que je peux le faire ». Il est formidable de voir qu'ils osent et que prendre la parole devant quatre cents personnes peut être une joie pour eux. Nous avons ensuite décidé que je donnerais un extrait du texte à répéter et que nous ferions une audition le lendemain.

Quand nous nous sommes retrouvés pour l'audition, j'ai commencé par valoriser ceux qui se lançaient. Ils ont été chaleureusement applaudis. J'ai demandé : « Avant de démarrer cette audition, quelle règle sentez-vous qu'il nous faudrait tous respecter ? » Immédiatement, trois mains se sont levées pour dire : « Le non-jugement ! » J'ai demandé : « Sur quoi pensez-vous que nous devons évaluer ce que vont nous présenter les copains ? » Leurs réponses furent savoir son texte, le dire avec l'intonation, l'accompagner du geste, manifester une belle énergie, être en confiance…

Nous avons décidé que nous ferions un retour à chacun sur ses points positifs et ses points d'amélioration.

Les enfants se sont donc lancés dans l'audition et ce fut fantastique de les voir déployer (avec si peu de préparation préalable) leur potentiel. Et le plus fantastique fut d'entendre les retours des copains. J'ai été très touchée de voir combien ils étaient bienveillants et justes les uns envers les autres. À tel point que ces enfants, qui auraient pu se sentir en compétition, se sont soutenus mutuellement dans l'audition (en soufflant même parfois) et encouragés. J'ai pleinement mesuré à ce moment-là les fruits que portait notre travail sur le savoir-être.

À la fin de l'audition, nous avons procédé à un vote. En tant qu'organisatrice et responsable du Forum des enfants, j'ai expliqué aux enfants que ma voix compterait double, ce qu'ils ont tout à fait accepté. C'est Ethan et Azucena qui ont été élus. Ils le méritaient vraiment. Personnellement, j'avais voté pour Léopoldine, car il m'avait semblé qu'Azucena avait parlé trop vite, avec beaucoup de précipitation et Léopoldine m'avait paru plus à l'aise et plus naturelle. Intérieurement, j'ai souri, me disant que j'étais confrontée au résultat démocratique que j'avais souhaité. Je ne suis pas revenue sur leur choix. J'ai décidé de faire confiance aux enfants, c'est-à-dire de faire confiance à ceux qui avaient voté et à ceux qui seraient sur scène. J'ai donc organisé avec plaisir les répétitions avec Gareth, Ethan et Azucena. Le 16 septembre, ces trois enfants ont été extraordinaires ! Mieux que cela, Azucena a révélé un vrai talent d'actrice avec une belle présence sur scène. Avec du recul, j'ai compris que les enfants avaient senti ce potentiel chez elle et que c'était pour cette raison qu'ils l'avaient élue. Si j'avais été seule à décider, je n'aurais pas eu ce discernement et j'aurais joué la sécurité en proposant à nouveau à Léopoldine de m'accompagner.

De l'importance du savoir-être dans l'exercice de la démocratie

Mais il arrive que les « crocodiles » s'en mêlent. La démocratie, oui ! La démocratie des crocodiles, non merci ! Un jour que j'intervenais en classe 4 juste avant un conseil d'enfants qui réunissait les classes 3 et 4 (élèves du CP au CM2), j'entends un enfant m'annoncer avec fierté : « Tout à l'heure, nous allons tous voter contre les *buddies*[1]. » Le système des buddies est un système de parrainage des plus petits par les plus grands que nous avons mis en place dès la création de l'école. Chaque enfant a un *buddy* qui l'accompagne dans sa scolarité et qui l'accompagne concrètement chaque jour sur le chemin du parc. Choquée, j'ai demandé aux enfants de s'asseoir autour de moi, je leur ai demandé ce qui justifiait un pareil vote. Ils m'ont répondu : « Nous, on veut passer plus de temps entre nous. Certains vont partir au collège à la fin de l'année alors on veut en profiter ! », « Sur le chemin du parc, on veut être avec nos copains de la classe 4, pas avec les *buddies* de la classe 3. » Sur le coup, j'ai ressenti beaucoup de colère. Comment pouvaient-ils remettre en cause l'un des fondements de l'école qui contribuait à la coopération et à l'entraide ? Pourquoi n'en ressentaient-ils pas la valeur ? J'ai pris un temps pour leur expliquer les choix que j'avais faits en créant cette école. Je leur ai expliqué pourquoi j'avais instauré le système des *buddies* et ce que cela nous apportait. J'ai conclu en leur racontant ce que les animateurs des centres de classe découverte où nous allons me disent à chaque fin de séjour : « Mais c'est incroyable comme vos enfants se mélangent spontanément ! Regarde cette table : il y a des maternelles, mais aussi des CP et des CE1. Habituellement, quand nous recevons une école, les enfants s'installent toujours par classe… et il n'est pas question pour les plus grands d'aller à une table de plus petits ! » Ce plaisir si spontané d'être ensemble, nous le devons en partie au système des *buddies*.

Ce jour-là, le conseil d'enfants a eu lieu. Les enfants de la classe 4 ont exprimé leur souhait de ne plus aller au parc avec leurs *buddies*. La classe 3 est restée silencieuse. Le lendemain, j'ai été invitée à participer au deuxième conseil d'enfants sur le sujet. J'ai pris la parole et demandé aux enfants de la classe 3 de partager avec nous ce que leurs buddies leur apportaient. Une foule de mains s'est levée. « Moi, ça me rassure de donner la main à un plus grand ! », « Moi, ça m'arrive parfois d'être décentrée et mon *buddy*, il m'aide à retrouver mon calme », « Moi, parfois j'oublie des choses et mon buddy il me le rappelle », « Moi, j'aime bien parler avec mon *buddy*, il est rigolo ! », « Moi, j'apprends plein de choses avec mon *buddy* »

1. *Buddies* signifie « camarades » en anglais.

et puis un garçon avec une petite voix hésitante mais tellement touchante ajoute : « Eh bien, moi, moi... eh bien... moi, ça me fait du bien de donner la main à mon *buddy.* » Tout était dit.

J'ai regardé les enfants de la classe 4, ils étaient transformés par ce qu'ils venaient d'entendre. Je leur ai demandé ce qu'ils ressentaient. Jane ouvre le bal : « Ben moi, d'avoir entendu ça, ça me donne envie de continuer les *buddies* et de garder les miens ! » Lise continue : « Ça m'a vraiment touchée d'entendre ça. Ça fait du bien d'entendre des compliments comme ça. Moi, j'ai vraiment envie de continuer. » Manon poursuit : « Moi, avant, j'aimais pas trop mon *buddy*, maintenant je l'aime bien et on se raconte beaucoup de choses et même, il m'apprend des choses nouvelles. » Un a un, les enfants de la classe 4 se repositionnent. Arrive le tour de Solal, le benjamin de la classe 4 : « Eh bien, je voulais dire que j'avais eu complètement tort. En fait, c'est important les *buddies* et j'ai envie de continuer. » J'ai senti les larmes me monter aux yeux. Gareth a poursuivi : « Oui, j'ai eu tort aussi, c'est important les *buddies*. On pourrait peut-être même en changer de temps en temps pour connaître plus de monde. » J'observe Ethan, étonnée que cet enfant toujours présent dans les sujets essentiels ne se soit toujours pas exprimé. Il est visiblement absorbé dans une réflexion intense. Après un petit temps, il prend la parole : « Je voulais dire que quand j'ai écrit le mot pour demander la fin des *buddies* et que je l'ai mis dans la boîte du conseil d'enfants, j'étais en colère et énervé. Je ne pensais pas que ça aurait cet effet-là. » Voilà une réflexion pleine de profondeur qui pourrait tous nous inspirer : prendre conscience des impacts créés lorsque la colère est à l'origine de notre action.

Évidemment, j'ai aussi appris personnellement de cette expérience. J'ai bien mesuré que nous avions besoin de davantage valoriser les plus grands dans leur rôle de buddy. Nous avons décidé de consacrer quelques séances de savoir-être à ce sujet en leur posant les questions suivantes : comment vous sentez-vous dans votre rôle d'accompagnateur ? De quoi êtes-vous contents ? Y a-t-il des choses ou des moments difficiles avec vos buddies ? Comment pouvons-nous vous aider à mieux gérer ce moment ? Et aussi, comment pouvons-nous répondre à votre besoin de passer un peu plus de temps entre vous ?

On le voit bien dans cet exemple, l'exercice de la démocratie ne se pratique bien que lorsque nous sommes centrés.

Contribuer à changer le monde

En me lisant, vous avez pu voir jusqu'à maintenant quelle importance j'ai accordée au savoir-être. Finalement, il n'a été question que de cela : développer de la confiance en soi, apprendre à se connaître et avoir des relations harmonieuses les uns avec les autres. Nous ne pourrons avoir un impact positif et durable sur le monde sans cette préparation intérieure et cet apprentissage d'un lien constructif avec les autres. Notre savoir-être est à la source de nos savoir-faire. Alexander S. Neill l'avait bien compris en écrivant dans *Libres enfants de Summerhill* : « Je préférerais voir sortir de nos écoles d'heureux balayeurs de rue que des savants névrosés. » C'est aussi ce que redit à sa façon le docteur Paolo Lugari, créateur de Las Gaviotas, un centre d'investigation pratique qui lutte contre la pauvreté et la dégradation du climat en Colombie : « Je préfère travailler avec un apprenti enthousiaste qu'avec une équipe dirigée par un prix Nobel déprimé. » Nous aurons beau disposer de nombreuses connaissances, si nous n'avons pas la flamme, si nous ne sommes mus par aucune authentique envie d'agir, notre impact sera moindre et même contreproductif dans bien des cas. Dans son excellent livre *Libérez votre cerveau !*, Idriss Aberkane illustre bien comment nos dispositions intérieures impactent nos projets. Il cite l'entrepreneur germano-turc Alp Altun qui dit : « L'ego est le premier destructeur de valeur dans une entreprise, quelle qu'elle soit. » Et il poursuit : « On retrouve le même principe de domination à l'échelle de l'individu. Il y a en effet deux types d'entrepreneurs. Ceux qui mettent leur ego au service de l'entreprise et ceux qui mettent l'entreprise au service de leur ego. » Voilà pourquoi il est si important de bien se connaître et d'être bien conscient de l'impact de nos savoir-être si l'on souhaite transformer positivement la société et le monde.

Dans le documentaire sur l'école du Colibri, ma consœur Isabelle Peloux pose cette question très pertinente : « Quels enfants laisserons-nous à la planète ? » Si nous avons bien conscience des enjeux auxquels nos enfants seront confrontés, nous avons aussi besoin de devenir conscients des compétences qu'il faut cultiver chez la nouvelle génération pour qu'elle relève ces défis. Nous ne pouvons pas continuer d'éduquer comme nous l'avons fait jusqu'alors. Nous ne pouvons plus produire de bons exécutants au service d'un système à bout de souffle. Plus que jamais, nous avons besoin de faire émerger une génération d'acteurs de changement. Des enfants et des jeunes, bien dans leur peau, créatifs, empathiques, ayant appris à coopérer et qui se réalisent au travers de projets de vie porteurs pour la société.

Agir dès le plus jeune âge

Dans notre école, nous avons voulu donner la possibilité aux enfants d'agir dès le plus jeune âge. C'était mon souhait en créant Living School de donner la possibilité d'agir à ceux dont les élans du cœur sont souvent empêchés alors qu'ils sont si justes. Quand j'étais une enfant, j'avais souffert de cette impossibilité d'agir. À douze ans, j'en avais fait un poème qui s'appelait « Si j'étais... » et qui montrait tout ce que j'aurais pu accomplir si j'avais été une adulte et qui se terminait par « mais que peut faire une enfant au milieu de tous ces grands ? ». Je suis tellement heureuse aujourd'hui de me dire qu'aucun de nos élèves n'écrirait un poème pareil. Il serait même question de l'inverse. En fin d'année scolaire 2012, j'ai demandé aux élèves qui quittaient notre école de nous faire partager leurs moments les plus forts. Tibo m'a alors parlé d'un spectacle de fin d'année où les enfants tenaient une banderole annonçant : « Nous pouvons changer le monde ». Et le moment qui l'avait touché, m'a-t-il expliqué, c'est quand ses camarades et lui avaient retourné l'autre face de la banderole qui disait : « Nous changeons le monde. » Et Tibo savait de quoi il parlait, vous verrez un peu plus tard ce qu'il a accompli avec ses amis.

Comme je l'ai déjà évoqué, nous avons très vite eu l'occasion de permettre aux enfants de passer à l'action. C'est Elliott, un élève de maternelle qui voulait devenir « policier de la planète pour apporter à manger aux enfants qui ont faim », qui a ouvert le bal. En travaillant avec Action contre la faim, nos vingt-trois premiers élèves ont pu en 2007 sauver sept enfants de la faim pendant un an. À peine avions-nous terminé ce projet que les enfants voulaient déjà se lancer dans un autre ! Ils voulaient continuer à danser. Il faut dire qu'il y a tant de joie à se sentir utile et à contribuer.

Une petite ONG

Au fil des années, notre école s'est transformée en véritable petite ONG. Il serait impossible de dresser un bilan complet de nos actions, mais voici dans les grandes lignes ce que les enfants ont réalisé en presque dix ans : 7 enfants sauvés de la faim pendant un an, 21 pandas, 23 ours polaires, 2 bonobos et 7 chimpanzés adoptés symboliquement, un soutien à Raoni contre la déforestation en Amazonie, 722 arbres replantés en Casamance, 300 replantés par les enfants en forêt de Montmorency et une centaine d'autres en forêt de Fontainebleau, une aide aux SDF du quartier (échanges, dessins d'encouragement, sandwichs et boissons, nuits au chaud et même une montre pour Lucien qui ne parvenait plus à se repérer dans la journée), végétalisation des espaces urbains autour de l'école (petite ceinture et devant notre école), collecte de vêtements et de jouets pour des enfants démunis (en Inde, au Brésil et en France), visites et projets avec la maison de retraite du quartier, gardiens de semences, fabrication d'un hôtel à insectes, création d'un club de troc pour donner une nouvelle vie aux objets, comptage des oiseaux au parc des Buttes-Chaumont, participation à la journée sans voitures, vidéo d'interpellation pour les décideurs de la COP21 avec huit autres écoles dans le monde, séjour à la maison autonome en Loire-Atlantique pour découvrir comment une famille peut vivre en respectant totalement son environnement, participation à de nombreuses conférences ou journées d'études pour faire avancer le sujet de l'éducation et de l'écocitoyenneté… La liste est loin d'être exhaustive, mais elle donne une petite idée du potentiel des enfants, n'est-ce pas ?

Enseigner l'écocitoyenneté

Il est apparu très vite qu'il faudrait sensibiliser les enfants avec un contenu adapté à leur âge, sans les angoisser et en partant du principe qu'ils ont le potentiel de changer les choses. Nous avons aussi décidé de réserver un temps consacré à ces sujets essentiels. L'écocitoyenneté est donc devenue une matière à part entière.

Dans notre école, les enfants consacrent au moins deux heures par semaine à l'écocitoyenneté. Conçu et supervisé par Mauve Doyen, notre programme écocitoyen est remis à nos enseignants qui le déclinent à l'année dans leurs classes. Il couvre de vastes sujets, adaptés pour chaque tranche d'âge, tels que la forêt et le rôle de l'arbre, l'importance d'une terre vivante, l'agriculture biologique et la permaculture, la biodiversité, les écogestes, le recyclage et une première compréhension de l'économie circulaire, l'eau, les énergies, les transports, le réchauffement climatique, la solidarité internationale, le commerce équitable, la consommation responsable… Chaque sujet est abordé de façon simple et pratique en faisant en sorte que les enfants soient acteurs de leurs apprentissages, ce qui garantit une meilleure intégration. Ainsi, quand les enfants ont travaillé sur les énergies renouvelables et les maisons à énergie positive, ils ont non seulement construit une maquette de leur maison idéale en fonction des apprentissages, des interventions d'experts et des exposés qu'ils ont fait tout au long de l'année, mais ils sont aussi allés sur le terrain en classe verte à la maison autonome de Patrick et Brigitte Baronnet en Loire-Atlantique, à Moisdon-la-Rivière. Ils y ont découvert un lieu qui consomme quatre fois moins que les familles moyennes, qui produit totalement son électricité à partir de l'énergie solaire et de la force du vent, qui récupère son eau sanitaire et potable à partir de l'eau du ciel, qui épure totalement ses eaux usées par les plantes, qui cultive un jardin biologique en permaculture et qui composte ses déchets. Les enfants ont ainsi expérimenté la mise en application de tous les principes qu'ils avaient abordés pendant l'année en vivant plusieurs jours auprès d'un couple formidable dont c'est le quotidien. Et saviez-vous que l'autonomie consiste aussi à faire sa vaisselle, après le repas ? Certains de nos élèves ne sont pas près de l'oublier !

L'exemplarité

L'écocitoyenneté passe aussi par l'exemplarité. Dans ses choix, dans ses achats, dans ses aménagements, Living School cherche toujours à avoir un impact positif sur son environnement. Notre école a été aménagée autant que possible de façon écologique (isolation en chanvre et liège, linoléum naturel, plafonds HQE, peintures biologiques, utilisation de bois massif FSC dans les aménagements et le mobilier, câblage bioélectrique, éclairage de basse consommation...). Notre électricité est fournie par les énergies renouvelables. Nous trions nos déchets et nous avons un lombricomposteur. Le ménage est fait au moyen de produits d'entretien biologiques. Notre cantine est biologique et veille à limiter l'impact sur le climat en évitant la viande rouge et en proposant un menu végétarien par semaine. Nous évitons au maximum le gaspillage à la cantine en sensibilisant les enfants et en leur permettant dès la maternelle d'évaluer eux-mêmes la quantité qui leur convient. Avec l'aide de parents d'élèves investis, nous avons mis en place un achat groupé de fournitures écologiques à chaque rentrée et toute notre communauté scolaire (parents, enfants, équipe) veille à diminuer son empreinte écologique. Notre équipe se déplace uniquement en vélo et en transports en commun. Nous avons un parking à vélos devant l'école. Notre école propose à nos familles et aux habitants du quartier des paniers de légumes bio toutes les semaines. Les enfants apprennent des écogestes de base : recycler, économiser l'eau et l'électricité, prendre soin de la nature, utiliser du papier brouillon... Dans toutes les classes, nous avons ajouté aux responsabilités du matin le « Responsable Planète » qui veille au bon déroulement des écogestes de la journée. Par exemple, en hiver, il baisse les radiateurs en quittant la salle le soir. Au parc, il veille à ce que tout le monde prenne soin de la pelouse et des arbres.

Même si les enfants sont prescripteurs, rien de tel que d'impliquer les parents pour avoir des effets pérennes. Un bel exemple de ce travail est probablement la mise en place il y a quelques années d'une AMAP[1] Living School. Notre équipe et un petit groupe de parents d'élèves ont sensibilisé un plus grand nombre de parents sur l'intérêt de soutenir l'agriculture biologique en s'alliant à un producteur local, auprès de qui nous nous sommes engagés à acheter un certain nombre de paniers de légumes et fruits à l'année. Chaque semaine, à tour de rôle, les membres (parents et équipe) de l'AMAP ont géré la distribution des paniers à l'école. Grâce au lien direct avec le producteur, Loïc, nous avons pu organiser plusieurs sorties à la ferme avec nos élèves. Ils ont non seulement découvert les vertus du bio sur le terrain, mais ils ont aussi mis la

1. Association pour le maintien d'une agriculture paysanne.

main à la pâte… ou plutôt dans la terre. Quelle joie de trouver dans le panier la mâche que nous avions repiquée quelques semaines plus tôt avec Loïc !

Des projets initiés par les enfants

Dans la conduite de nos projets écocitoyens, que nous appelons « Projets pour la planète », nous avons veillé le plus possible à ce que l'impulsion vienne des enfants eux-mêmes, parfois sur une initiative individuelle, soutenue par une classe ou toute l'école, parfois dans une dynamique collective et démocratique.

Weston, neuf ans à l'époque, est arrivé un jour à l'école avec un kit d'adoption pour les pandas. Il a tout de suite été pris au sérieux par notre responsable écocitoyenneté, Mauve, qui lui a demandé s'il serait prêt à proposer son projet à l'école. Mauve a ensuite contacté le WWF et un expert du sujet est venu nous parler des pandas. Les enfants se sont passionnés pour cet animal et sont devenus imbattables sur son alimentation, son habitat, son mode de vie et les menaces qui pèsent sur lui. Ils ont alors décidé de faire des peintures de pandas et d'organiser une vente aux enchères. Nous avons suggéré de travailler à l'encre de Chine, le sujet s'y prêtait bien ! Les enfants, de la maternelle au CM2, ont produit de très belles œuvres, qu'ils ont exposées dans le réfectoire. Le jour de la vente aux enchères, certains enfants tenaient la caisse, d'autres communiquaient en temps réel sur les fonds levés et le nombre de pandas adoptés, tandis que d'autres encore accompagnaient les adultes dans la découverte des œuvres. À la fin des enchères, les enfants avaient récolté suffisamment de fonds pour adopter vingt et un pandas. Tous étaient heureux. Parmi eux, Weston exultait. Il avait été à l'initiative de ce projet. Récemment, nous avons appris que le panda géant était sorti de la liste des animaux en voie de disparition et nous sommes heureux, à notre petite échelle, d'avoir contribué à ce sauvetage.

D'autres fois, le projet émerge de la dynamique collective. Une année, nous avions demandé aux enfants de proposer des thèmes sur lesquels ils souhaiteraient apporter leur contribution. Des groupes interclasses se sont formés sur les thèmes de la solidarité, de l'eau, de la forêt, des transports et de la sauvegarde des animaux en voie de disparition. Chaque groupe a travaillé sur une présentation qu'il a ensuite faite en conseil d'école, devant tous les enfants, dans l'objectif de les convaincre de voter pour leur projet[1]. À l'issue du vote, ce sont encore les animaux en voie de disparition qui l'ont emporté, haut la main. Il faut dire que les enfants ont une affection toute particulière pour les animaux. Cette année-là, ce sont vingt-trois ours polaires qui ont été adoptés symboliquement.

Rencontrer des personnes inspirantes

Il arrive aussi que la visite de personnes engagées déclenche des motivations. Nous avons eu la chance que de nombreuses personnes inspirantes viennent à l'école ou dans le cadre d'événements organisés par Living School. Pour nous, il est d'ailleurs essentiel que les enfants puissent régulièrement rencontrer des personnes qui œuvrent à un monde meilleur et qui leur transmettent leur passion. Voici quelques rencontres marquantes.

Depuis presque dix ans, deux fois par an, à l'automne et au printemps, notre ami Nicolas Métro, fondateur de Kinomé et du mouvement Forest & Life, invite nos élèves pour une sortie en forêt avec son équipe. L'objectif de Kinomé est d'améliorer la vie quotidienne des êtres humains grâce aux arbres et aux forêts et de renverser ainsi la tendance planétaire de la déforestation. Lors des premières sorties avec Nicolas, celui-ci nous a fait partager les dures réalités de la déforestation dans le monde et son action de plantation d'arbres. À peine étions-nous de retour en classe que Tibo (six ans), qui avait senti l'urgence de la situation, voulait passer à l'action pour replanter des arbres. Nous avons donc organisé la semaine suivante un conseil d'école avec tous les enfants en présence d'un collaborateur de Kinomé, Damien Kuhn. Nous sommes d'abord partis des solutions proposées par les enfants. Beaucoup d'entre eux voulaient collecter les graines d'arbres, les faire germer et les replanter en ville. Nous avons pu à cette occasion voir combien les enfants ressentaient le manque de nature en ville. Damien les a écoutés et a valorisé leurs idées. Il leur a ensuite expliqué que la déforestation concernait davantage d'autres pays et que la forêt française se portait plutôt bien. Il nous a alors parlé

1. Pour découvrir ce processus en vidéo : https://www.youtube.com/watch?v=7DFuuYTX9Tw.

d'une région du Sénégal, la Casamance, où il gérait des plantations d'arbres pour les communautés. Les enfants ont demandé comment ils pourraient aider, étant donné – à leur grand désespoir – qu'ils ne pourraient pas aller planter eux-mêmes là-bas. Les fêtes de fin d'année approchant, l'idée d'une carte de vœux a germé. Une carte de vœux que les enfants vendraient autour d'eux et qui permettrait de collecter de quoi planter de nouveaux arbres dans cette région.

Pour nous permettre de vivre cette expérience à distance et de la rendre vraiment concrète pour les enfants, Damien nous a proposé de nous envoyer des photos et d'avoir une correspondance régulière avec la classe du village de Teyel qui se trouve juste à côté de la pépinière. Nos cartes de vœux – réalisées par les enfants et la maman de Tibo, qui est graphiste – ont rencontré un franc succès qui nous a permis de contribuer à replanter 722 arbres.

Nous avons vécu une expérience fabuleuse. Nos enfants de CP n'ont jamais été aussi motivés pour apprendre à lire et à écrire. Ils avaient hâte de découvrir les courriers de leurs correspondants et de leur adresser les leurs. Damien a eu la gentillesse de nous envoyer les photos de nos correspondants. Ainsi nous pouvions mettre un visage sur chacun des noms. Fatimata, par exemple, expliquait à Adélaïde qu'elle avait trois frères, quatre sœurs et des poules dans la cour. Elle lui donnait des nouvelles des arbres, qu'elle arrosait parfois. Adélaïde lui répondait qu'elle avait un petit frère et pas d'animal de compagnie et qu'elle vivait dans un immeuble. Des vies si différentes et pourtant un projet en commun : replanter des arbres.

Sur le même thème, le chef Raoni, de la tribu des Kayapos au Brésil, est venu nous parler fin 2012 de la menace qui pèse sur la forêt amazonienne. Malgré l'exercice de traduction un peu acrobatique – du kayapo au portugais, du portugais au français –, nous avons vécu un moment très fort en émotions[1]. Les enfants ont bien saisi que la forêt était l'habitat des Kayapos et qu'en détruisant la forêt, on détruisait non seulement leur maison, mais aussi un peu la nôtre, puisqu'on s'en prenait aux poumons de notre planète. Nous avons tous été très touchés par la sagesse du chef Raoni qui

1. Voici une vidéo de cette rencontre : https://www.youtube.com/watch?v= 40hDb R5_rAg.

nous a expliqué que tout en étant un guerrier par son éducation, il mettait toute son énergie au service de la paix.

Quelque temps plus tard, nous avons planté un arbre au parc des Buttes-Chaumont en hommage à son action. Puis, en juin 2013, nous nous sommes mobilisés à ses côtés avec deux cents autres enfants, place du Trocadéro, pour lancer un appel pour les générations futures.

Nous avons aussi tissé un lien particulier avec Claudine André, la « maman des bonobos », comme l'appellent nos élèves. Claudine œuvre en République démocratique du Congo pour préserver cette espèce de primates dont le patrimoine génétique est à 98,7 % semblable au nôtre. Claudine a découvert l'existence de Living School dans la presse et elle a souhaité rendre visite à nos petits « écocitoyens », certaine qu'ils seraient à même de l'aider. Lors de sa première visite, Claudine nous a diffusé en avant-première un extrait du film *Bonobos*, une séquence où l'on comprend que les petits bonobos arrivent dans le sanctuaire de Claudine parce qu'ils sont orphelins, suite à la perte de leurs mères chassées comme « viande de brousse ». À la fin de la séquence, nous avions tous – enfants comme adultes – les larmes aux yeux. Nathan a immédiatement levé la main et dit à Claudine : « Qu'est-ce qu'on peut faire pour t'aider ? »... et voilà que nous étions embarqués dans un nouveau projet pour la planète !

Cette fois, c'est Adrienne Heim, notre enseignante américaine de l'époque, qui a fait preuve d'une grande créativité, en concevant avec les enfants un calendrier de l'avent « inversé ». Pourquoi « inversé » ? Parce qu'au lieu de recevoir chaque jour quelque chose, les enfants allaient collecter autour d'eux (dans leurs familles, dans les commerces, au parc...) chaque jour quelques centimes d'euros (un montant précis) tout en expliquant un fait marquant sur les bonobos (un nouveau par jour). De cette façon, les enfants devenaient de vrais ambassadeurs des bonobos et pouvaient aider Claudine à en adopter de nouveaux.

Au retour des vacances de Noël, les enfants sont revenus avec leurs tirelires bonobos pleines et de grands sourires de satisfaction. Tous les centimes ont été versés dans une grande caisse et l'opération de comptage a démarré. Un grand moment de mathématiques. Imaginez les enfants au sol triant les pièces de 1, 2, 5, 10, 20 et 50 centimes, puis faisant des tas égaux et découvrant l'addition et la multiplication ! Voilà des exercices que les enfants ont adorés ! Si seulement le dépôt de la somme récoltée à la banque avait pu être aussi fluide (imaginez-vous tirer des kilos de pièces jaunes dans un caddie de supermarché)... Quand Claudine est revenue nous voir, les enfants lui ont raconté leur projet et lui ont remis un chèque de plusieurs centaines d'euros. Elle était visiblement émue, ce qui nous a beaucoup touchés. Elle nous a expliqué que ce montant allait l'aider à adopter deux nouveaux petits bonobos et à financer l'opération de la cataracte d'un bonobo plus âgé. Claudine est revenue nous voir une troisième fois pour nous parler des enfants de l'école proche de son sanctuaire et des conditions très spartiates de l'établissement. Nous avons organisé une collecte de matériel scolaire que Claudine a pu leur remettre.

En 2014, Living School a invité Gunter Paoli à prendre la parole devant ses élèves. Cet expert de l'innovation au service de la planète a donné un élan formidable aux enfants. Son credo : pourquoi réduire la pollution quand on peut tout simplement décider de ne pas polluer du tout ? En quelques minutes, il a présenté aux enfants de nombreuses inventions respectueuses de l'environnement : confectionner des tee-shirts en algues, recycler le marc de café en terreau, développer une pêche plus respectueuse des poissons (qui épargne les femelles porteuses d'œufs), fabriquer du papier à partir de la pierre... Surtout, il a su faire passer le message auprès des enfants qu'avec un peu d'imagination, trouver des solutions qui ne polluent pas était possible ! Imaginez qu'à la fin de son intervention, le théâtre de la ville du Havre résonnait des « C'est possible ! » de cinq cents enfants galvanisés par la créativité !

Innover et s'appuyer sur des experts

Living School veut pouvoir être au cœur des innovations qui transforment positivement la société et le monde. En cela, notre école est active dans de nombreux réseaux tels que le leadership éthique, Ashoka, les Colibris, Entrepreneurs d'avenir, les Universités de la Terre, B-Corp, l'Économie positive, le Printemps de l'éducation... De cette façon, nos élèves sont sensibilisés très jeunes aux solutions d'avenir. Quand nous sommes allés voir le merveilleux documentaire *Demain* de Cyril Dion et Mélanie Laurent avec nos élèves de CE2, CM1 et CM2, nous étions heureux de découvrir que nous étions déjà bien familiarisés avec un grand nombre des approches présentées.

Ainsi, lorsque la question du troc et des monnaies complémentaires est entrée dans le débat public, nos élèves ont travaillé avec des experts du sujet (TAOA en association avec la Nef) et ont conçu un kit destiné à toutes les écoles pour la mise en place d'un club de troc[1]. L'idée de départ était de sortir nos élèves de la position de consommateurs et de leur apprendre à donner une seconde vie aux objets. Ce projet a donné lieu aussi à de nombreux débats sur la valeur des choses, sur le rôle de la monnaie et des échanges. Pendant plusieurs années, nous avons expérimenté cet outil qui a débouché sur la création d'une monnaie complémentaire par les enfants, le Living, et qui a permis de recycler des centaines d'objets.

Pour chacun de nos « projets pour la planète », nous avons toujours cherché l'appui d'experts extérieurs. Les élans des enfants ont besoin d'être guidés par l'éclairage d'experts de terrain pour avoir un réel impact. ONG internationales, associations locales, parents d'élèves… nous avons toujours reçu un accueil favorable de la part de nos interlocuteurs, qui savent bien que l'éducation est primordiale pour faire bouger les lignes.

Agir avec d'autres enfants du monde

Fin 2015, la France accueillait la conférence pour le climat, la COP21. À cette occasion, nous avons travaillé avec huit écoles dans le monde pour permettre aux enfants de faire passer un message fort aux décideurs. Depuis le Brésil, la Chine, l'Inde, l'Allemagne, l'Angleterre, les États-Unis, Haïti, l'Ouganda et la France, les enfants étaient invités à donner leur avis sur le changement climatique et à interpeller les leaders qui allaient décider de leur avenir au travers de courtes vidéos. Ce projet international, qui s'appelait « Kids for COP21 » a permis à nos élèves de prendre la mesure de l'impact déjà perceptible du changement climatique dans la vie d'autres enfants… Il était extrêmement touchant de découvrir les vidéos d'enfants indiens qui alertaient sur les températures en hausse et les

1. Vous pouvez télécharger ce kit à partir de ce lien : https://livingschool.fr/file/projetkidstrocfinal.pdf.

inondations, des Ougandais sur la déforestation et la sécheresse, des Brésiliens sur les maladies liées à la prolifération des moustiques, des Chinois sur l'impossibilité d'aller en récréation ou même parfois d'apercevoir le soleil à cause de la pollution, des Haïtiens sur l'intensification des catastrophes naturelles… Cette coopération rendait les effets du changement réels et concrets. Nous avions créé un lien avec tous ces enfants et nous nous sentions tous concernés. Grâce à un partenariat avec « *The train to Paris* » de Thalys qui emmenait les décideurs de Bonn à Paris, nous avons pu diffuser cette vidéo[1] auprès des membres de la CCNUCC[2] qui allaient négocier l'accord sur le climat. Nos interlocuteurs, issus de nombreux pays, ont été touchés par nos images et nous ont promis de faire de leur mieux pour les enfants. Une belle façon de ne pas perdre de vue ce dont il était question ! Conscients des enjeux, nos élèves ont suivi de près les négociations et lorsque nous avons retransmis la validation de l'accord par le coup de marteau d'un Laurent Fabius visiblement ému, la même émotion intense était palpable à Living School dans les regards des enfants.

Nous avons tous un talent unique à apporter au monde

Le message que nous souhaitons faire passer à nos élèves est que chacun peut changer le monde. D'ailleurs, nous aimerions que toutes les actions éducatives passent le même message aux enfants : « Tu as des talents uniques à apporter au monde ! Trouve ce qui te met le plus en joie, trouve ton projet de vie. Plus tu es heureux dans ce que tu fais, plus tu fais naturellement du bien autour de toi. » Nous aimerions tant que chaque enfant, chaque jeune puisse trouver le temps dans son parcours scolaire d'explorer ses passions, ses envies, ses talents. Nous aimerions que chaque jeune, partout dans le monde, puisse s'autoriser à rêver et à construire une vision d'un monde meilleur. Surtout, nous nous attachons à leur transmettre le goût de ce qui a du sens.

Nos élèves de primaire sont peut-être encore un peu jeunes pour trouver d'emblée leur voie, mais nous sommes heureux de

1. Pour voir la vidéo de Kids for COP21 : https://www.youtube.com/watch?v=XYBS3VozkCQ.
2. CCNUCC : La Convention-Cadre des Nations unies sur les Changements Climatiques.

les voir explorer pleinement leurs talents et les mettre au service d'un monde meilleur. Certains vont tenir des cahiers d'inventions positives, d'autres vont composer des chansons et des chorégraphies pour donner l'envie d'agir, d'autres vont nous impressionner par leur capacité à prendre la parole en public pour faire passer des messages, d'autres encore vont écrire des poèmes… et tous vont conduire des « Projets pour la planète » tous les ans. Ce qu'ils feront plus tard, nul ne le sait pour le moment, mais je suis certaine qu'ils auront à cœur d'avoir un métier véritablement utile. Dès lors que nous goûtons à la joie de contribuer, nous devenons exigeants sur la recherche de sens.

En pleine COP21, nous avons reçu l'invitation de Place to B[1], pour faire participer des enfants de Living School à une émission radio avec Stéphane Paoli. Léopoldine (CM2) et une enfant de CE2 m'ont accompagnée. Juste avant l'émission, nous avons déjeuné ensemble dans une classe pour échanger sur ce qu'ils souhaitaient partager à l'antenne. Léopoldine m'a alors dit qu'elle venait d'écrire un texte qui s'intitulait « Le monde est bleu » et qu'elle aurait aimé le dire à la radio. Par peur qu'elle ne soit déçue, je l'ai préparée en lui disant que bien souvent les journalistes sont pressés car ils disposent d'un temps d'antenne réduit. Toutefois, je l'ai encouragée à prendre son cahier avec elle au cas où. Mais avant cela, je lui ai demandé de me le lire. Elle a alors commencé :

« Le monde est bleu.

Tu sens le monde, la lune et les étoiles. Ça sent le bonheur et la vie. Tu le sens, non ? Tu ne trouves pas que la planète bleue c'est très beau ? Ressens ça. Tu vois, le monde est beau. Je ressens la lune et les étoiles, la planète et le monde. Waouh, j'aime ce sentiment de vie. La vie est bleue. J'aimerais que tu comprennes que la planète bleue, c'est la vie. J'aimerais que la vie soit éternelle. Le vent souffle sur la terre. Le vent souffle dans les arbres et la nature éternelle. […] Le monde est vivant. C'est mon ami. Ma voie c'est de le protéger. » J'ai été très émue à la lecture de son texte.

1. Place to B est à la croisée des chemins entre médias, écologie et économie collaborative pour fédérer, étudier et transmettre autour du changement climatique et de la transition.

Arrivés sur le plateau, Léopoldine et son camarade se sont exprimés sur la pollution et le changement climatique. Léopoldine a parlé de son texte et, contre toute attente, Stéphane Paoli lui a proposé de le lire. Il s'est alors créé un silence profond. Chacun avait suspendu sa tâche pour écouter Léopoldine et son ode à la planète. Je ne sais pas si Léopoldine écrira plus tard, mais je sais qu'elle a créé ce jour-là un lien tellement vivant, vibrant et sensible avec notre monde bleu, qu'elle fera tout pour le protéger. Ce lien d'amour avec le vivant, l'humanité et le monde, nous le cultivons à Living School en espérant que les enfants continueront de le tisser dans leur vie et autour d'eux.

Cultiver un lien fort avec la nature

Vous avez peut-être grandi au contact de la nature. Peut-être vous souvenez-vous alors de vos balades en forêt ou à la campagne, des cabanes dans les bois, de vos genoux égratignés par les ronces, du jardin ou du potager de vos grands-parents ? J'ai pour ma part des souvenirs de grande liberté l'été, où, à vélo avec mes amies, nous parcourions la campagne en emportant le pique-nique ou le goûter avec nous, revenant à la tombée du jour, harassées et heureuses. Et pourtant, nous étions assez jeunes… Laisserais-je partir ma fille comme cela aujourd'hui ? Pourrait-elle jouir de cette même liberté ?

Le « syndrome de manque de nature »

Richard Louv, journaliste et éditorialiste américain, qui a mené une enquête dans les années 80 aux États-Unis, constate que les enfants sont de moins en moins au contact de la nature. Tandis que leurs parents ont passé leur enfance dans les bois, eux passent leur enfance entre les quatre murs d'une maison ou d'un appartement, souvent devant des écrans. À qui la faute ? L'urbanisation galopante, la sédentarisation, la virtualisation (invasion des écrans) et la peur de l'autre. En trente ans, aux États-Unis, la superficie où les enfants peuvent circuler sans supervision de leurs parents a diminué de 90 %. En 2005, Richard Louv écrit un livre sur le sujet qui remporte un immense succès : *Last Child in the Woods : Saving*

Our Children From Nature-Deficit Disorder[1]. Dans ce livre, il introduit pour la première fois le concept de « syndrome de manque de nature ». Études à l'appui, il en démontre tous les impacts négatifs : choix de vie dommageables pour la santé (alimentation, sédentarité...), obésité croissante et problèmes de diabète, baisse d'acuité des cinq sens (myopie), baisse des performances cognitives, troubles du comportement (troubles de l'attention, dépression...) et moins bonne motricité. Mais son livre est aussi un vibrant plaidoyer pour la nature et tous les bienfaits psychiques et physiques qu'elle nous apporte. La nature est la solution à bien des maux, elle a un effet apaisant et tranquillisant sur notre santé, notre bien-être et notre vitalité.

Depuis, l'analyse de Richard Louv a largement été partagée et relayée, y compris en Europe où une vaste étude[2] sur le sujet a hélas dressé le même constat. En France, le nombre et la durée des séjours des classes ou des centres aérés à l'extérieur a chuté de vingt jours à trois jours par an entre 1990 et aujourd'hui. Il y a donc urgence à sortir au grand air, ce d'autant, vous en conviendrez, que le coût d'un grand bol d'air est bien moindre pour la société que celui d'antidépresseurs !

Se reconnecter à la nature

Toutes les structures éducatives (écoles, centres de loisirs, crèche), surtout en zone urbaine, ont un rôle essentiel à jouer pour reconnecter à la nature ces générations d'enfants qui grandissent « hors sol » et trop souvent derrière des écrans. Ceci est d'autant plus essentiel que seul un lien affectif fort avec la nature permet aux enfants de développer une véritable conscience écologique. On ne peut pas aimer et protéger ce qu'on ne connaît pas. Sortir au parc, y observer la faune et la flore, planter des graines, cultiver une parcelle dans un jardin partagé, mettre en place un lombricomposteur, faire un élevage (escargots, papillons, coccinelles, fourmis), végétaliser la cour et la ville et, dès que c'est possible, organiser des sorties au grand air, voilà quelques pistes à explorer tout au long

1. Ce livre n'a, hélas, pas été traduit en français, le titre signifie : « Le dernier enfant des bois : sauvons nos enfants du syndrome de manque de nature ».
2. Birdlife International, « Le bien-être grâce à la nature dans l'Union européenne ».

de l'année. Pour certains enfants, la nature est tellement éloignée qu'elle inspire la peur ou le dégoût. La terre leur paraît sale, l'idée de tenir un escargot dans la main les indispose, ils ont peur de se faire mal en grimpant à un arbre… Il est temps de refaire découvrir aux enfants et aux adultes les trésors de la nature.

À Living School, nous n'avons jamais vu les enfants aussi heureux que lorsqu'ils sont au contact de la nature. Nous sortons tous les jours au parc des Buttes-Chaumont, mais c'est surtout au contact d'une nature moins domestiquée et plus sauvage – la forêt, les parcs naturels, la campagne… – que nos enfants sont les plus épanouis.

Comme je l'ai expliqué dans le chapitre précédent, depuis presque dix ans, deux fois par an, à l'automne et au printemps, notre ami Nicolas Métro, fondateur de Kinomé et du mouvement Forest & Life, invite nos élèves à une sortie en forêt en compagnie de son équipe. Lors de ces sorties, les enfants comprennent le rôle essentiel des arbres et des forêts. Ils mettent leurs mains dans l'humus et en découvrent la biodiversité, ils font connaissance avec la photosynthèse, ils touchent les troncs, écoutent les bruits de la nature, observent, courent dans les allées. Dans le car du retour, tout le monde dort, croyez-moi. Plusieurs fois, il nous est arrivé de sortir sous la pluie et Nicolas a su transformer ce moment en un moment de réjouissance : oui, l'eau est essentielle à la vie, elle est une fête pour la nature ! J'ai toujours été émerveillée de voir nos élèves heureux et détendus d'évoluer sous la pluie, marchant dans les flaques avec leurs bottes…

Grâce à Kinomé, par deux fois, nous avons eu l'immense joie de planter des arbres en compagnie de l'AFEV[1] en forêt de Montmorency et de l'ONF[2] en forêt de Fontainebleau. Planter des arbres est un moment inoubliable, qui nous lie aux générations futures. Les enfants sont très sensibles à l'idée qu'ils plantent pour ceux qui viendront après eux. Quelle émotion quand nous nous retrouvons tous autour de ces petits plants bien dressés, prêts à s'étirer vers le ciel ! Pour chaque arbre que nous plantons en France, Kinomé s'engage à en planter deux autres ailleurs. Cette année, les arbres

1. AFEV : Agence française des espaces verts.
2. ONF : Office national des forêts.

ont été plantés au Togo, des fruitiers et des moringas qui vont profiter aux familles.

La classe verte est aussi un temps fort de l'année pour se connecter avec la nature. Nous avons pour habitude d'y emmener nos élèves tous les ans, et ce dès la petite section de maternelle. Généralement, les enfants de maternelle partent trois jours et ceux de primaire quatre à cinq jours. Mauve Doyen, notre responsable écocitoyenneté, sélectionne avec soin nos destinations : nature sauvage et poney dans l'écocentre du Croux en plein parc naturel du Morvan, découverte de la ferme, du potager et de la campagne normande à la Ferme Européenne des Enfants, classe de mer à l'écocentre nature Bon Vent ou encore découverte de la vie en autonomie à la Maison Autonome de Patrick et Brigitte Baronnet en Loire-Atlantique.

Les enfants reviennent de ces séjours avec des étoiles plein les yeux. Pour vous en donner une petite idée, suivez-moi dans le Morvan, sur les pas d'Olivier Léger, un animateur nature passionné.

Sur le sentier, Olivier nous fait découvrir les genêts, ces buissons aux branches en forme de balais et aux fleurs jaunes. Il propose aux enfants de goûter les fleurs fermées qui ont un goût de petit pois. Un peu plus loin, il nous fait observer les terriers de renards au milieu des prés. Nous nous enfonçons maintenant dans la forêt et Olivier nous demande le silence. Vous entendez ce chant d'oiseau ? nous demande-t-il. C'est le pouillot siffleur ! Et celui-ci ? C'est le pouillot véloce ! Le chant du véloce, c'est un peu comme si Picsou comptait ses pièces une à une, tandis que le chant du siffleur, c'est comme si Picsou vidait tout son porte-monnaie d'un coup, nous explique-t-il. Il ouvre son grand sac à dos et distribue à chacun des paires de jumelles. Nous observons les oiseaux un temps.

Un peu plus tard, nous reprenons notre marche dans la forêt et Olivier marque un arrêt dans un endroit un peu dégagé. Nous allons construire une cabane. Les enfants s'activent à la recherche de grandes branches pour construire la structure, Olivier coupe du feuillage pour habiller les futurs « murs ». Il sort une scie de son sac et donne les consignes de sécurité pour son maniement. Les enfants coopèrent dans la joie et bientôt leur cabane prend forme. Certains fabriquent un balai pour dégager les feuilles du sol, d'autres créent une fenêtre, d'autres encore vont chercher des rondins pour faire des sièges.

Le temps file et l'heure du repas approche. Les enfants sont captivés et ne quittent les lieux qu'avec la promesse d'y retourner. Sur le chemin du retour, une surprise nous attend. Dans une flaque boueuse, Olivier repère un animal, il tend la main, l'attrape et nous le montre. C'est un triton ! Tour à tour, les enfants s'approchent pour faire connaissance avec l'amphibien et écoutent les explications d'Olivier.

À l'heure du repas, les enfants échangent avec enthousiasme sur les trouvailles de la matinée. Puis l'après-midi, ils retrouvent Nadège et Anne-Laure, les monitrices de poney. Deux par deux, ils prodiguent les soins aux animaux : ils les brossent avec l'étrille, ils curent leurs sabots. Ensuite ils les équipent avec le tapis de selle, la selle, le mors et le filet. Ils montent à tour de rôle, font des tours de manège, une balade enfin. Le contact avec le poney est très révélateur. Les enfants sentent que leur état émotionnel se communique assez vite à l'animal et qu'il est préférable d'être centré.

Lorsque nous allons en classe verte à la Ferme européenne des enfants, nous retrouvons un lien fort avec la terre et le monde du vivant. Quand un groupe d'enfants décide de faire un gâteau pour le goûter, l'animatrice leur demande ce qu'il faut comme ingrédients. Les réponses fusent : de la farine, des œufs, du beurre, du sucre… D'où vient la farine ? demande-t-elle. Les enfants répondent « du blé ». L'animatrice nous emmène alors voir le blé en herbe, puis nous montre un épi de blé de la dernière récolte. Elle apporte un sac de grains de blé. Les enfants se servent et s'installent devant des petits moulins. Elle leur montre comment moudre les grains. Les enfants tamisent leur farine et récupèrent le son. Ils rendent ensuite visite aux poules et en échange du son qu'ils leur donnent, ils prélèvent quelques œufs encore chauds et tout crottés. Le beurre a été fait la veille par les enfants qui sont allés nourrir et traire la vache, Doudoune. Ils ont transformé le lait en crème (pour faire des sucettes au caramel) et en beurre. N'est-ce pas formidable d'aller chercher ainsi tous les ingrédients à la source ? Le gâteau qu'on mange est unique, il est le résultat du travail de la terre, des animaux et des enfants. Autant dire que les enfants le savourent. De la même façon, quand les enfants passent du temps au potager, les radis, la salade ou les carottes trouvent plus facilement preneurs dans les assiettes ! Étonnamment, l'un des moments préférés par les enfants à la Ferme européenne est devenu la sieste… mais il suffit de s'approcher d'eux pour mieux comprendre le pourquoi de cet engouement soudain. Chaque enfant est tranquillement allongé au jardin ou dans le poulailler avec un petit poussin qu'il câline. Et plus l'enfant se détend, plus le poussin s'immobilise et ferme les yeux à son tour. Nous participons à un moment plein de douceur qui invite au calme… et qui donnerait presque envie d'équiper toutes nos écoles de poulaillers !

Que faire en ville ?

Nous aimerions que nos sorties nature et nos classes vertes durent davantage. Nos élèves mesurent toute la richesse de ces moments. Kiyana, une de nos anciennes élèves, disait en milieu de séjour au téléphone à sa maman : « Maman, je voudrais rester ici toute la ma vie ! », ou encore Lise juste avant le départ : « Les amis, profitons encore à fond du grand air avant de rentrer à Paris ! » Pour compenser, nous avons donc trouvé différents moyens de faire entrer un peu de nature en classe et à l'école tout au long de l'année scolaire. Outre nos sorties journalières au parc, nous avons pris pour habitude d'accueillir des plantes dans nos classes ou d'en faire pousser. S'occuper des plantes fait d'ailleurs partie des responsabilités hebdomadaires de nos élèves. Suite à un conseil d'enfants, lors duquel nos élèves avaient décidé de créer un jardin, nous avons obtenu un permis de végétaliser de la Ville de Paris. Nous avons aménagé des bacs et des massifs autour des arbres devant notre école où poussent herbes aromatiques, mini-potager et fleurs d'ornement, sous le regard amusé des passants. Cela nous donne l'occasion de jardiner régulièrement et d'échanger avec les jardins partagés du quartier. Cela nous permet aussi de collaborer avec le voisinage qui s'investit dans notre jardin en offrant des jardinières et des boutures et en proposant d'arroser pendant les vacances.

Les enfants ont également fabriqué un hôtel à insectes qu'ils ont accroché à un arbre dans notre espace végétalisé. Nos classes font régulièrement des élevages – escargots, papillons, coccinelles, scarabées – qui sont l'occasion de mieux comprendre le développement et la reproduction de ces petites bêtes. Nous travaillons beaucoup avec des associations en lien avec la nature, telles que Natureparif, le réseau École et nature ou encore Vigie nature. L'année passée, les enfants ont été « gardiens de semences ». Ils ont semé, récolté et partagé autour d'eux leurs propres graines pour faire vivre et démultiplier un patrimoine local de semences. Cette année, les enfants participent grâce à Vigie nature école à un véritable programme de recherche en lien avec le Muséum national d'histoire naturelle et la LPO[1], qui s'intitule l'observatoire « Oiseaux des jardins » et qui a pour objectif de voir comment les oiseaux réagissent au changement climatique. Nos élèves profitent de leurs sorties au parc des Buttes-Chaumont pour reconnaître et compter les oiseaux. En faisant remonter ces informations, ils aident directement les chercheurs à comprendre quand et pourquoi les oiseaux visitent les jardins et ainsi à étudier les effets du climat et de l'urbanisation. Grâce à ce programme, des enfants deviennent de vrais apprentis naturalistes. À partir de leur livret de détermination, ils sont rapidement capables d'identifier les principaux oiseaux de notre parc : mésanges charbonnières, mésanges bleues, moineaux, pinsons des arbres, corneilles. Durant les récréations, il n'est pas rare de les voir se déplacer le nez en l'air.

Nous avons également abonné nos élèves à la *Salamandre* (la *Petite Salamandre* pour les quatre-sept ans et la *Salamandre junior* pour les huit-douze ans). Ce magazine consacré à la nature a été créé il y a trente ans par un jeune garçon de onze ans et est devenu au fil des années une référence pour les curieux de nature. Un bel exemple à suivre pour nos élèves !

Mais au-delà de ces sensibilisations, une des spécificités de Living School est d'avoir fait rentrer la nature dans le programme d'apprentissage grâce à notre programme écocitoyen (voir chapitre précédent). Les enfants consacrent au minimum deux heures par semaine à ces sujets.

Déconnecter des écrans

Bien sûr, un bon moyen de favoriser le lien avec la nature, c'est aussi de réduire le temps passé devant les écrans et de sensibiliser les enfants à une utilisation intelligente des médias. Il est essentiel de faire sentir aux enfants que le virtuel ne doit pas prendre le pas sur le réel.

1. LPO : Ligue de protection des oiseaux.

Nous insistons ainsi toute l'année sur des activités et des projets qui les relient et qui leur donnent envie de gérer des situations bien concrètes. Ils ressentent alors le plaisir d'être acteurs et créateurs et d'avoir un impact direct sur la réalité. Cela les préserve d'une immersion trop importante dans le virtuel et du développement d'un imaginaire très abstrait.

Chaque année, nous participons avec les écoles publiques du quartier aux « Défis sans écran », lancés depuis 2002 par le Québécois Jacques Brodeur. L'objectif, pour reprendre les mots du créateur, est « d'apprendre aux enfants à se servir des écrans plutôt que de se laisser asservir par eux et par les industries qui captent leur attention souvent et longtemps ». Le défi est collectif : pendant dix jours, les enfants sont incités à limiter l'utilisation des écrans.

Nous les invitons notamment à supprimer les écrans le matin, car ils épuisent leur faculté d'attention avant même d'être arrivés à l'école, le midi pour privilégier les échanges familiaux et le soir avant de s'endormir. De plus en plus d'enfants disposent d'une télévision ou d'un ordinateur dans leur chambre. La présence de ces écrans diminue leur temps de sommeil et rend plus complexe le contrôle parental. Afin d'encourager les enfants dans les « Défis sans écran », les adultes de l'école (parents, membres de l'équipe) sont invités à proposer des activités vivifiantes : sport, sortie au parc, activités créatives et manuelles... L'émulation apportée par le collectif lors de ce défi a permis de beaux dépassements. Certains enfants ont cessé de regarder les écrans le matin avant l'arrivée à l'école et nous avons pu en ressentir concrètement les effets sur leur capacité d'attention. De même, de plus en plus de familles ont pris l'habitude de faire un tour au parc après l'école avant de rentrer à la maison. Ainsi la nature prend tout naturellement le pas sur les écrans !

La parole aux enfants

À Living School, nous avons pris l'habitude de donner la parole aux enfants. Régulièrement, je propose à nos élèves de m'accompagner dans des conférences, des événements et des interviews pour apporter leurs témoignages. En 2010, j'ai animé avec trois enfants de CP une conférence sur le salon Vivre autrement. Parmi eux, Elmar avait du mal à lâcher le micro tant il prenait plaisir à partager son expérience. J'ai conclu en disant au public : « Vous voyez, d'ici quelques années, ils donneront des conférences seuls, sans moi ! » Et ce jour est arrivé le 26 avril 2017.

Le témoignage d'Elmar

Le 26 avril 2017, je devais animer une conférence sur l'éducation à Reykjavik en Islande. Ne pouvant honorer cet engagement, j'ai proposé qu'Elmar, notre ancien élève islandais, me remplace. Je lui ai donné carte blanche et il a été époustouflant. À la fin de son intervention en anglais, le public l'a applaudi debout. Quand je lui ai parlé au téléphone peu après, il m'a dit : « Tu sais, j'avais l'impression que les gens m'écoutaient avec tous leurs sens et ça me touchait de les toucher comme ça. Quand ils me remerciaient à la fin, je disais : "Merci à vous, merci de m'avoir écouté !" »

Voici un extrait de son intervention traduite de l'anglais[1].

« Dans "éducation", il y a un *u* [*you* en anglais = tu]. Pour moi, ce *u* [*you* = tu] nous dit "*you can*" [tu peux] : tu peux apprendre et tu peux tout faire ! Maintenant, laissez-moi vous raconter l'histoire d'un petit garçon qui en était venu à croire l'inverse, qui pensait que NON, il n'y arriverait pas.

« Ce petit garçon est inventif et plein d'énergie. À l'école, il aime poser des questions… "Comment fabrique-t-on un feutre indélébile ?", "De quoi sont faits les nuages ?" Mais on lui répond d'arrêter de poser des questions idiotes. On lui demande d'être un peu sérieux. On est à l'école, ici ! Ce petit garçon, comme j'ai dit, est inventif et il aime inventer des histoires à la maison. Il conçoit même des spectacles. Seulement, on ne voit pas d'un bon œil son inventivité à l'école. Cet enfant a aussi à cœur de partager ses connaissances avec son enseignant et sa classe. Mais alors, il est prié de ne pas déranger la classe, puis envoyé dans un coin face au mur, sans bouger.

« Cela a pour conséquence que ce garçon cesse d'être si curieux ou inventif. Son énergie et sa passion sont réduites à néant. Il finit par penser qu'il est bête et qu'il ne parviendra jamais à apprendre

1. Pour voir la vidéo de cette intervention : https://www.youtube.com/watch?v=-I6oONUWMSQ&feature=youtu.be.

quelque chose, ni à lire, encore moins à écrire. Il ne veut plus jamais aller à l'école. Sa mère est dévastée de le voir tous les matins la supplier en pleurant. Et son père vit très mal les retours de l'enseignant qui lui dit à chaque fois que son fils ne se comporte pas bien et qu'il est en échec… à l'âge de cinq ans seulement !

« Comme vous l'aurez peut-être deviné, ceci est mon histoire. À l'âge de cinq ans, j'étais convaincu que j'étais un bon à rien et que je ne pourrais rien réussir. Mais j'ai eu de la chance. Mes parents ont refusé le verdict de l'école. Ils ont cherché des solutions pour que je sois heureux et que je m'épanouisse. Et c'est là que nous avons rencontré Living School et Caroline Sost.

« Donc, quand j'ai commencé Living School en CP, l'équivalent de *first grade*, je manquais de confiance en moi. Les mauvais souvenirs de mon ancienne école m'habitaient. je me mettais facilement en colère. Mais au bout d'une semaine à Living School, j'ai commencé à me sentir heureux. On débutait la journée par un éveil corporel. On allumait une bougie, on mettait de la musique douce et relaxante puis on faisait des mouvements et des étirements. On échauffait le cou, les pieds, les coudes… c'est parfait pour le calme et l'attention avant de démarrer une journée d'apprentissage. L'une des premières choses que mes enseignants m'ont apprise, c'est que j'ai un "trésor intérieur". Mon "trésor intérieur", c'est mon immense potentiel et ma personnalité unique. Ils m'ont appris que j'avais le potentiel d'imaginer et d'apprendre ce que je voulais. Et ils m'ont expliqué comment je pouvais partager mes réussites. À Living School, chacun possède son cahier de réussites. Chaque semaine j'y notais et j'y dessinais ce que j'avais accompli. Là [il montre une photo à l'écran], j'explique que j'ai réalisé mon propre film Lego en *stop motion*. Et là, que j'ai fait moi-même un crumble. Et quelque fois, quand je me sentais en colère ou frustré, je pouvais demander aux enseignants à sortir de la classe pour aller taper dans le punching-ball. De cette façon, je pouvais vider mes émotions négatives, avoir un temps pour me recentrer et revenir dans la classe et apprendre avec plaisir et calme. À Living School, chaque enfant a un *buddy*. Le concept, c'est que les plus grands enfants viennent en aide aux plus petits. Par exemple, quand on allait au parc, on les aidait à s'habiller, à mettre leurs chaussures, on leur donnait la main sur le chemin et on échangeait gentiment avec eux.

« Un jour, lors d'une sortie en forêt, l'animateur Nicolas Métro (le fondateur de Kinomé) nous a expliqué que nous, les êtres humains, avions un impact sur notre environnement. Il nous a aussi expliqué le rôle de la forêt dans notre vie de tous les jours et la déforestation. Et il nous a dit que nous pourrions changer les choses quand nous serions plus grands. Tibo, qui était l'un de mes camarades de classe et qui avait confiance en lui, a repris : "Quand nous serons grands ? Mais pourquoi attendre ? Ne pourrions-nous pas faire déjà quelque chose maintenant ?"

« Une grande aventure a commencé ! On a eu des réunions à l'école et quelquefois avec Nicolas, qui nous guidait pour trouver des lieux où notre aide serait nécessaire. Nous avons essayé de trouver des financements pour cette action et avons fabriqué une carte de vœux pour la nouvelle année à l'intention des parents. Et c'est comme ça que nous avons replanté 722 arbres en Casamance au Sénégal. Grâce à cette action, nous avons échangé avec des correspondants sur place. Nous avons appris des choses sur leur vie quotidienne et eux sur la nôtre. Notre volonté de contribuer à un monde meilleur nous a amenés à pratiquer davantage la lecture, l'écriture, le dessin, l'histoire, la géographie et l'art. J'étais heureux et ça se voyait ! J'avais développé la confiance en moi et j'étais heureux. Ma mère, parfois, devait me courir après tant j'étais pressé de retrouver mes enseignants et mes amis. Et là, j'ai commencé à savoir que je faisais de grandes choses. Là [photo à l'écran], je suis fier de ce que j'ai accompli : j'ai écrit un poème. Je lisais, couramment. Et même, l'une des choses que je préférais, quand j'avais du temps et que j'avais fini mon travail plus tôt, était d'aller lire un livre aux enfants de maternelle. J'étais à nouveau curieux et j'avais à cœur de poser des questions et d'apporter des réponses. Avec l'aide de mes enseignants, j'ai appris à canaliser cette énergie et à l'utiliser d'une bonne façon.

« Pendant mes quatre années à Living School, j'ai vraiment pu ressentir la valeur d'un bon savoir-être et comprendre l'impact que mon comportement peut avoir sur chacun d'entre nous. Et que j'ai un "trésor intérieur" à toujours chérir et préserver. Caroline utilisait souvent l'exemple d'un sachet de thé pour ça. Quand vous trempez un sachet de thé dans l'eau, la couleur et le goût de l'eau vont changer. Eh bien pour nous, c'est la même chose ! Un professeur qui enseignerait avec mauvaise humeur va engendrer une classe d'élèves qui s'ennuient. Alors qu'un enseignant heureux avec un bon savoir-être voudra que les enfants apprennent plus et ces enfants vont aller dans le monde, faire de nouvelles choses et seront heureux ! Et ça [il montre une photo à l'écran], c'est l'une des photos que je préfère.

« J'ai quitté Living School avec certaines réponses et des tonnes de nouvelles compétences aussi bien de savoir-être qu'académiques –, comme mon anglais courant, par exemple. Mais j'ai surtout quitté Living School en sachant ce que j'aime aujourd'hui et ce que je veux faire. Pas seulement ce que je veux faire quand je serai grand, mais ce que je veux faire là, maintenant. Et là, maintenant, je veux que vous, vous qui êtes là aujourd'hui – parents, grands-parents, directeurs, ministres... –, vous qui avez le pouvoir de changer l'éducation de demain, vous puissiez faire en sorte que les enfants, tous les enfants, garçons ou filles, pauvres ou riches, aillent dans une école qui les rende heureux et les épanouisse, où ils apprennent dans la joie, dans un environnement sans stress. Parce ce que vous le pouvez [*U can*] ! Merci. »

D'autres témoignages d'élèves actuels et anciens

Voici maintenant d'autres témoignages de nos élèves, actuels et anciens, sur leur vécu à Living School. Je leur ai posé sept questions. Voici leurs réponses. Ce sont leurs mots. Les enfants ont été très nombreux à répondre et je n'ai pu, hélas, faire figurer toutes les réponses. Merci à tous les enfants qui ont contribué.

Qu'as-tu appris à Living School et qui te sert (encore) dans ta vie de tous les jours ?

Manon, élève de CM2
J'ai appris à Living School qu'il fallait respirer quand nous étions énervés et que nos rêves les plus fous peuvent se réaliser. J'ai aussi appris que tout le monde n'est pas parfait. Chacun de nous a un grand cœur et un ego.

Lula, élève de CM2
À Living School, j'ai appris que nous sommes tous capables de l'impossible, que nous avons tous un potentiel et que petits, grands, avec ou sans difficultés, nous avons tous le potentiel de

réussir. J'ai aussi appris que la colère n'était pas la seule issue d'un conflit et que l'affirmation et le calme pouvaient faire bien plus et ça, ça me sert dans la vie de tous les jours.

Jeanne, élève de CM1
J'ai aussi appris à travailler avec envie et à me calmer toute seule. J'ai appris à voir le côté positif de la vie… et de mes camarades de classe !

Jack, élève de CM1
Living School m'a appris que j'ai un potentiel infini, les maths, le français, le savoir-être.

Victoria, ancienne élève, dix ans
J'ai appris à Living School à ne pas me sous-estimer et à croire en mes projets.

Élise, ancienne élève, dix ans
Ce que j'ai appris à Living School et qui me sert dans la vie de tous les jours, c'est le savoir-être. Le savoir-être me sert presque tous les jours. Par exemple, quand je m'énerve, je peux me recentrer très, très facilement. Living School m'a appris beaucoup de choses. Je suis fière d'avoir fait cette expérience.

Léopold, ancien élève, neuf ans
J'ai appris à rester calme et centré.

Ambre, ancienne élève
À Living School, j'ai appris à avoir confiance en moi et en les autres, c'est une des choses qui me sert le plus.

Sacha, ancien élève, six ans
Quand je rends service à quelqu'un et qu'il me remercie, au lieu de lui dire « de rien » comme la plupart des gens, je lui dis « avec plaisir ». Car c'est important pour moi qu'il sache que cela me fait plaisir de lui rendre service. Je crois que c'est à Living School que j'ai appris cela. Et toute ma famille dit la même chose que moi.
À Living School, j'ai appris ce qu'était le cercle de lumière [la bulle]. À l'intérieur, je me sens protégé.
C'est à Living School que j'ai appris les « ronds d'amour ». Moi, j'adore ça, j'en demande tout le temps à mes parents ou ils m'en font quand je me suis fait mal. J'en fais aussi beaucoup à ma

petit sœur Salomé et maintenant elle en réclame tous les soirs pour s'endormir.

Que retiens-tu du savoir-être ?

Léopold
Je retiens le potentiel infini, le mien et celui des autres. L'entraide. Réconforter les autres quand ils sont tristes.

Élie, ancien élève, neuf ans
Le savoir-être est très important dans la vie de tous les jours, parce qu'il m'aide à respecter les autres.

Ethan
Que chaque personne est différente, peu importe comment elle est, il faut toujours tirer de la différence une force car c'est ce qui fait de nous l'humanité, j'ai appris à tirer de la différence une force.

Sacha
Aujourd'hui, j'ai toujours chez moi, collé sur le Frigidaire, un grand aimant vert sur lequel il est écrit que j'ai un immense potentiel, comme cela je ne l'oublierai jamais.
Souvent, je dis que peu importe ce que disent les autres, car le plus important c'est ce que je sens au fond de mon cœur.
À Living School, j'ai appris à dire STOP aux autres qui veulent m'embêter. Parfois ça marche et parfois ça ne marche pas. L'autre jour, ma maîtresse nous a expliqué que nous devions protéger notre espace personnel. C'est ce que je fais en disant le STOP.
Quand je suis en colère ou frustré, j'essaie de dire STOP ou « couché » à mon crocodile, mais là ce n'est vraiment pas facile. Parfois je réussis mais souvent c'est assez difficile : je pleure, parfois je crie un peu. Je dois encore m'entraîner pour arriver à me recentrer.

Nathan
J'ai retenu la coopération et la confiance en soi.

Lula
Le savoir-être c'est savoir s'accepter comme on est et savoir accepter les autres comme ils sont. C'est être soi-même et être bien dans sa peau. On a tous des défauts, mais ce qu'il ne faut pas oublier, c'est qu'on a aussi des qualités.

Élise
Je retiens beaucoup du savoir-être, surtout la communication de potentiel à potentiel, parce que c'est ce qui m'aide à me recentrer.

Que retiens-tu de l'écocitoyenneté et des « Projets pour la planète » ?

Léopold
Il faut protéger la planète et les animaux. Même quand on est petit on peut faire de grandes choses.

Ethan
La planète est en très mauvaise santé, il faut la guérir, j'ai appris tout ce qui se fait dans le monde, et comment la guérir.

Tibo
J'ai retenu qu'on peut faire des gestes pour l'environnement en triant nos déchets ou en recyclant certains d'entre eux avec des composts.

Moana
J'ai retenu la journée des véhicules en vacances [la Journée sans voitures] et la semaine sans écran.

Nathan
Je me rappelle avoir parrainé les pandas et trié les déchets.

Ambre
Je retiens de l'écocitoyenneté et les « Projets pour la planète », que les plus petites choses comme éteindre la lumière en sortant d'une pièce, prendre une douche au lieu d'un bain, etc. peuvent être très importantes pour la planète.

Tiphaine
Maintenant, je fais attention à manger bio, et on trie les déchets à la maison.

Lula
C'est important d'assurer ses responsabilités d'écocitoyen.

Jeanne
Je retiens que si toute cette catastrophe continue, le monde sera justement en catastrophe. J'ai appris à prendre soin de la planète.

Raconte un ou deux souvenir(s) marquants à Living School

Léopold
Quand Raoni est venu à l'école, après on a fait un grand rassemblement avec d'autres écoles au Trocadéro pour soutenir l'Amazonie, sa forêt et ceux qui y vivent. Ce qui est extraordinaire, c'est que Raoni soit venu d'Amazonie jusque dans notre école pour nous expliquer.
Quand on a fait des actions pour récolter de l'argent pour sauver et protéger les pandas (ce qu'on ne fait pas dans mon autre école). On l'a aussi fait pour les ours blancs et les bonobos. Ce qui était super c'est que tous ensemble, en faisant un peu, on faisait beaucoup.

Élie
Un de mes meilleurs souvenirs est quand les anciens élèves viennent aux spectacles, parce qu'on est unis par la même école, c'est comme une famille.

Ethan
Quand j'ai parlé lors du forum du Havre sur l'écocitoyenneté, j'étais avec papa qui était très fier de moi, et j'ai transmis la valeur de l'écocitoyenneté devant plus de trois cents personnes, principalement des enfants qui voulaient rendre le monde meilleur.

Sasha
Les spectacles de fin d'année, parce qu'on était tous ensemble et qu'on chantait vraiment, et des choses en rapport à la nature. Et les sorties avec la classe.

Tibo
Un de mes plus grands souvenirs était le parc des Buttes-Chaumont là où nous faisions nos longues et super récréations.

Moana
Je me souviens du partage.

Sophia (traduit de l'anglais)
Les repas étaient très bons ! Ça, je m'en souviens. Les enseignants étaient vraiment gentils et généreux. En général, il y a beaucoup d'enseignants qui sont très stricts et qui réagissent à la moindre chose. À Living School, les enseignants comprennent quand on

ne fait pas exprès. J'aimais aussi comme ils parlaient à la classe quand nous commencions à être bruyants : « *One, two, three, eyes on me* », et on répondait : « *One two, eyes on you.* »

Sacha
Plusieurs fois, ma maman est restée pour faire l'éveil corporel avec nous (mes copains, Andréa et Élodie). L'éveil corporel, c'est chaque matin, un moment que nous prenons tous ensemble pour se dire bonjour et se regarder, pour réveiller notre corps en faisant des petits exercices afin qu'il fonctionne bien pour le reste de la journée et pour se recentrer en faisant un moment calme tous ensemble en regardant une petite bougie.

Ambre
Je pense que le plus marquant de mes souvenirs est celui de mon arrivée à Living School : j'étais très timide, et je n'allais jamais vers les autres, mais j'ai été tellement bien accueillie par tout le monde (élève, professeurs, même la directrice !), que je me suis tout de suite sentie très bien.

Manon
Quand on a planté des arbres.

Lula
Il y a un souvenir qui me marque vraiment, c'est quand Living School a participé à la COP21.

Jeanne
Un des moments marquants était en classe verte au Croux. On s'était amusés comme des fous. Moi, je partageais les poneys avec Jack, un copain.

Eliott
Mon souvenir marquant, c'est quand j'ai rencontré tous mes amis.

Dans quelques années ou bien l'an prochain, tu vas partir de Living School pour aller dans un autre établissement. Est-ce que ce passage te fait peur ? Si tu es un ancien, comment s'est passé ton passage dans un autre établissement ?

Élie
Ça s'est très bien passé, je me suis adapté, grâce à ce que j'ai appris à Living School, et surtout mon savoir-être.

Ethan
Très bien, grâce à Living School on m'a préparé à cela, et aussi grâce aux valeurs apprises à Living School.

Léopold
Très bien. Ce qui est bien dans cette nouvelle école c'est qu'on a une vraie cour pour les récréations. En revanche, ce qui est moins bien, c'est qu'on y est enfermés, dans cette cour.
À Living School, c'est plus des maîtresses qui nous apprennent à protéger la planète en plus des autres choses que des maîtresses qui enseignent. Dans ma nouvelle école, c'est juste des maîtresses qui enseignent et on n'y protège pas la planète.
Dans mon autre école, les enfants se battent dans la cour et ça me rend triste. Les enfants ne se battent pas à Living School parce qu'on connaît le potentiel infini, parce qu'on a un punching-ball ou un coussin pour se défouler et on parle pour trouver des solutions.
À Living School, les enfants ne font pas de choses pour rendre tristes les autres juste pour les embêter.

Ambre
Au départ, le passage a été assez dur : les notes, le monde, le fait que je ne connaissais personne, car à Living School, tout le monde se connaît et on est tous plus ou moins amis. Mais j'ai réussi à m'adapter, même si le système encourageant de Living School me manque parfois…

Nathan
Mon passage dans un autre établissement s'est très bien passé et je me suis fait plein de nouveaux amis.

Manon
Je n'ai pas peur d'aller au collège.

Lula
Le collège me fait un peu peur à cause des profs, car pour moi, une bonne école, c'est avant tout de gentils profs (comme à Living School).

Élise
Je n'ai pas trop peur, parce que Living School m'a appris à passer des passages qui me font peur donc je vais réussir à passer celui-là.

Tiphaine
Ça a été bizarre d'aller dans une école « classique », catholique avec des notes... On vouvoyait les profs et on était très nombreux dans l'école. Ça a fait un gros changement, mais je me suis assez vite habituée.

Eliott
Ce passage me fait un peu peur.

Quand tu seras grand, quel métier ou quel genre de métier aimerais-tu faire ? Est-ce que ce sera en rapport avec la planète ?

Élie
Je souhaite devenir ingénieur en nouvelles technologies recyclables, trouver un combustible propre.

Sasha
Moi, j'aimerais bien être chanteuse, danseuse classique, ou styliste ou dessinatrice. Et sinon, peut-être, on ne sait jamais, si je changeais d'idée, je deviendrais présidente, et je connais déjà mon programme, c'est par rapport à la planète, pour faire plus attention à la planète.

Tibo
Quand je serai grand je voudrais être architecte, ça peut être en rapport avec la planète parce que si je construis des maisons avec des panneaux solaires ce sera plus écologique que d'utiliser l'électricité des centrales nucléaires.

Ethan
J'aimerais devenir scientifique et chercheur en nouvelles technologies appliquées, pour faciliter la vie et rendre le monde meilleur, grâce à mes inventions !

Sacha
Quand je serai grand, je voudrais d'abord être tennisman mais comme je sais que je ne pourrai pas faire ce métier toute ma vie après je choisirai un métier qui permet de protéger la planète, je ne sais pas encore très bien lequel. Peut-être ce sera de ramasser les déchets sur la terre.

Léopold
Je voudrais être réalisateur. Et donner des sous à une association qui sauverait la planète et les animaux.

Nathan
Je ne sais pas vraiment pour le métier, mais j'aimerais qu'il ait un rapport avec la planète.

Ambre
Plus grande, j'aimerais devenir avocate, pour défendre des gens et faire valoir des valeurs importantes.

Lula
Je m'imaginerais plutôt dans une carrière de chanteuse ! J'adore chanter. Mais en relation avec la planète, il y a un métier qui me tente : glaciologue !

Luc
Philosophe et scientifique.

Jeanne
Je serai poète et peintre.

Qu'aurais-tu envie de dire aux lecteurs de ce livre pour changer l'éducation ou même changer le monde ?

Élie
Hurler ne sert à rien, par contre dire d'aller au punching-ball pour calmer ses nerfs, ça, ça sert ! Expliquer plutôt que de faire appliquer !

Ethan
Que tout le monde est différent et qu'il faut considérer cela comme une force.

Sasha
Peut-être d'essayer d'être plus centré, pour l'entourage et pour soi-même, je crois que c'est le plus important.

Moana
Il faut arrêter d'utiliser trop les voitures, etc.

Sacha
Tout le monde devrait protéger la planète et apprendre aux enfants à le faire même s'ils sont tout petits.

Léopold
Il faudrait que toutes les écoles soient comme Living School. Que tout le monde apprenne le savoir-être, que tout le monde connaisse son potentiel infini et apprenne à se centrer. J'avais l'impression d'être libre dans cette école. Et puis il n'y a pas de maîtresse qui crie. Et surtout on faisait des actions pour vraiment protéger la planète.

Ambre
Je pense que pour changer l'éducation, il faut supprimer le système des notes, en effet, il peut être oppressant et décourageant pour les élèves qui se sentiront rabaissés. Je pense que le plus important est le commentaire sur un bulletin ou une copie, mais il ne faut pas qu'il soit que négatif. Dans ce cas-là, on ne parlera pas de commentaire péjoratif, mais de pistes d'améliorations, par exemple. Le plus important reste la partie positive qui redonnera confiance en soi à l'élève et l'envie de se surpasser.

Victoria
Pour préserver la nature, je propose de faire des gestes simples comme de ne pas se débarrasser de ses déchets dans la nature pour laisser la Terre propre pour les générations futures. Pour l´éducation, j´aimerais que l´on supprime les punitions et les « colles » car les enfants vivent dans l´angoisse d´en avoir une et ça ne sert pas de punir les enfants ; si on les regarde dans les yeux, qu´on leur explique qu´ils n´ont pas à faire ça et qu'on leur dit de ne pas recommencer, ils comprendront.

Lula
J'aimerais dire aux lecteurs de ce livre qu'ils sont tous PURS POTENTIELS !

Jeanne
J'aimerais leur dire qu'il faut profiter du moment présent.

3.

Démultiplier

Avant la création de Living School, j'avais fondé l'association Savoir-être et éducation, et j'avais eu l'occasion d'apporter des repères de savoir-être et d'éthique à de nombreux enseignants, majoritairement du public, ainsi qu'à des parents.

Devant les effets positifs de ces formations, j'ai eu très envie de poursuivre cette démultiplication, un souhait que partage mon équipe car notre projet pédagogique ne consiste pas uniquement à rendre heureux nos quatre-vingt-sept élèves et leurs familles, dans notre petit établissement. Nous souhaitons partager nos expériences avec d'autres écoles, avec des professionnels de l'éducation et des parents. Nous souhaitons contribuer à notre niveau à un renouveau de l'éducation en France. En cela, en plus d'être une école pour les enfants, Living School est une école pour les adultes.

Dès sa création en 2007, nous avons adjoint à l'école une école des parents ainsi qu'une école pour les professionnels de l'éducation. Nous avons aussi développé des kits gratuits à destination des professionnels de l'éducation pour rendre accessible notre pédagogie et nos contenus (en français, en anglais, en italien, en portugais, en espagnol)[1]. Nous avons également initié une série d'événements, les Forums des enfants, qui nous ont permis de partager gratuitement notre pédagogie avec un bon millier d'enfants. Enfin, nous œuvrons avec d'autres en France et à l'international pour développer une éducation réellement créatrice d'humanité.

---

1. Les kits pédagogiques sont détaillés dans la partie « Ressources » de ce livre.

Bref, nous faisons régulièrement l'expérience qu'il est possible de changer l'éducation à tous les niveaux. Il ne s'agit pas tant d'une question de moyens, car même si notre école est payante, son budget de fonctionnement par élève est similaire au coût d'un élève dans l'Éducation nationale. Ce n'est pas non plus une question de public : nous accueillons certes des enfants issus majoritairement de milieux aisés, mais nous avons formé depuis notre création plus de mille professionnels de l'éducation qui ont obtenu des résultats incroyables dans des classes d'ULIS, de REP avec des publics vraiment défavorisés. Ce n'est pas non plus une question d'effectifs : nos classes sont limitées à vingt-quatre élèves, mais les enseignants que nous formons et qui obtiennent des résultats sur le terrain accueillent parfois des classes de trente-cinq élèves. C'est avant tout une question de positionnement des adultes en charge de l'éducation des enfants, parents comme professionnels.

Former les parents

Début 2013, je participais à un colloque à Grenoble. Une ancienne maman d'élève, Virginie, qui avait déménagé dans la région, s'est proposé d'aller me chercher à la gare pour m'emmener sur le lieu des conférences. Ce serait l'occasion de se retrouver et de voir son fils, Liam, qui avait fait sa maternelle à Living School. Dans la voiture, nous échangeons les nouvelles, tout à la joie de nous retrouver. Liam reste un peu en retrait. Nous ne nous sommes pas revus depuis trois ans, ça fait longtemps pour lui. En jetant un coup d'œil dans le rétroviseur sur son fils installé à l'arrière, Virginie lui demande s'il se souvient de moi et de l'école. Liam reste silencieux. Puis Virginie partage quelques souvenirs et ajoute : « Tu sais, Liam, sans cette rencontre avec Caroline, je ne serais pas la même maman. C'est dans cette école que j'ai appris à être une maman plus zen et plus douce. » J'ai été touchée par cette déclaration. Virginie continuait de conduire et je me suis sentie très émue. Je n'avais pas imaginé que nous avions changé sa vie à ce point.

L'école des parents

En tant que parents, nous souhaitons au fond toujours le meilleur pour nos enfants et nous nous interrogeons sur l'éducation que nous leur donnons. Sommes-nous assez présents ? Sommes-nous justes ? Ne sommes-nous pas en train de reproduire à l'identique l'éducation que nous avons reçue ? Quoi qu'il en soit, une chose est certaine : nous faisons de notre mieux.

Notre qualité d'être est primordiale dans l'éducation que nous donnons à nos enfants. En effet, elle conditionne nos relations aux autres, elle est un facteur ou non de réussite et d'épanouissement pour nos enfants. Dans ce cas, comment transmettre le meilleur de nous à nos enfants ? Tant de parents se posent la question. Il y a vraiment besoin d'inventer de nouveaux lieux d'échange et de formation pour apprendre à s'épanouir davantage. C'est pour cette raison que j'ai fait le choix d'inclure dès la création de Living School une « école des parents » dans notre projet pédagogique. Et j'aimerais tant que toutes les écoles puissent disposer de leur propre école des parents ! Notre école organise, en soirée ou en journée, des ateliers, des conférences ou des formations. Elle est ouverte à tous les parents, qu'ils soient de l'école ou non. Elle s'appuie sur la psychologie d'évolution et propose de travailler sur le savoir-être. Nous proposons tous les mois un thème précis comme l'autorité, la confiance en soi, les fratries, les pré-ados et ados, l'autonomisation et la responsabilisation.

Lors de ces ateliers, nous abordons des questions essentielles telles que : Quelles sont les attitudes qui développent chez son enfant la confiance en soi et un bon relationnel aux autres ? À l'inverse, quelles sont celles qui les diminuent ? Quelle autorité faut-il mettre en œuvre dans la relation à son enfant ? Comment développer une écoute véritable de son enfant, sans jugement ? Comment sortir des situations de conflit ou de tension ? Quels principes d'éducation mettre en œuvre pour épanouir le potentiel de son enfant ?

Le poids de notre histoire personnelle dans l'éducation que nous donnons à nos enfants

Nous partons du principe que pour épanouir son enfant, il va d'abord être question de s'épanouir soi-même. Le meilleur moyen de donner confiance à notre enfant, c'est encore d'avoir confiance en nous-mêmes. Le meilleur moyen de lui apprendre à gérer ses conflits de façon sereine et posée, c'est d'être capables d'en faire autant à notre niveau. Nos enfants tirent un enseignement de notre façon d'être.

Plus nous sommes sereins, épanouis et confiants, plus nous leur permettons de développer ces qualités. Si nous demandons à notre enfant d'être calme alors que nous sommes nous-mêmes stressés, il y a une forte probabilité qu'il soit lui-même stressé et agité.

Les comportements de nos enfants sont bien souvent le miroir de nos propres difficultés de comportement. Plus nous sommes conscients de cela, sans nous culpabiliser, plus nous pouvons remonter à la source véritable des difficultés pour les dépasser et permettre ainsi à nos enfants d'évoluer. Depuis plus de treize ans que j'accompagne des parents, j'ai à de multiples occasions pu mesurer combien notre histoire personnelle peut porter sur nos enfants, surtout si nous n'en sommes pas conscients.

Lorsque Maxys est entré en CP, cet enfant, qui manifestait de grandes facilités dans tous les apprentissages, a commencé à rencontrer des difficultés avec l'écriture en attaché. Son enseignante, Anne-Sophie, a déployé des trésors d'ingéniosité pour l'accompagner et pour l'aider à dépasser ses difficultés. Malgré cela, le blocage a persisté. Pressentant qu'il y avait là quelque chose de plus profond, Anne-Sophie en a parlé aux parents lors d'un rendez-vous. Elle a évoqué avec eux les difficultés de Maxys et leur a demandé si cela les renvoyait à des difficultés qu'ils auraient eux-mêmes rencontrées enfants. Le papa a immédiatement répondu qu'il avait eu un mal fou avec l'écriture en attaché et qu'il en gardait un souvenir épouvantable. Anne-Sophie lui a conseillé d'en parler avec son fils le week-end en insistant sur le fait qu'il s'agissait de son vécu à lui, afin que ce vécu ne conditionne pas celui de son enfant.

La semaine suivante, pendant le temps d'accueil et d'activités libres, Maxys arrive en classe et va immédiatement chercher son cahier de graphisme. Il s'installe tranquillement à une table et commence à écrire avec élan des phrases en attaché. Anne-Sophie, stupéfaite, s'approche de lui et lui fait part de sa surprise. Maxys lui répond : « Tu sais, Anne-Sophie, ce week-end, mon papa m'a raconté que quand il était petit, il avait du mal à écrire en attaché et qu'il n'aimait pas ça ! » Visiblement, Maxys s'était libéré de l'histoire personnelle de son papa et pouvait déployer son potentiel sans entrave.

Souvent, les nœuds problématiques dépassent les parents et sont transgénérationnels. Autrement dit, ils se transmettent de génération en génération. Il s'agit souvent de souffrances accumulées, non dites, non conscientes, qui deviennent agissantes depuis les profondeurs de l'être. Edel Gött en parle magnifiquement bien dans le chapitre de son livre *Now or never, l'urgence d'agir*, qui s'intitule « Les larmes des générations » : « Les larmes des générations sont profondes. Elles viennent de si loin qu'elles sont pleurées à l'intérieur des êtres humains. Les souffrances des êtres humains oubliées, rejetées et ignorées par le monde extérieur, se sont enfouies dans les profondeurs. C'est dans ces profondeurs qu'elles continuent à vivre à l'intérieur de chacun de nous. »

Ambre est en CP et quand nous l'emmenons pour la première fois avec sa classe à la piscine, elle panique à l'idée de mettre la tête sous l'eau. En échangeant avec elle, puis avec ses parents, nous apprenons que sa grand-mère et la mère de celle-ci souffraient de cette même peur panique. En accompagnant Ambre avec beaucoup de douceur pendant deux années, en lui permettant de s'identifier à son plein potentiel et non au potentiel frustré et contrarié de ces générations de femmes, elle parvient à dépasser sa peur et met la tête sous l'eau pour la première fois de sa vie à huit ans.

Le jour de cette belle réussite, Anne-Sophie lui fait prendre la mesure de son dépassement. Non seulement, Ambre a réussi à dépasser sa peur, mais en plus, c'est toute sa lignée future qu'elle libère de ce conditionnement négatif. À cette occasion, Anne-Sophie lui fait imaginer ce que pourrait être sa descendance : Ambre en grand-mère épanouie entourée d'enfants qui s'ébattent joyeusement dans l'eau et plongent avec joie et sans retenue ni peur. À l'évocation de cette image, un sourire rayonnant vient illuminer le visage d'Ambre. Les enfants de sa classe qui l'ont encouragée et accompagnée tout ce temps sont aussi heureux. Ils prennent pleinement la mesure de ce dépassement. Quand, quelques mois plus tard, une enfant de la classe se plaint que dans sa famille les femmes sont obligées de suivre les hommes à la chasse alors qu'elle déteste ça, un garçon de CM1 lui répond : « N'oublie pas que tu es la nouvelle génération. Tu peux changer ça ! »

L'évolution du parent a un impact exponentiel sur l'enfant

Plus un parent devient conscient de ses propres dispositions, de son propre savoir-être, plus – s'il décide d'évoluer – il aura un impact positif sur son enfant. Très régulièrement, lors de nos ateliers, nous avons vu des parents prendre conscience de certains aspects de leur savoir-être qui demandaient à être optimisés, qu'il s'agisse d'une tendance au rapport de force, d'un manque d'affirmation, d'un manque d'écoute ou de disponibilité. À chaque fois que ces parents ont identifié leurs problématiques pour les résoudre, les effets ont été favorables aux enfants. Cela présuppose bien sûr de se reconnaître la capacité d'évoluer. Les parents ont tous un immense potentiel et ils peuvent évoluer pour s'épanouir davantage et épanouir leurs enfants. Cela présuppose de ne pas se culpabiliser. Chacun fait vraiment du mieux qu'il peut avec ce qu'il a, ce qu'il est et ce qu'il sait à un moment donné. Nous faisons tous de notre mieux. Nous sommes 100 % responsables et 0 % coupables.

Une année, nous avons accueilli en CP un enfant qui manifestait beaucoup d'opposition. Il avait tendance à se positionner « contre » par principe : contre les enseignants, contre les copains, contre les décisions prises ensemble. Si toute la classe s'enthousiasmait pour un projet, il se renfrognait, croisait les bras et manifestait ostensiblement son mécontentement. L'équipe enseignante était assez démunie. Nous avons donc rencontré à plusieurs reprises sa maman qui l'élevait seule. Cette femme courageuse qui avait un travail très prenant a pu prendre conscience, au fur et à mesure de nos échanges, du fait qu'elle avait tendance à être très directive avec son enfant. En tant que maman solo, elle menait sa barque fermement. Au fil de nos échanges, il est apparu de plus en plus clairement que le changement d'école en CP avait été imposé à l'enfant. Au fond, nous le savons, c'était un bon choix et cette maman faisait un effort financier conséquent pour permettre à son enfant de s'épanouir à l'école. Malheureusement, le fait de lui imposer sa décision, sans l'avoir associé et sans avoir écouté son ressenti, avait créé une résistance chez lui. Au lieu de profiter du cadre bienveillant qui lui était offert, celui-ci était en rébellion quasi permanente.

Nous avons donc proposé à la maman de rediscuter de cette décision avec l'enfant et d'écouter son ressenti en profondeur. Voulait-il oui ou non être à Living School ? Que ressentait-il au fond de lui ? Nous avions eu ces échanges en février. Au cours des vacances, ils ont enfin pu « parler vrai ». L'enfant a exprimé combien ses anciens copains lui manquaient. Il a aussi reconnu qu'au fond il aimait Living School et qu'il souhaitait y rester. Je n'oublierai jamais ce retour des vacances de février. J'étais dans mon bureau quand j'ai entendu une voix d'enfant pleine de douceur et d'entrain saluer Anne-Sophie. Une voix que je ne reconnaissais pas. Une voix que je n'avais jamais entendue. Je suis donc sortie et, stupéfaite, j'ai découvert que c'était lui. J'ai regardé son enseignante, Anne-Sophie, interloquée. Elle avait les larmes aux yeux. Le repositionnement de cette maman, grâce à notre accompagnement, avait porté ses fruits. Cet enfant s'est par la suite considérablement ouvert et adouci. Nous avons pu ressentir un apaisement général dans la classe. Le levier principal de ce changement majeur ? Le repositionnement de la maman, qui a appris à être plus à l'écoute du ressenti de son enfant et à l'associer davantage aux décisions qui le concernaient.

Une autre maman qui a suivi plusieurs de nos formations au savoir-être, mais dont les enfants ne sont pas scolarisés à Living School, nous a fait part des changements qu'elle a pu observer chez ses garçons, à partir de son propre repositionnement. Elle a pris conscience de la tendance qu'elle avait jusqu'alors à être dans le rapport de force et dans une dynamique de reproche vis-à-vis de son conjoint. Elle a pris la décision de se recentrer à chaque fois qu'elle sentirait la colère monter en elle pour rester dans une communication de potentiel à potentiel avec lui. Elle a fait l'effort, à chaque fois qu'elle sentait l'exaspération l'envahir, de s'isoler pour se recentrer. Son conjoint a senti ce changement et s'est adouci lui aussi.

En quelques mois, ils ont retrouvé une relation apaisée et même des moments de complicité. Elle a ensuite expliqué à ses deux garçons qu'ils avaient un immense potentiel, un grand trésor. Elle leur a présenté son cahier de réussites et elle les a emmenés en choisir un pour chacun d'entre eux. Toutes les semaines, elle a pris un temps pour célébrer les réussites. L'aîné qui rencontrait des difficultés à l'école a beaucoup bénéficié de ces moments. Elle a senti qu'il retrouvait peu à peu confiance en lui. Enfin, elle s'est émerveillée de la dynamique nouvelle qui s'est créée entre les enfants. Avant, ils étaient régulièrement en compétition : « c'est moi le premier ! », « c'est moi qui ai gagné ! », « moi d'abord ! ». Au fur et à mesure, elle a vu émerger davantage de coopération et d'entraide entre eux. Ils ont même commencé à se valoriser mutuellement.

Voici enfin le témoignage de Sophie, une ancienne maman d'élève, qui montre combien l'enfant tire des bénéfices positifs quand le parent travaille à son propre niveau : « Nous avons eu durant ces quatre années plusieurs repositionnements. Par exemple, nous avons pris conscience grâce à une conversation avec les enseignants que Sasha manquait de repère intérieur. J'ai moi-même beaucoup travaillé mon propre repère intérieur – par des ateliers à Living School sur la confiance en soi, par un suivi en dehors de l'école – et j'ai beaucoup écrit dans mon cahier de réussites. L'effet a été spectaculaire. Sasha s'est détachée de plusieurs repères extérieurs (l'appréciation verbalisée des autres, notamment, qu'elle réclamait pour se sécuriser) et est parvenue à se recentrer seule beaucoup plus vite. »

Comment avoir une autorité juste et bienveillante ?

Depuis dix ans que nous animons cette école des parents, nous observons une vraie tendance de fond. La génération actuelle de parents s'interroge énormément sur la question de l'autorité. Comment s'affirmer de façon juste et bienveillante ? Comment donner des repères qui structurent et épanouissent l'enfant ?

En psychologie d'évolution, nous partons du principe qu'il y a deux piliers pour éduquer un enfant : l'amour et la loi. Autrement dit, l'épanouissement et la structure.

L'enfant a besoin d'être aimé, reconnu, accepté, respecté. Il a aussi besoin d'avoir des repères pour se construire et se structurer, des règles pour comprendre ce qui est acceptable et ce qui ne l'est pas. Tout n'est pas permis et l'enfant a besoin de respecter certains principes et certaines règles. L'objectif étant qu'il s'autonomise au fur et à mesure dans cette discipline.

Thomas Berry Brazelton, pédiatre américain et auteur de nombreux livres sur l'éducation, écrit : « Après l'affection, le sens de la discipline est ce que les parents peuvent offrir de plus important à un enfant. [...] Discipline signifie "enseignement" et non "punition"[1]. » Après un moment de recadrage, Brazelton propose au parent de s'asseoir avec l'enfant et de lui dire : "Je t'aime, mais je ne peux pas te laisser agir de cette façon. Un jour tu sauras toi-même comment t'en empêcher et moi je n'aurai plus besoin de le faire." Voilà notre travail de parent : jouer notre rôle d'adulte repère pour que l'enfant intègre peu à peu ces repères par lui-même et s'autonomise. »

Il ne s'agit pas de punir, mais bien de guider l'enfant avec fermeté et bienveillance pour qu'il puisse au fur et à mesure s'autodiscipliner, pour qu'il intègre ces repères pour lui-même. Donner des règles, structurer, c'est un acte d'amour.

Et voici le témoignage de Camille, une ancienne maman d'élève ayant suivi nos ateliers parents, dont la fille à l'époque avait quatre ans : « En suivant les ateliers parents, j'ai vraiment ressenti l'amour qu'il peut y avoir dans la façon de poser des limites. Ça m'a permis d'être plus à l'aise notamment par rapport à l'intonation de la voix, et ça marche super bien avec Serena ! C'est un vrai plaisir

1. *Points forts, les moments essentiels du développement de votre enfant*, Thomas Berry Brazelton t. I et II, Livre de poche, 2004.

au quotidien, elle m'écoute comme jamais, il y a quelque chose d'apaisé dans la relation. Je vois que ça l'aide à progresser. Un vrai plus ! Je me sens vraiment bien avec ma "nouvelle autorité", je n'ai plus l'impression de tâtonner, ça fonctionne.

« Et hier, j'ai eu la surprise de la voir mettre en pratique avec sa poupée, dans un jeu de rôle improvisé ; je me suis dit "Waouh !! quelle justesse dans le ton qu'elle utilise avec sa poupée !!! quelle juste autorité !" Ça m'a fait un *feed-back* super positif. »

Donner des repères à son enfant, c'est aussi se respecter soi-même. C'est affirmer et faire respecter son espace personnel de façon à pouvoir continuer d'avoir une vie personnelle et une vie de couple. C'est le moyen d'avoir du temps pour soi et de cultiver l'équilibre. C'est pouvoir faire comprendre à son enfant, sans culpabilité, qu'il y a un temps pour lui et un temps pour les adultes.

Plus le parent est au clair sur les règles (ce qui est OK, ce qui n'est pas OK), sur ce qui est négociable et ce qui ne l'est pas, moins l'enfant remet en cause les décisions prises. Le manque de clarté chez le parent ou entre les deux parents crée une faille dans laquelle l'ego de l'enfant peut parfois s'engouffrer pour tester nos limites.

Notre façon d'exercer l'autorité avec nos enfants est bien sûr influencée par notre propre vécu. Certains parents, qui ont reçu une éducation autoritaire et qui ont souffert du manque d'écoute et d'empathie de leurs parents, vont peut-être accorder une écoute trop importante à leur enfant (ou plutôt à l'ego de leur enfant) et être davantage permissifs. Cette dynamique de réparation n'est jamais porteuse, car elle ne s'adresse pas à la bonne personne. Nous avons à « réparer » nos manques, nos fragilités, nos souffrances à notre niveau, sans projeter nos contenus sur nos enfants. Notre enfant n'est pas là pour réparer notre enfance. Notre enfant réel n'est pas notre « enfant intérieur ». Notre « enfant intérieur » est cette partie de nous qui a gardé un lien fort avec l'enfance par sa spontanéité, sa créativité et sa sensibilité mais qui a pu être blessée par notre éducation, puis brimée par l'adulte que nous sommes devenus. Plus nous prenons soin de notre « enfant intérieur », moins nous projetons sur nos enfants. La plupart du temps, ces projections demeurent inconscientes.

Prenons l'exemple d'un papa qui a souffert d'une éducation trop stricte et qui s'est soumis enfant à un cadre dur et contraignant.

Quand sa fille commence à tester son autorité, ce papa ressent un sentiment ambivalent. D'un côté, il sait qu'au fond il devrait s'affirmer et mettre un terme à son comportement provocateur. D'un autre, en réparation de sa propre enfance, il est émerveillé de voir l'aplomb de sa fille qui lui fait face comme lui-même aurait aimé tenir tête à son propre père. Alors, tout en recadrant sa fille et en lui disant combien son comportement est inacceptable, il ne peut réprimer un sourire admiratif. Sa fille, qui est sensible à tous les signaux, conscients et inconscients, qu'il lui envoie, ressent que son père cautionne d'une certaine façon son comportement. Et ainsi, l'ambivalence de ce père nourrit le côté rebelle de sa fille.

On le voit bien dans cet exemple, il y a erreur sur la personne. Cette enfant aurait besoin de repères structurants, donnés sans ambivalence, car elle va souffrir de cette tendance à la rébellion. De son côté, ce papa aurait besoin de devenir conscient de cette dynamique, de revisiter son enfance pour réparer et éviter de projeter sur sa fille, ce d'autant qu'elle va aussi un jour se rebeller contre lui.

D'autres parents vont, sans en être conscients, reproduire le cadre rigide, voire la violence, dans lesquels ils ont grandi. Ils ont en quelque sorte « introjecté » le moule que leurs parents (qui ont fait du mieux qu'ils pouvaient) leur ont imposé. S'ils ont reçu des fessées, ils vont peut-être en donner à leurs enfants en partant du principe qu'« une fessée n'a jamais fait de mal à personne ». Il y a dans ces familles beaucoup de souffrance sous-jacente et peu d'écoute et d'accueil de cette souffrance. L'enfant, dans ce contexte, a tôt fait de se couper de ses émotions et de son ressenti. Il refoule sa douleur. C'est ce manque d'accès aux émotions qui permet, hélas, que ce schéma se répète et que l'enfant devenu adulte reproduise le « moule » dans lequel il a été contraint. La violence éducative ordinaire (les fessées, les tapes, les claques, les coups) se transmet par manque de conscience et d'accès au ressenti.

Lorsque j'étais enfant, j'ai reçu une éducation plutôt stricte et sévère. Et je me souviens parfaitement m'être dit lorsque j'avais neuf-dix ans que plus tard je serais stricte et sévère avec mes propres enfants, car cette attitude serait garante de leur droiture et de leur honnêteté. Je suis encore étonnée, en racontant aujourd'hui cette anecdote, de voir combien l'enfant peut introjecter très tôt le « moule » dans lequel les adultes l'ont contraint, au point de le justifier et de le « rationnaliser » (de lui donner une apparence logique et acceptable). Bien sûr, en faisant un travail d'évolution personnelle en profondeur, j'ai pu dépasser ces croyances et aller vers une éducation plus épanouissante pour ma fille. C'est ce que je souhaite à chaque parent : d'aller à la rencontre de son « enfant intérieur », de « réparer » son enfance, pour projeter le moins possible sur son enfant, en répétition, en réaction ou en réparation de sa propre enfance.

Les repères de la psychologie d'évolution, des cadeaux pour les parents

Tous les repères de la psychologie d'évolution que j'ai présentés dans la partie précédente sont de vrais cadeaux pour épanouir les relations parents-enfants et pour développer ce que nous appelons une « autorité naturelle ». L'autorité naturelle est une autorité au service de la vie. C'est le déploiement de notre potentiel, sans effort, tout naturellement. Les repères que l'adulte transmet ainsi à l'enfant ne sont pas un cadre ou des limites contraignantes, au service de l'ego des adultes, mais bien des repères de vie pour s'épanouir. Ils permettent aux parents de rester du côté de l'enfant, du côté de la vie.

Le repère du plein potentiel permet de percevoir son enfant dans sa force et non dans sa fragilité. Reconnaître le potentiel de son enfant, c'est le voir dans sa capacité d'évoluer et non le restreindre ou le limiter. Un parent qui intègre ce repère comprend que son enfant n'est pas, par exemple, timide. Il sait que son enfant peut se dépasser et évoluer pour aller vers les autres avec plus de facilité. Un parent qui ressent le plein potentiel de son enfant ne va pas le surprotéger ou le bousculer, il va lui faire confiance et l'autonomiser. Il ne va pas faire à sa place, mais l'aider à faire progressivement seul.

Le non-jugement est essentiel pour permettre à nos enfants de déployer leur plein potentiel. Un parent conscient de cette notion veillera autant que possible à ne pas critiquer négativement ou condamner son enfant. Il ne dira pas : « Mais qu'est-ce que tu es lent ! » ou « Tu n'es pas doué en maths », mais plutôt : « Il faudra que tu te dépêches car nous avons besoin d'arriver à l'heure pour cet atelier » et « Je sais que tu as de grosses difficultés en maths, nous allons trouver des solutions ensemble, car je suis certain que tu es capable de comprendre et même d'apprécier les maths. C'est juste que nous n'avons pas trouvé la bonne façon encore ».

Voir son enfant dans son potentiel, c'est aussi l'encourager et le valoriser authentiquement. Nous conseillons régulièrement aux parents de commencer un cahier de réussites pour eux-mêmes et d'en proposer un à leur enfant. Prendre le temps de célébrer nos réussites en famille permet d'ancrer une dynamique d'évolution et de positivité. Nathalie, ancienne maman de l'école, témoigne : « J'ai pris conscience que la valorisation des autres et de soi-même (super, les cahiers de réussites pour soi) est essentielle pour la confiance en soi. Le fait de valoriser Nathan à juste titre fait qu'aujourd'hui il a plus confiance en lui et croit en ses capacités. Il est persévérant dans ce qu'il entreprend car il sait qu'il va y arriver. »

Un parent qui aura bien compris comment se construit l'image de soi de son enfant va s'interroger, sans culpabilité, sur sa part de responsabilité dans le développement et la manifestation de l'ego négatif que développe son enfant. Si par exemple son enfant a du mal à se séparer de lui et reste accroché à lui, il pourra s'interroger sur la dynamique de fusion qu'il entretient peut-être inconsciemment. Un parent conscient se dira que ce qu'il observe chez son enfant est en grande partie le résultat de l'éducation et du contexte dans lequel il vit. Une fois que la prise de conscience de notre responsabilité a eu lieu, le non-jugement envers soi-même est très important pour ne pas se culpabiliser. Cela demande parfois un petit entraînement, mais nous en retirons vite les fruits, car mieux nous évoluons à notre niveau, plus les résultats sont positifs pour notre enfant.

Le parent qui a compris que le potentiel global de son enfant n'est pas concentré dans son intellect, mais qu'il se situe aux quatre niveaux de son être – le corps, le cœur, l'intellect et la dimension créative – va faire en sorte de développer harmonieusement chez son enfant ces différentes dimensions. Il va veiller à ne pas surinvestir la dimension intellectuelle au détriment des autres dimensions. L'éducation qu'il va donner à son enfant prendra en compte les besoins du corps (santé, vitalité, être bien dans sa peau, aimer son corps et le faire respecter…), les besoins du cœur (écoute des émotions, affection, empathie, affirmation juste, motivation, envie…), les besoins de l'intellect (nourrir une intelligence globale et fluide, savoir que nous sommes naturellement intelligents avec nos cent milliards de neurones, accéder à une information et des connaissances justes…) et les besoins de la créativité (intuition, imagination, invention, capacité de vision…). L'enfant pourra s'épanouir à tous les niveaux de son être.

Un repère essentiel, quand on est parent, est le centrage. Avoir des relations harmonieuses avec son enfant nécessite d'être centré. Plus nous sommes décentrés, plus notre enfant l'est également et plus nous entrons dans une « communication de problème à problème ». Si vous vous énervez, il y a de fortes chances que votre enfant se décentre lui aussi, en s'énervant à son tour, en se renfermant, en boudant, en se mettant à pleurer, ou en étant excité. Sachez en effet qu'un enfant excité et agité est avant tout un enfant stressé. Soyez donc conscients au maximum de votre état intérieur. Suis-je détendu, serein et ouvert ? Ai-je une vision globale de la situation ? Ou bien suis-je dans un état émotionnel réactionnel ? Si vous êtes gouverné par une émotion négative – stress, énervement, colère, peur de ne pas y arriver, débordement, lassitude… –, c'est le moment de prendre une profonde respiration pour vous recentrer. N'hésitez pas à vous extraire de la situation si vous sentez qu'elle s'envenime. Il est préférable d'y revenir quand vous aurez retrouvé votre calme intérieur. Quand vous êtes centré, vous avez accès à l'intégralité de votre potentiel et donc à votre créativité. Cela vous permet de trouver facilement des solutions nouvelles pour permettre à votre enfant de se recentrer. À l'inverse, quand vous êtes décentré, vous n'avez plus accès à cette dimension de créativité et vous avez la terrible sensation d'être pris au piège d'une situation sans issue.

Développer une « communication de potentiel à potentiel » avec son enfant, c'est d'abord être centré soi-même sur son plein potentiel, puis s'adresser au potentiel de l'enfant. C'est donc faire appel à sa capacité à répondre positivement. Pour cela, il est toujours bon de trouver le « terrain commun ». Qu'est-ce qui nous réunit ? Sur quoi sommes-nous d'accord ? Par exemple : « Toi comme moi, nous avons envie de passer un bon moment ensemble, n'est-ce pas ? » Quand vous posez cette question, laissez le temps à votre enfant de répondre. Cela implique une prise de recul de votre part, mais très rapidement, vous serez tous gagnants, car votre communication deviendra plus fluide et plus positive.

Lors des ateliers parents à Living School, nous travaillons la « communication de potentiel à potentiel » au travers de mises en situation. Les parents qui le souhaitent partagent une situation relationnelle qu'ils rencontrent avec leur enfant : difficulté au coucher, au moment des repas, insolence, disputes dans la fratrie, colères, stress du matin pour arriver à l'heure à l'école, tension lors des entraînements[1]. Ensuite, un parent de l'assistance joue le rôle de l'enfant, tandis que le parent qui travaille joue son propre rôle. Nous accompagnons le parent jusqu'à ce qu'il parvienne à la résolution du conflit sur la base de la communication de potentiel à potentiel.

Une année, une maman avait partagé la difficulté récurrente qu'elle rencontrait au moment du coucher de son enfant de maternelle. Celui-ci refusait d'arrêter de jouer, la relation tournait au rapport de force, jusqu'à ce que la maman le traîne de force au lit. Le jour de l'atelier, un papa présent accepte de jouer le rôle de l'enfant et la maman lui donne quelques consignes sur les réactions habituelles de l'enfant dans cette situation. En mimant l'enfant, le papa se prend au jeu, qu'il tient avec brio (il nous a expliqué plus tard qu'il avait le même genre de difficultés avec son fils) et le rapport de force s'installe avec la maman, comme dans la réalité. La maman termine la scène en criant, exaspérée, puis elle s'exclame en se tournant vers nous : « Oui, c'est exactement comme ça que ça se passe ! »

À partir de ce premier essai, nous faisons ensemble le constat des points positifs (la maman ne lâche pas l'objectif du coucher, elle explique ses raisons à son enfant) et des points d'amélioration. Notamment, nous analysons ce qui produit une communication de « problème à problème » : absence de terrain commun avec l'enfant, décentrage de la maman et de l'enfant, manque de prévention (« dans dix minutes, tu vas aller te coucher », « dans cinq minutes »...), manque de proximité et de contact visuel, posture de supplication dans un premier temps, puis durcissement

1. À Living School nous avons fait le choix de ne pas donner de « devoirs » à nos élèves, mais des « entraînements ».

et domination dans un deuxième temps… Le papa partage son ressenti : « Au départ, c'était difficile d'être interrompu comme ça brusquement dans mon jeu. J'ai aussi été étonné que tu ne cherches pas plus le contact visuel avec moi. Je crois que si tu te mettais à mon niveau pendant que je joue, je serais plus réceptif. » La maman commence à mieux ressentir la situation et les repositionnements qu'elle a besoin d'effectuer. Elle met en œuvre ces changements dans une nouvelle mise en situation.

On recommence la scène différemment. Elle s'intéresse d'abord à ce que fait l'enfant et prévient que l'heure du coucher approche. L'enfant semble agréablement surpris du changement. Nous mesurons les effets du repositionnement. Et alors que tout semble se fluidifier, l'enfant demande à jouer encore quelques minutes et insiste. La maman bascule à nouveau dans le rapport de force… mais contrairement à la première mise en situation, elle s'en aperçoit très vite et nous le dit. Elle nous explique qu'elle a ressenti qu'elle se tendait et se durcissait à nouveau.

Chapeau pour la prise de conscience ! Nous l'invitons à prendre une grande respiration et à se recentrer. Elle peut se faire confiance, elle a toutes les ressources en elle pour y arriver. Et quand elle sent la tension monter avec son enfant, elle peut aussi se recentrer pour cesser de le voir comme un problème, mais comme l'enfant qu'elle aime et qui a le potentiel de l'entendre. Nous l'invitons à davantage développer une dynamique d'élan et de plaisir, pour sortir du rapport de force qui, lui, est plutôt basé sur une dynamique de contrainte et d'obligation.

Sur ce, elle joue une troisième mise en situation avec le papa. Et là, l'enfant accepte d'aller se coucher ! Le papa témoigne : « J'ai senti que tu étais proche, douce et ferme. C'était très clair pour moi ! Il n'y avait pas d'espace pour mon "croco" et j'étais partant pour te suivre. » L'ensemble des parents témoins de la scène applaudissent. Quand un parent travaille en atelier, tout le monde travaille. Chacun repart enrichi et touché. Quatre jours après cette soirée, la maman en question vient me trouver le matin avec un grand sourire aux lèvres. Elle m'explique que le coucher se passe vraiment mieux et que son fils l'écoute davantage !

Le « repère intérieur », qui permet de se faire confiance et d'écouter son ressenti sans donner une importance démesurée au regard des autres, est un cadeau extraordinaire à faire à son enfant, pour lui permettre de réussir sa vie.

Un parent conscient du poids des repères extérieurs dans la société va accompagner son enfant pour qu'il se fie davantage à ce qu'il ressent, plutôt qu'à ce que les autres lui disent ou lui renvoient. Il va lui permettre de sentir ce qui est juste dans telle ou telle situation. Un bon repère intérieur chez l'enfant va l'aider à se faire confiance tout au long de sa vie dans ses choix, dans ses goûts, sans être affecté par le jugement des autres. Cela lui permettra de se sentir fort, confiant, capable. Notamment lorsqu'on connaît l'impact des réseaux sociaux sur les jeunes aujourd'hui, quand on sait qu'il n'est pas rare que les jeunes se fassent harceler ou intimider, il paraît essentiel de développer chez nos enfants un bon repère intérieur.

C'est aussi ce qui va permettre aux enfants et aux jeunes de choisir une orientation qui leur correspond vraiment, un travail qui va les épanouir. Et comme nous le disons régulièrement à nos élèves, ce que nous faisons avec plaisir, nous le faisons bien ! En tant que parents, pour bien renforcer le repère intérieur de notre enfant, nous pouvons lui demander : « Qu'est-ce que tu ressens au fond de toi ? » Il faudra bien sûr veiller à ne pas constituer soi-même un trop gros repère extérieur pour notre enfant et éviter les comparaisons, la compétition, les menaces et récompenses qui renforcent le repère extérieur.

Voici le témoignage éclairant d'une de nos anciennes stagiaires, Clémentine, sur l'importance du repère intérieur : « Apprendre à se connaître, à être bien avec son corps et sa tête, s'aimer, se respecter, se faire confiance, prendre conscience de son état émotionnel et gérer ses émotions. Quand on entend cela, beaucoup se disent "c'est une évidence", mais pourtant c'est d'une telle évidence qu'on a omis de l'enseigner aux enfants. Actuellement, les enfants sortent de l'école avec le cerveau rempli… Mais les connaissances de soi qui sont essentielles pour vivre une vie épanouie et pleine de sens ne sont pas là. Sans repère intérieur, on finit par avoir des adolescents mal dans leur peau, stressés par le regard des autres, angoissés par leur apparence, des adolescents, futurs adultes qui se cherchent (je sais de quoi je parle étant encore au lycée). Beaucoup finissent par baser leur vie sur la réussite sociale, le pouvoir, l'argent, le paraître, le prestige... » Et Clémentine poursuit : « En se déconnectant de son être intérieur, on n'agit plus pour soi mais on vit à travers l'autre. Dans ma tranche d'âge (jeune adulte), beaucoup de jeunes sont le résultat de cette éducation où le savoir-être manque. Ceci m'attriste... Le nombre d'heures passées sur les écrans à envoyer des photos de soi, pour se rassurer, savoir qu'on plaît et se montrer est phénoménal. Je suis heureuse qu'à Living School, les enfants apprennent à avoir un regard critique sur ces technologies, à avoir un repère intérieur, à être à l'écoute de soi, de la nature... »

La psychologie d'évolution nous propose aussi de renforcer la « sécurité intérieure » de notre enfant, autrement dit de l'aider à trouver les ressources en lui-même pour se sentir globalement en sécurité dans les situations qui se présentent et dépasser ses peurs.

Être disponible

Nous sommes de plus en plus nombreux à avoir la sensation désagréable de courir après le temps. Tout semble s'accélérer : la communication, nos activités, nos rythmes de vie... Comment dans toute cette agitation garder un temps de qualité pour nos enfants ? Comment trouver un équilibre entre la vie familiale et la vie professionnelle ?

Les enfants ont besoin de vrais moments de disponibilité de notre part. Des moments où nous sommes pleinement présents à eux, sans être préoccupés par notre travail, le repas à faire ou nos difficultés du moment. Sachez que la qualité compte davantage que la quantité. Mieux vaut un vrai moment de présence que vous passez en compagnie de votre enfant, que plein de moments où vous êtes là... sans vraiment y être. De même, si le cœur n'y est pas, votre enfant le sent. Évitez de vous forcer à jouer à des jeux qui ne vous plaisent pas. Faites plutôt ensemble des activités qui vous plaisent à tous les deux.

J'ai personnellement pu ressentir le besoin de vraie disponibilité que ressentent les enfants. Un soir que je rentrais tard du travail, assez préoccupée par une situation à l'école, j'allais dire bonsoir à ma fille avant qu'elle ne s'endorme. Je m'étais assise au bord de son lit et je lui caressais les cheveux. Alors, elle a commencé à m'appeler : « Maman ? Maman ? Maman ? » Automatiquement, je lui ai répondu : « Je suis là, ma chérie ! » Mais elle a continué :

« Maman ? Maman ? Maman ? » J'ai alors senti qu'elle m'interpellait. Elle avait raison : j'avais répondu que j'étais là, mais ce n'était pas vrai. Tout mon esprit était encore à l'école en train de ressasser un problème du moment. J'ai donc pris une grande respiration, je me suis recentrée et j'ai répondu : « Oui, cette fois, je suis vraiment là avec toi. » Et elle a cessé immédiatement de m'appeler. Nous avons pu passer un moment vraiment ensemble et après un bon câlin, elle m'a laissée quitter sa chambre sans peine. Elle avait retrouvé sa maman.

Je ne peux m'empêcher d'ajouter que pour être pleinement disponibles, nous aurions besoin que le monde du travail prenne davantage en compte notre rôle de parents, surtout dans les premières années de vie de nos enfants. Il faudrait permettre davantage de flexibilité et d'aménagement du temps de travail. Il faudrait aussi permettre que les parents – la mère comme le père – disposent d'un congé parental long et bien rémunéré à partager entre eux, comme cela se fait dans les pays scandinaves. Cela représenterait une avancée majeure pour la société tout entière.

Sortir de la violence éducative ordinaire

Une étude réalisée en 2009[1] montre que la fessée est encore une pratique utilisée par 67 % des parents en France, plutôt à titre exceptionnel. Pour avoir reçu des centaines de parents en rendez-vous, je sais bien que jamais un parent ne donne une fessée de bon cœur. Elle arrive souvent en dernier recours, parce que le parent ne sait plus comment faire. Bien des parents me disent que, dans la minute qui suit, ils regrettent déjà leur geste. Très souvent, la fessée est délivrée sans même que les parents soient conscients de l'impact de leur geste. Ils reproduisent ce qu'ils ont eux-mêmes vécu.

Nous rappelons aux parents qui donnent la fessée qu'ils doivent être cohérents. Nous ne pouvons pas d'un côté enseigner aux enfants l'importance de prendre soin de soi et prendre soin des autres – et donc l'interdit absolu de taper qui que ce soit – et

1. Étude réalisée par TNS Sofres/Logica par téléphone pour *Dimanche Ouest-France* les 19 et 20 novembre 2009, auprès d'un échantillon national de mille personnes représentatif de l'ensemble de la population française âgée de dix-huit ans et plus. Méthode des quotas (sexe, âge, profession du chef de ménage, PCS) et stratification par région et catégorie d'agglomération.

dans le même temps, accepter que l'enfant reçoive des fessées à la maison. Ce serait totalement incohérent et injuste. Pourtant, en 2009, 45 % des Français voyaient encore la fessée comme un outil d'éducation. Je trouve profondément injuste qu'il soit interdit de frapper les adultes, mais qu'on tolère de taper un enfant, alors que justement, il est plus fragile et démuni. Malheureusement, la loi anti-fessée votée le 22 septembre 2016 a été censurée par le Conseil constitutionnel. Nous avons pourtant besoin d'envoyer un message clair : une fessée n'est pas un outil d'éducation, mais un geste qui banalise la violence.

Quand j'étais bénévole en centre social pendant cinq ans, j'ai eu l'occasion de rencontrer beaucoup de parents désemparés, qui auraient eu besoin qu'on leur donne des repères. Je pense à une famille en particulier que j'ai beaucoup accompagnée. La maman élevait les enfants, des garçons assez rapprochés en âge. Le papa était au chômage, mais rarement à la maison. La maman était souvent fatiguée et submergée par ses enfants, dont elle s'occupait seule et qu'elle envoyait jouer dans la cour ou dans l'escalier, quand elle avait mal à la tête. Elle n'était pas consciente (jusqu'à ce que je lui en parle) qu'il était important que les enfants aient un lieu au calme pour faire leurs devoirs. Jusqu'alors les enfants essayaient de travailler sur la table du salon devant l'écran immense de télévision qui tournait en boucle. Souvent, au centre social, les enfants me montraient, ravis, les dernières baskets de marque que leur père leur avait achetées ou alors la dernière trottinette, tandis que j'avais pu constater un peu plus tôt qu'ils n'avaient pas de draps dans leurs lits et qu'ils dormaient à même le matelas. Épuisée, la maman criait souvent.

J'ai compris qu'il lui arrivait de taper les enfants et j'ai su plus tard que son mari la battait aussi. Lors d'une session de mimes que j'avais organisée avec les enfants du centre, un de ces enfants se met à mimer quelqu'un qui donne des coups. Je lance : « Un boxeur ! » L'enfant fait non d'un signe de la tête. Un enfant spectateur dit : « Un père ! » L'enfant qui mime répond : « Presque ! » Alors tous les enfants s'exclament en cœur : « Un grand frère ! » J'étais sidérée. C'est ainsi que se transmet la violence et qu'elle se banalise. Et pourtant, je sais bien que ces parents, au fond d'eux-mêmes, aiment leurs enfants et souhaiteraient vraiment qu'ils s'épanouissent.

Tous ces parents ont en commun d'avoir subi la même violence durant leur enfance. Il serait tellement nécessaire que tous puissent trouver sur leur chemin un lieu d'accueil pour les aider dans leur rôle de parents. J'aimerais que chaque école de France se voie adjoindre une école des parents.

L'école des professionnels de l'éducation

Le rôle des professionnels de l'éducation

Peut-il y avoir plus grande responsabilité que celle d'éduquer celui qui porte en germe la société de demain ? De la crèche à l'école, au collège, au lycée, en passant par les centres de loisirs, jusqu'aux universités, la tâche qui incombe aux professionnels de l'éducation est immense.

On sait combien tout se joue dès les premières années de l'enfance. Comme l'écrit Catherine Gueguen, pédiatre à l'institut hospitalier franco-britannique de Levallois-Perret et spécialisée dans les neurosciences affectives : « L'ambiance dans laquelle vit l'enfant, la conduite, l'attitude de son entourage seront déterminantes pour sa vie future. Les premières années de sa vie, de la conception jusqu'à six-sept ans, sont de véritables fondations sur lesquelles s'enracine toute l'existence humaine. Les expériences relationnelles que l'enfant vivra durant ces premières années seront décisives. Pendant cette période, le cerveau, très immature, est en pleine formation. L'enfant petit est donc fragile, malléable et influençable. Son cerveau présente une étonnante plasticité lui permettant d'"enregistrer" dans de nouveaux circuits toutes les expériences, qu'elles soient positives ou négatives. Si les adultes, dès le plus jeune âge de l'enfant, comprennent ce qui l'aide à grandir harmonieusement, le "bon pli" sera pris. Ils sauront alors, même à l'adolescence, poursuivre ces relations satisfaisantes. »

Il est merveilleux de voir que les sciences, et notamment les neurosciences affectives, confirment maintenant ce qui nous paraissait marqué du bon sens : le bébé et l'enfant ont besoin de se sentir aimés et en sécurité pour bien se développer, y compris sur le plan intellectuel. C'est aussi ce qui leur permet de faire maturer leur cortex préfrontal et donc de mieux gérer leurs émotions (vers cinq-six ans). À l'inverse, comme l'explique Catherine Gueguen[1] : « Quand on ne répond pas aux besoins émotionnels de l'enfant, cela génère du stress et des troubles du comportement (agitation, anxiété, déprime) et cela fabrique des adultes qui ne sauront jamais gérer leurs émotions. » Ces recherches confirment notamment l'importance du maternage lors des premières années de l'enfant et la contreperformance des punitions. Cela nécessite donc quelques réorientations de nos modes d'éducation.

De nouvelles compétences à développer, de l'ordre du savoir-être et du sens

C'est toute cette compréhension fine de l'être humain qui a besoin d'être connue et intégrée par les professionnels de l'éducation. Il est une chose de comprendre intellectuellement le développement de l'enfant et une autre de répondre à ses besoins avec empathie et bienveillance. On peut très bien avoir compris les étapes du développement émotionnel et cognitif de l'enfant et avoir du mal à rester zen quand un enfant de trois ans, débordé par une émotion de colère, se roule par terre devant vous. Voilà pourquoi la formation des professionnels de l'éducation doit comprendre non seulement des connaissances sur le développement de l'être humain, mais aussi un travail sur leur propre façon d'être au quotidien avec les enfants et les jeunes. Il est essentiel de les aider à transmettre le meilleur d'eux-mêmes, car tout ce qu'ils sont, disent et font a un impact sur le développement de l'enfant.

D'ailleurs, si on se place du côté de l'enfant ou du jeune, que retient-il de ses années de crèche, d'école, de centre de loisirs, de collège, de lycée et d'études ? Comme je l'écrivais au début du livre, bien souvent, ce sont un visage ou une voix : telle personne attentionnée qui nous avait mis en confiance, tel instituteur passionné qui nous avait donné le goût d'apprendre, tel professeur bienveillant qui nous avait écouté quand nous en avions besoin. Notre qualité d'être est donc primordiale dans l'éducation : elle donne la tonalité

1. Dans un article intitulé « Catherine Gueguen, pédiatre : "Arrêtons de dire aux petits 't'es pas gentil' !" » sur le site Les pros de la petite enfance : https://lesprosdelapetiteenfance.fr/vie-professionnelle/paroles-de-pro/rencontres/catherine-gueguen-pediatre-arretons-de-dire-aux-petits-tes-pas-gentil.

à nos messages, elle conditionne nos relations aux autres, elle est un facteur de réussite ou non pour les enfants.

Pour répondre aux besoins réels des enfants et des jeunes, pour leur permettre de s'épanouir et donc de contribuer positivement à la société, il devient essentiel de développer de nouvelles compétences chez les professionnels de l'éducation, et notamment :

— Avoir une meilleure connaissance de soi et des enfants ;

— Prendre conscience de son potentiel et de celui des enfants ;

— Savoir exprimer ses émotions et accompagner les enfants pour qu'ils expriment les leurs avec justesse ;

— Communiquer de façon positive et constructive ;

— Être bienveillant et empathique ;

— Pratiquer le non-jugement ;

— Développer une plus grande confiance en soi et une meilleure affirmation ;

— Savoir animer un groupe ;

— Savoir créer pour les enfants et les jeunes une dynamique de réussite ;

— Savoir créer un climat de coopération ;

— Promouvoir une éducation qui développe harmonieusement les quatre niveaux de potentiel de l'être humain (corps, cœur, tête, dimension créative et intuitive) ;

— Rester centré ou se recentrer dans les moments plus difficiles ;

— Développer une vision globale des situations et de leurs impacts ;

— Responsabiliser, rendre les enfants et les jeunes conscients de l'impact de nos actions dans la société ;

— Accompagner les enfants et les jeunes pour qu'ils puissent contribuer à leur niveau à des transformations positives dans la société ;

— Savoir accompagner les enfants et les jeunes pour qu'ils soient acteurs de leurs apprentissages ;

— Apprendre à apprendre ;

— Avoir envie d'évoluer et mettre en place des changements durables dans son savoir-être et dans sa pratique pour transmettre le meilleur aux enfants…

Cette liste n'est pas exhaustive, mais il me semble qu'elle est un complément indispensable à toutes les études des professionnels de l'éducation. Je suis bien consciente de l'exigence que ces nouvelles compétences représentent, mais je sais que les personnes qui s'orientent par choix vers l'éducation ont à cœur que les élèves s'épanouissent. Et bien souvent, ce sont ces repères qui leur manquent dans leur formation initiale puis continue. Il arrive même que certaines vocations soient découragées du fait de n'avoir pas reçu ces principes.

Le savoir-être et le sens au cœur des programmes de formation des professionnels de l'éducation

La formation au savoir-être devrait exister à tous les niveaux de la formation des professionnels de l'éducation : petite enfance, les centres de loisirs, enseignement primaire, secondaire, universitaire, enseignement professionnel et spécialisé…

Idéalement, je ne conçois pas cette formation comme un module qu'on adjoindrait au reste du parcours de formation mais bien comme la base sur laquelle le reste des apprentissages se déploieraient. Il est bien plus logique de commencer par travailler le savoir-être avant d'aborder les savoir-faire car tous nos savoir-faire sont façonnés par notre façon d'être. Le savoir-être est à la source de notre savoir-faire et il a un effet sur lui. Prenons un exemple concret.

Dans la formation de CAP Petite enfance ou d'auxiliaire de puériculture, les futurs professionnels apprennent à changer la couche d'un bébé. Si ce geste est enseigné seulement techniquement, il y manquera toute la partie relationnelle. Les gestes techniques sont importants. Savoir par exemple qu'on ne soulève pas l'enfant par les pieds pour glisser la couche dessous, mais qu'on le fait rouler sur le côté. Cependant, être proche de l'enfant, lui parler, lui expliquer les étapes, l'inviter à être actif et coopérer vont être des facteurs importants pour son épanouissement. Sur ces bases de savoir-être, l'enfant est conforté dans son existence, il développe une conscience de son corps et de ses capacités. Il apprend peu à peu à coopérer dans le change (lever ses fesses, passer lui-même le coton…) et il est heureux de se sentir capable. À l'inverse, si le professionnel n'exécute qu'une série de gestes mécaniques sans considérer l'enfant, qui plus est en parlant « par-dessus lui » à d'autres adultes, l'enfant ne va pas être reconnu dans sa capacité à coopérer, il ne va pas être reconnu dans son existence (puisqu'il est davantage considéré comme un objet), il va avoir du mal à développer une conscience de son corps, une sécurité intérieure.

Même dans les savoir-faire plus abstraits comme l'enseignement de la division en élémentaire, le savoir-être joue un rôle essentiel. Cela permet de motiver les enfants, de les rendre acteurs de leurs apprentissages, de les mettre en confiance. Une année où Anne-Sophie avait abordé la division avec la classe de CE2/CM1/CM2, elle avait senti qu'une des élèves était perdue. Partant du principe énoncé en début d'année qu'on ne laisse aucun élève au bord du chemin et que nous gravissons la montagne tous ensemble, elle avait mobilisé la classe pour faire comprendre à l'enfant le principe de la division. Sachant que cette élève était très kinesthésique, elle lui avait proposé une manipulation, en imaginant une situation : « Nous venions de recevoir un stock de 33 livres à répartir entre nos 4 classes. » Les enfants avaient sorti une boîte de kaplas. Ils en avaient compté 33. Un élève représentait la classe 1, un autre la classe 2, un troisième la classe 3 et un quatrième la classe 4. Ils ont alors tendu les 33 kaplas à l'enfant en lui précisant qu'il s'agissait des livres à répartir dans les 4 classes. L'enfant s'est mise au travail. Elle a donné 8 « livres » à chaque classe et il lui en est resté 1. Son visage s'est alors éclairé : « Ah, c'est ça le reste ! » Elle venait de comprendre le principe.

La Finlande, dont on vante à raison l'excellence et l'équité du système scolaire, a opéré dans les années soixante-dix un tournant majeur dans son mode d'éducation. Dans son rapport passionnant : « La Finlande : un modèle éducatif pour la France ? », Paul Robert, agrégé de lettres classiques et principal d'un collège public français, nous livre quelques clés du succès de ce pays qui ne sont pas sans lien avec le savoir-être et la recherche de sens. En effet, on voit combien le modèle éducatif finlandais est plus proche humainement des élèves et cherche toujours à trouver du sens. Ainsi, l'Acte sur l'éducation fondamentale de 1998 assigne comme objectif à l'éducation « d'aider les élèves à croître en humanité et à devenir des membres éthiquement responsables de la société et de leur fournir les connaissances et les compétences nécessaires à la vie ». De même, dans le référentiel « Qu'est-ce qu'un bon professeur ? » en usage en 2006 à la faculté d'éducation de Joensuu, on attend du professeur qu'il soit une « personne complète », connaissant ses limites, assumant la responsabilité de ses sentiments, conscient de sa propre conception de la nature humaine et capable d'empathie. Comme l'explique Paul Robert, on attend du professeur qu'il soit « une personne réelle, non pas une entité désincarnée n'existant que dans l'imaginaire administratif. Et cette personne "accomplie" est capable de reconnaître et de laisser exister la personne de ses élèves. Ceux-ci ne sont pas sommés de se conformer à un modèle préexistant mais sont invités à se construire en pleine conscience et acceptation de leur différence. La relation entre ces deux personnes réelles, celle du professeur et celle de l'élève, est de ce fait une relation authentique, fondée sur l'aide et l'encouragement. » Et Paul Robert poursuit : « Si je devais énoncer la différence qui me paraît la plus fondamentale entre les systèmes éducatifs français et finlandais, ce serait cette reconnaissance pleinement assumée [en Finlande] de la dimension interpersonnelle de l'éducation. Chacun dans ce contexte est accueilli, accepté pour ce qu'il est vraiment et adhère de ce fait plus librement aux propositions qui lui sont faites de "croître en humanité", objectif qui intègre bien sûr l'acquisition de connaissances mais ne s'y résume pas. » Comme le montrent les enquêtes PISA depuis des années, cette orientation ne nuit en rien aux résultats scolaires des élèves, bien au contraire, elle leur permet d'exceller et d'être parmi les meilleurs élèves au monde.

Comme en Finlande, il faudrait que la sélection de nos futurs professionnels se fasse, à leur entrée dans la formation, sur la base de l'intérêt réel qu'ils éprouvent pour les enfants et les jeunes, et non uniquement sur des connaissances.

Un retour d'expérience sur nos formations au savoir-être

Depuis plus de treize ans, d'abord par le biais de l'association Savoir-Être et Éducation puis avec Living School, nous avons formé plus de mille professionnels de l'éducation, majoritairement du public et du privé sous contrat.

Nous proposons des formations « découverte » de deux jours pour une première sensibilisation au savoir-être, des formations « approfondissement » du savoir-être de quatre jours combinés avec cinq jours de stage à Living School (le stage pouvant avoir lieu pendant les vacances scolaires, lors de nos clubs vacances). Nous intervenons aussi dans des établissements (privés sous contrat ou hors contrat) pour former des équipes enseignantes ainsi que des personnels d'éducation en plusieurs modules. Nous avons aussi eu la chance de former plusieurs dizaines de centres de loisirs, des centres sociaux et des crèches. Enfin, j'ai eu le plaisir d'intervenir à l'IUFM (à l'époque) de Montpellier puis dernièrement à l'ESPE de Paris[1] sur les questions de sensibilisation au savoir-être.

Voici le type de questions que nous abordons : Comment développer une pédagogie innovante basée sur des repères nouveaux (motivation, réussite, coopération...) ? Comment développer le goût voire la passion d'apprendre ? Comment, en tant qu'enseignant ou responsable d'établissement, éprouver moins de stress tout en obtenant davantage de résultats ? Quels sont les facteurs de motivation de l'enfant ? Quelle autorité faut-il mettre en œuvre dans la relation aux élèves ? Comment créer un climat de confiance et d'écoute mutuelle dans sa classe ? Comment gérer de façon constructive la relation avec les parents ? Comment gérer les conflits ou un climat conflictuel ?...

Notre connaissance du terrain (nous savons comment gérer une classe, nous connaissons le quotidien d'une école) est appréciée des participants. Mais surtout, la formation s'adresse vraiment à eux : à leur potentiel, à leurs besoins, à leurs difficultés, à leurs façons d'être, à leurs aspirations... une formation qui prend véritablement en compte leur vécu. Ils en ressortent avec une forte prise de conscience de leur potentiel et de celui des élèves. À l'issue de la formation, ils prennent des décisions pour qu'eux-mêmes et leurs élèves puissent s'épanouir davantage. Enfin, ils retrouvent – s'ils l'avaient perdu – plus de sens dans leur métier.

Au fil des ans, nous avons rencontré des centaines de personnes motivées, ayant à cœur de proposer un modèle d'éducation plus humaine. Des gens bien impliqués, d'autres en reconversion. Des équipes entières dédiées à l'épanouissement des élèves et plus souvent des personnes isolées, mais déterminées à changer la donne auprès des enfants dont elles s'occupent, dans leur école, leur collège, leur lycée, leur crèche, leur centre de loisirs... Nous avons

1. L'ESPE (École supérieure du professorat et de l'éducation) est la nouvelle appellation des IUFM (Instituts universitaires de formation des maîtres).

aussi rencontré beaucoup de personnes en souffrance, parfois proches du burn-out. Travailler avec des enfants et des jeunes est un métier extrêmement exigent. J'ai vraiment pu en prendre la mesure quand je me suis réorientée. Avant, quand j'étais cadre dans un grand groupe, si j'étais particulièrement fatiguée un matin, je m'autorisais à aller plus fréquemment à la machine à café et je relâchais un peu le rythme derrière mon ordinateur, en sachant que je me rattraperais ultérieurement. Quand vous êtes face aux enfants – que vous soyez fatigué ou non –, il est question d'être présent, vraiment présent. Si vous avez des enfants, vous avez sûrement déjà organisé leur anniversaire avec des camarades de classe, et vous savez de quoi je parle.

Le niveau de polyvalence et de compétences requis pour éduquer les enfants est énorme. Ces métiers mériteraient d'être mieux reconnus à tout point de vue. Le contexte a aussi beaucoup évolué. Les enseignants font souvent face à des situations de plus en plus complexes. Ils sont nombreux à nous dire qu'ils ont à gérer des enfants de plus en plus stressés et agités voire violents, de plus en plus d'enfants démotivés qui ne semblent plus s'intéresser aux apprentissages, des enfants en manque de repères, des enfants qu'ils n'arrivent pas toujours à sauver de l'échec scolaire. Cela les frustre énormément. Ils nous disent courir après le temps pour faire leurs préparations, leurs corrections, boucler les programmes, remplir les évaluations tout en répondant aux exigences administratives. Ils disent aussi avoir affaire parfois à des parents difficiles : dans l'opposition ou absents, d'autres qui soutiennent leurs enfants contre vents et marées, même quand ceux-ci se sont vraiment montrés irrespectueux. Beaucoup souffrent des conditions de travail, parfois sur le plan matériel (manque de moyens, locaux vétustes...), mais surtout sur le plan humain : manque de soutien et d'entraide, jugements de valeur voire jalousies, tensions, manque de considération et de reconnaissance, injustice. Pour certains, le fait que l'implication soit très peu reconnue dans le travail est difficile à accepter. À ancienneté égale, un enseignant qui fait le minimum et un enseignant très investi, qui par exemple organise tous les ans des classes transplantées, tient la bibliothèque ou le journal de l'école, reçoit les familles à l'école plusieurs fois par an, etc., touchent à la fin du mois le même salaire. Bien sûr, tous les enseignants que nous rencontrons n'expriment pas de telles frustrations, heureusement ! Beaucoup sont heureux, bien intégrés, évoluent au sein d'une équipe soudée et dynamique. J'ai juste souhaité faire état dans les grandes lignes des principales difficultés ou souffrances qu'une bonne partie d'entre eux nous relatent. Et dans l'ensemble, je dois dire, j'ai surtout rencontré des personnes qui avaient vraiment à cœur de bien faire leur métier et d'aider les élèves.

À notre niveau, nous sommes en mesure de leur apporter une plus grande conscience de leur potentiel et de le déployer davantage pour leur propre bien-être et pour celui des enfants et des jeunes. Nous leur proposons de commencer par eux-mêmes. Comme le disait si bien Léonard de Vinci : « On ne peut pas avoir d'empire plus petit, ni d'empire plus grand, que celui qu'on a sur soi-même. »

Voici quelques-uns des résultats que nous obtenons au cours de nos formations.

Une forte prise de conscience de leur potentiel

88 % des participants aux formations sondés disent que celles-ci ont contribué à améliorer leur confiance en eux.

« J'ai vécu un changement de regard principalement sur moi, mon exigence, mes éventuels oublis ou erreurs. C'est étonnant comme deux jours vous aident à être plus gentil avec vous-même ! » Cécile, enseignante en maternelle.

« J'ai appris à me revaloriser, positiver et à me faire confiance. » Andrée, professeur d'arts visuels.

Des prises de conscience et une évolution

88 % des participants aux formations sondés disent que, depuis la formation, ils sont plus conscients des moments où ils sont centrés ou décentrés. Et 81 % disent qu'ils arrivent à mieux se recentrer depuis la formation.

« J'ai appris à repérer lorsque je suis centrée ou non et du coup à me recentrer quand cela est nécessaire. » Angélique, professeur des écoles.

« Après le stage, j'ai senti que j'étais plus centrée, mais le plus dur, c'est de le faire durer. Garder son calme intérieur est un gros travail. Le cahier de réussites y contribue ainsi que l'éveil corporel journalier avec mes élèves. Je me sens plus sereine intérieurement, j'ai plus confiance en moi. J'ai vraiment pris conscience de mon centrage et de mon décentrage. Apprendre à se recentrer me paraît essentiel afin de mener à bien le savoir-être. Il faut commencer par soi-même avant de le demander aux autres. Pas facile tous les jours, mais c'est pour moi une évidence. » Irène, professeur des écoles en maternelle.

« J'ai réalisé que j'avais toujours eu un fort besoin de contrôle et qu'il me fallait être vigilante sur ma colère (lorsque les enfants transgressaient les règles), car les impacts étaient très négatifs pour les enfants. Maintenant, j'éprouve beaucoup plus de sérénité en classe avec les enfants. Concernant la colère que je pouvais éprouver parfois, je suis plus attentive à mon espace personnel et je me sens beaucoup moins envahie. Je suis super zen, aucun énervement depuis la formation : quand je sens que ça pourrait monter, je respire, je prends mon espace, je me rappelle qu'il s'agit d'épanouir les enfants, et je gère tranquillement. » Elmy, directrice d'école primaire.

« Avant, je me sentais souvent coupable de ne pas faire ceci, de ne pas faire assez : et maintenant, je pense 0 % culpabilité et 100 % responsabilité ! » Avila, professeur des écoles en CE2.

Une meilleure valorisation des enfants et des jeunes

94 % des participants à nos formations déclarent avoir progressé suite à la formation dans leur capacité à valoriser les enfants et les jeunes.

Voici quelques retours d'animateurs de centres de loisirs que nous avons formés :

« J'utilise beaucoup plus de vocabulaire valorisant du type "bravo, super" et j'ai même créé une galerie photos des réussites dans les animations que je fais avec les enfants. »

« J'ai continué à mettre en place les cahiers de réussites avec mon groupe d'enfants (dix-douze ans) et les résultats sont vraiment très positifs. Nous avons une super communication. »

« Je valorise maintenant TOUS les enfants, y compris ceux que je trouvais "moins bons" et ils sont contents. Ça fait une différence. »

« J'encourage beaucoup plus et le soir, je fais des retours positifs aux parents sur la journée avec leur enfant. Ça leur fait du bien ! »

Une meilleure gestion des élèves au comportement difficile

« J'ai proposé à ma collègue Sabine[1] d'appliquer les repères du savoir-être avec Hugo[1], un enfant au comportement un peu difficile, qui apprend à gérer son ego. Je lui ai expliqué la différence entre le potentiel et l'ego. Quand j'en avais parlé avec elle à un moment où Hugo était super agressif avec les autres (coups de pied sans raison), elle était un peu réticente ("mais ce contrat, est-ce que ça va marcher ? j'en peux plus"). Lundi, le sujet est revenu, et c'était super de voir que c'était elle qui racontait les progrès d'Hugo, témoignant combien le contrat changeait les choses : désormais, les autres enfants ne sont pas là pour rapporter à la maîtresse : "Maîtresse, Hugo il nous a tapés", mais ils sont là pour aider Hugo à réussir son contrat : quand ils sentent que Hugo s'emballe, ils le rappellent à l'ordre. Et quand Hugo réussit à ne pas agresser les autres pendant une demi-journée, ses copains lui offrent un dessin. Il fallait voir sa tête quand il est rentré chez lui avec des dessins disant : "Bravo Hugo !" Sabine s'est vraiment approprié le truc et elle est beaucoup plus sereine avec cet enfant. » Elmy, directrice d'une école primaire de village.

« Je vous avais parlé en février de la petite Marina[1] en CE1 dans mon école qui, l'an passé, était considérée comme quasi folle, s'automutilant et se battant avec tout le monde. C'était la crise permanente. Je l'ai à l'étude le soir. Cette année, après m'être fâché pour lui dire ce que je ne pouvais accepter, je lui ai parlé de ce que j'aimais en elle et de ce que tous les autres enfants aimaient en elle. Je lui ai dit qu'elle était belle, intelligente, douce… Et je l'ai suivie de près à l'étude et lors des récrés pour essayer de changer l'image qu'elle avait d'elle. Ce ne fut pas facile ! Mais ça a marché. Maintenant, elle s'aime davantage, se trouve belle, elle est devenue très calme et attentionnée, une vraie métamorphose !

« Mardi soir à l'étude elle est venue s'incruster entre deux lectures de CP pour me lire un poème qu'elle avait écrit. Je vous le livre ici avec les fautes :

"Les fleurs.

1. Les prénoms ont été changés.

Les fleurs sont jolie comme le ciel. Les fleurs sortent de la première au dernier, de la lila au pissanli.

Les fleurs Yanek je te dis ce je les aimes les fleurs. Tu es mon maître préféré parce que depuis que je suis au CE1B tu ma toujour aider parce que quand javais des problèmes tu mavais aider. Yanek je t'aime pour la vie toujours. Signer Marina."

Heureusement j'étais assis, car cela m'a beaucoup ému ! » Yanek, professeur des écoles

Un climat d'entraide et de coopération

« J'ai dans ma classe un enfant de grande section de maternelle, Idriss[1], qui a annoncé pour la deuxième fois qu'il voulait mourir. C'est un enfant assez isolé. Lors du tour de table que j'ai institué pour partager les réussites, il a dit qu'il n'en avait pas. J'ai alors demandé aux autres enfants s'ils l'avaient vu réussir quelque chose. Un enfant a pris la parole : "Oui, il a eu deux points aujourd'hui !" Idriss a haussé les épaules. Un autre enfant a alors pris la parole : "Idriss, il dit qu'il a pas de copain, mais moi j'ai été son copain aujourd'hui. Je lui ai donné la main." J'ai alors valorisé Idriss en lui disant que c'était formidable d'avoir un copain. Un autre enfant s'est levé et est venu vers lui : "Moi aussi je suis ton copain, Idriss." J'ai dit : "Eh bien tu vois, Idriss, tu as deux copains, maintenant !"

Puis, un autre s'est levé pour lui dire la même chose et puis encore un autre… bientôt, c'était toute la classe qui l'entourait. J'en avais les larmes aux yeux. » Julie, enseignante en ZEP, qui poursuit : « Depuis que j'ai instauré ce climat de coopération, j'observe des comportements concrets d'entraide entre les enfants. Une belle illustration de ce climat, c'est une enfant de ma classe qui nous la donne : "On n'est pas là pour s'écraser… mais pour s'aider à grandir !" a-t-elle dit devant la classe. »

Une meilleure affirmation personnelle

76 % des participants aux formations déclarent avoir fait des progrès en affirmation.

« Vis-à-vis des collègues, j'argumente et j'affirme plus facilement mon avis. » Julie.

1. Le prénom a été changé.

« Avant, j'avais du mal à dire les choses à certaines personnes (repère extérieur : collègue, directrice...) et j'attendais parfois trop pour parler (je ruminais). Je me sens plus à l'aise aujourd'hui et plus dans le dialogue. Je sens que j'ai plus confiance en moi. » Irène, enseignante de maternelle.

Lors d'une formation de circonscription avec son inspectrice sur la lecture au CP, un enseignant formé par nous a senti que les instructions qui étaient données étaient contraires à la liberté pédagogique. Alors que ses trente collègues gardaient le silence, il a osé questionner ces orientations et interpeller l'inspectrice. Il explique qu'auparavant il ne se serait pas positionné face à l'inspectrice, il n'aurait pas pris la parole... mais qu'il n'aurait pas manqué d'exprimer sa colère et de se plaindre auprès de ses collègues en sortant.

Un meilleur rapport au temps

« Je fais trois fois plus de choses avec moins de temps. En fait, je gère mieux ce qui est essentiel. » Gwenaëlle, professeur des écoles.

« Je me suis rendu compte que je pressais très souvent les élèves, que ce soit pour finir un travail, pour se ranger, pour un déplacement... J'ai lâché ça pour ne plus presser constamment les élèves. Au final, les élèves étaient plus attentifs à mes explications qui étaient plus ciblées et plus précises sur les moments où j'avais réellement besoin qu'ils restent "groupés" pour des raisons de sécurité... Et pour ma part, j'étais beaucoup plus zen, moins speed et davantage dans le moment présent. » Angélique, professeur des écoles.

À ce propos, voici l'échange qu'un nouvel élève de maternelle arrivé en moyenne section à Living School a eu avec sa maman :

« Tu sais, maman, c'est super bizarre...

— Quoi ?

— Ben dans mon ancienne école, tu sais, là où j'étais avant, eh bien ma maîtresse elle disait toujours : "Allez, les enfants, dépêchez-vous, finissez votre activité, dépêchez-vous !" Et dans ma nouvelle école, ils disent : "Prends ton temps, va à ton rythme." Et quand on doit changer d'activité et que quelqu'un n'a pas fini : "C'est pas grave, tu finiras une prochaine fois." C'est bizarre quand même...

— Et toi, tu te sens comment avec ça ?

— Ben moi de toute façon je vais très vite donc je termine toujours. Mais je préfère ma nouvelle école ! »

Passer d'une dynamique de contrainte et d'obligation à une dynamique de plaisir et de joie

Mauve, une manager de notre équipe formée en psychologie d'évolution, nous donne cet exemple qui devrait parler à beaucoup d'entre nous. Le contexte – en classe verte – a beau être particulier, le repositionnement de Mauve est applicable à tous les moments dans les classes : moments d'apprentissages, moments de transition, moments de sport. Je nous invite tous à développer ce discernement et à nous poser la question (ou prendre un moment pour vérifier) : « Suis-je dans une dynamique de contrainte et d'obligation ou bien suis-je dans une dynamique d'élan et de joie ? »

« Le premier jour en classe verte à la maison autonome, nous avons appris que les enfants allaient faire leur propre vaisselle en autonomie dans des bacs aménagés à l'extérieur. À l'annonce de cette responsabilité, les enfants disent OK puis continuent leurs activités. De mon côté, je ne me pose pas de questions non plus, je trouve ça formidable et je me dis que c'est très bien que l'autonomie se fasse à tous les niveaux.

« Après le repas du midi, devant les bacs à vaisselle, certains "ego" d'enfants commencent à se réveiller avec tout un tas de stratégies d'évitement. "Je dois aller aux toilettes, Mauve !", ou bien des enfants mettent la vaisselle dans le bac et filent discrètement à l'anglaise, d'autres encore commencent à râler et à s'énerver. Je leur demande ce qui se passe et plusieurs d'entre eux me confient qu'ils n'ont jamais fait la vaisselle auparavant et qu'ils ne savent pas la faire. Au départ, un réflexe s'est déclenché chez moi "Quoi ? Non mais je rêve ! À dix ans, ils ne savent pas faire la vaisselle ? Moi, à cet âge-là, je savais déjà cuisiner, faire mes lessives..." Ouh là là, quand j'entends cette petite voix en moi qui juge les enfants, je m'arrête de suite et je me recentre en respirant. Je me dis que les enfants ont juste besoin d'apprendre, donc je vais prendre le temps de leur apprendre, dans le plaisir et la facilité.

« Le reste de l'équipe et moi commençons donc à apprendre aux enfants avec patience et humour à faire la vaisselle. Au bout de deux démonstrations, cette tâche était devenue très facile pour les enfants et un moment de jeu agréable où nous mettions les mains dans l'eau qui faisait des bulles. Plusieurs enfants étaient tellement heureux et contents d'eux par rapport à ce nouvel apprentissage qu'ils l'ont noté dans leurs cahiers de réussites ! Si j'avais écouté le premier jugement intérieur de mon ego, j'aurais sûrement accompagné les enfants dans cet apprentissage dans la dureté et l'obligation, avec cette fameuse phrase que j'ai entendue plus jeune : "Dans la vie, on ne fait pas ce qu'on veut, il y a des obligations." Voilà un impact que j'avais reçu qui aurait pu faire à nouveau des dégâts si je ne m'étais pas repositionnée grâce aux repères de la pédagogie de Living School. Les enfants n'ont pas vécu ce moment comme une corvée mais comme un plaisir, le plaisir de faire ensemble, dans la joie et la bonne humeur pour le bien-être commun. C'était une belle leçon de vie. »

Mauve poursuit : « En tant qu'adulte, nous avons besoin de faire appel à nos ressources créatives pour que toutes nos responsabilités du quotidien soient des moments de vie joyeux, légers et pas des contraintes lourdes. C'est ce que nous vivons autant que possible dans notre quotidien à Living School. Quand j'ai une mission à réaliser, si je le vis dans la contrainte, c'est que je ne suis pas dans la bonne énergie, c'est que je suis décentrée. Dans ce cas-là, je me repositionne pour que chaque instant soit un moment de bonheur. Le bonheur est avant tout une question de positionnement intérieur et de choix. Les enfants perçoivent quand le climat de travail est joyeux et coopératif. Quand nous sommes dans cette dynamique, cela donne l'exemple aux enfants et ils font de même à leur tour. Ce changement que j'ai réalisé au niveau de mon savoir-être crée des effets dans ma vie personnelle. Je suis plus joyeuse et plus sereine. Je partage mes réussites avec mon compagnon, nous célébrons ensemble, il est heureux pour moi et cela lui donne envie à son tour de s'épanouir davantage ! Un jour mon compagnon m'a dit "Tu as le plus beau travail au monde", et il a raison. »

Afin de vous donner une idée plus précise des résultats de nos formations, voici un témoignage rédigé à l'occasion du rapport de stage de la formation « approfondissement du savoir-être » par une enseignante qui a obtenu des résultats époustouflants dans sa classe d'ULIS.

Témoignage de Marion, professeur des écoles en ULIS

« Je propose pour commencer de vous dresser un portrait rapide de ma classe, pour que vous compreniez à quel point la transformation des enfants peut être rapide et profonde avec l'introduction des repères du savoir-être.

« Ma classe se compose de douze élèves : un enfant handicapé moteur, un enfant qui possède des troubles auditifs, un enfant qui a des troubles du comportement très prononcés, un second qui a des troubles du comportement également, un élève qui a des troubles de la personnalité, trois élèves qui ont des troubles psychologiques, un élève qui a une déficience mentale, deux élèves qui ont une légère déficience et des troubles psychologiques, un élève qui a une légère déficience et qui a un trouble du déficit de l'attention avec hyperactivité. Ces troubles entraînent des retards dans les apprentissages. Mes élèves sont âgés de sept à douze ans. Imaginez alors le cocktail explosif qui pouvait avoir lieu à certains moments dans la salle de classe ! Eh bien, suite à la formation d'approfondissement suivie à l'école Living School, je m'aperçois que ces enfants parviennent à évoluer rapidement et de façon très positive, malgré leurs troubles. »

Puis, elle continue : « Du point de vue de mon savoir-être, j'ai pris conscience de l'importance du lien humain à construire avec les enfants, j'ai appris à voir une personne dans sa globalité et pas seulement un comportement. Je sais au fond de moi que derrière un comportement, derrière un “crocodile”, se cache le “grand trésor” de chacun d'entre nous. J'ai appris à dissocier l'ego de la personne, à ne pas l'identifier à son ego (à me dissocier de mon ego et à ne pas m'identifier à lui également !).

« J'ai pris conscience aussi de l'importance de prendre soin de ses collègues (mais aussi de toutes les personnes qui nous entourent) et de soi. J'ai découvert à l'école Living School ce que signifiait “travailler en équipe” : s'entraider, coopérer, travailler ensemble ; être dans l'altruisme.

« J'ai appris aussi à célébrer mes réussites et celles des autres, à le faire seule en utilisant mon cahier de réussites, par exemple, et avec d'autres personnes. Cela me fait un bien fou !

« Enfin, les enfants évoluent de jour en jour et moi aussi. Nous passons de beaux moments, j'ai l'impression qu'un lien encore plus fort se crée entre nous et entre eux aussi. Beaucoup de choses ont changé aussi dans ma vie personnelle, mais ce n'est pas l'endroit pour développer ce point, il me semble.

« Du point de vue des impacts dans le monde : l'éducation est pour moi à la base du changement humain et de la création d'un nouveau monde. En tant qu'enseignante, je me sens à ma place et je sens que j'ai un rôle à jouer pour éveiller les consciences des enfants, les éveiller au monde et aux personnes qui les entourent, préparer des jeunes écocitoyens à leur future vie d'adultes.

Lorsque j'ai commencé à prendre conscience de mon potentiel, grâce à la première formation Living School en février 2015, j'ai l'impression d'avoir évolué rapidement, d'être entrée sur le chemin de la connaissance, de l'acceptation de soi et du changement (le chemin d'une vie entière, finalement), et d'avoir concrétisé ce changement à travers mes actions et mes choix. Je ressens maintenant pleinement l'existence de mon potentiel infini de création. Lorsque j'ai écouté et mobilisé ce potentiel, beaucoup de choses ont changé dans ma vie, j'ai l'impression que tout a commencé à s'aligner petit à petit. J'ai d'abord modifié ma façon de consommer, de me nourrir. J'ai changé ma façon de voir les personnes. J'ai l'impression d'être davantage dans l'ouverture du cœur, moins dans le jugement, davantage dans l'empathie, la compassion, l'acceptation, l'accueil des émotions et des situations. J'ai ensuite créé, à mon retour de formation, un groupe local, Colibris, à Besançon, avec un ami. Nous étions deux personnes en février 2015. En mai 2016, nous réunissons environ mille personnes sur notre page Facebook ; nous envoyons notre newsletter à plus de six cents personnes ; nous sommes une trentaine de personnes à agir au quotidien pour faire vivre le collectif. Nous portons différents projets depuis un an : nous avons organisé un week-end autour du thème de la (R) évolution intérieure en novembre 2015 avec la venue de Pierre Rabhi, lancé des jardins partagés pour recréer du lien social entre les différentes générations, noué un partenariat avec le cinéma de la ville pour organiser des soirées ciné-échanges chaque mois, nous intervenons auprès des collégiens et lycéens de la région pour projeter et échanger autour de films inspirants, etc.

« *Ce que j'ai impulsé dans ma classe :* j'ai commencé par l'introduction d'un punching-ball pour permettre le recentrage et de décharger. Les premiers jours, les enfants allaient très souvent se servir du punching-ball, notamment certains enfants que je ne soupçonnais pas du tout avoir besoin de décharger autant ! Maintenant, ils l'utilisent un peu moins souvent, et j'ai l'impression qu'ils cernent davantage les moments où ils ont vraiment besoin de l'utiliser. J'ai rarement besoin d'intervenir pour leur proposer de s'en servir, la démarche vient d'eux-mêmes. Les effets sont impressionnants ! Leur recentrage est beaucoup plus rapide qu'avant. J'ai en tout cas eu droit à plusieurs : "Merci maîtresse pour le punching-ball ! Depuis le temps que j'en voulais un !" Cela a déclenché des questions chez mes collègues. Je sème quelques graines chez eux qui montrent de l'intérêt par cette démarche. Je continue avec le "crocodile" et le "grand trésor"… J'ai introduit ces repères avec un élève qui a des troubles du comportement très prononcés. Dans un moment où il était dans une angoisse totale due à un énorme mal-être, je lui ai mis les mains dans l'eau avec des objets pour faire des transvasements, pendant la récréation, ce qui l'a apaisé immédiatement (il supporte mal les récréations depuis quelque temps). Et j'ai commencé à lui raconter l'histoire que j'ai apprise à Living School du grand frère et de la petite sœur, qui fabriquent un nichoir, et j'en suis venue au "crocodile" et au "grand trésor". Et là, il s'est arrêté net, il m'a regardée dans les yeux et il m'a dit : "Tu es la seule maîtresse qui me comprend." Eh bien, je ne pensais pas à ce point ! Depuis, il me parle de l'état de son "crocodile" et du pouvoir que son "crocodile" a ou n'a pas, très facilement ; c'est plus compliqué pour lui de faire rayonner son "grand trésor", mais ça vient petit à petit et je l'aide. Il s'apaise peu à peu. Il m'a demandé récemment s'il pouvait essayer de venir passer davantage de moments avec les autres élèves en classe (chose très difficile pour lui depuis quelques mois ; je lui prépare un programme de travail personnalisé à réaliser en présence de l'AVS individuel dans une salle à côté de la classe). Il a passé un moment avec nous mardi dernier, tout s'est très bien déroulé. Il parvient à participer à quelques récréations. Les autres enfants semblent le comprendre davantage, être dans l'empathie et la compassion envers lui. J'ai ensuite introduit ces deux repères de la même façon avec le reste de la classe. Les enfants qui ont plutôt un temps de concentration de 20-25 minutes en général dans cette classe sont restés captivés pendant près d'une heure. Et nous avons fini par dessiner ensemble notre "crocodile" et notre "grand trésor" ; plusieurs enfants ont aussi écrit des choses et ont voulu venir montrer au reste de la classe ce qu'ils avaient dessiné. Un moment magique. Et depuis, la métamorphose est impressionnante. J'ai l'impression qu'ils ont tout de suite intégré ceci (même les plus grands de douze ans qui entrent dans l'adolescence). Et maintenant, le "crocodile" et le "grand trésor" font partie du quotidien de la classe. Ils m'ont permis de déjouer bien des tensions et d'aller vraiment dans un lien plus profond, plus humain finalement, avec chaque enfant, dans le respect de ma personne et de la leur. J'ai la sensation de les aider à faire briller leurs trésors en mobilisant le mien (je me suis aperçue que la plupart de mes élèves parlaient beaucoup de leur "croco", mais réduisaient leur "grand trésor" ou le niaient).

« J'emploie aussi maintenant les notions de centrage et décentrage : plutôt que de dire à un enfant qu'il est puni et exclu de la classe, je lui propose de prendre un temps pour se recentrer, reprendre le contrôle sur son "croco", et de revenir lorsqu'il se sent prêt. Cela fonctionne extrêmement bien et les changements sont rapides (en deux semaines !). Les décentrages sont moins longs, les enfants ont pris conscience qu'ils ont le pouvoir sur eux-mêmes et qu'ils peuvent utiliser toutes sortes de techniques pour se recentrer. Quelques-uns de mes élèves font même cette remarque à d'autres : "Ah, là tu n'es pas centré ! Tu devrais aller te recentrer !" Je leur propose aussi d'écouter leur ressenti, leur cœur, pour faire certains choix, régler certains conflits. L'un de mes élèves m'a dit que "c'était n'importe quoi d'écouter son cœur !". Tous les autres lui ont répondu que c'était très important.

« J'ai instauré également depuis le stage pratique à l'école Living School un temps d'éveil corporel chaque matin. La plupart de mes élèves participent avec plaisir à ce moment, ils acceptent de réaliser aussi les "ronds d'amour" dans le dos pour un autre camarade, de faire des massages, d'être en contact physique avec une autre personne (ce qui était très compliqué pour certains enfants avant).

« Je me suis rendu compte que mes élèves avaient un immense besoin de valorisation. Je les valorise encore plus qu'avant, et je me sers de cette valorisation pour débloquer la plupart des situations compliquées, apaiser certains comportements. Il n'y a pas une situation pour laquelle cela n'a pas fonctionné (même si l'un de mes élèves est très résistant à ceci, se dévalorise énormément, refuse d'être valorisé), je réussis maintenant à retourner les situations en communiquant de potentiel à potentiel. Et mes élèves font la même chose entre eux maintenant, quand l'un d'eux se sent mal ou quand un "crocodile" prend un peu trop le contrôle. Depuis la rentrée d'avril, nous prenons une vingtaine de minutes chaque lundi matin pour célébrer tous ensemble nos réussites. Chacun énonce oralement une ou plusieurs réussites, et se fait applaudir par l'ensemble de la classe. Je crois que je n'ai jamais vu mes élèves sourire autant, être aussi rayonnants ! Ils sont heureux de participer à ce moment et lorsqu'un enfant oublie d'applaudir, les autres le lui font remarquer aussitôt ! Souvent, mes élèves ne trouvent pas une seule réussite mais plusieurs. Et quand l'un d'entre eux a du mal à trouver la sienne, ils sont très forts pour le faire à sa place. Suite à ce moment de célébration, ils ont envie de remplir leur cahier de réussites. J'ai aussi fait vivre à deux de mes élèves l'"enfant-cadeau". Il s'agit de deux élèves âgés de onze ans, l'enfant qui était en résistance par rapport à la valorisation était l'un d'entre eux. Ils ont beaucoup apprécié ce moment (à la fois l'enfant qui recevait et ceux qui lui parlaient), cela leur a fait beaucoup de bien ! Mes élèves ont quitté la classe très apaisés, très positifs. Depuis, ils se font des compliments, trouvent des réussites à un camarade qui n'y arrive pas, se valorisent... La transformation est rapide ! En début d'année, ils ne se supportaient pas et échangeaient des paroles très violentes, énorme évolution, donc ! »

Marion a même organisé un peu plus tard un marché des connaissances tenu par ses élèves dans l'école. Ces douze enfants, qui souffraient d'une mauvaise image auprès des autres élèves, ont alors animé des stands pendant une demi-journée pour partager leurs connaissances. Une façon de changer le regard des élèves des classes dites « ordinaires » sur ces douze enfants qui ont déployé leur potentiel pendant cette demi-journée.

Living School hors les murs

Dans l'équipe de Living School, nous partageons tous le même rêve : rendre accessible notre pédagogie à tous et promouvoir toutes les approches qui favorisent une éducation au service de la vie. Nous voulons que ces pédagogies dites « innovantes » aujourd'hui puissent devenir « évidentes » demain dans toutes les écoles. Si la Finlande a bien réussi à prendre ce tournant, pourquoi la France et d'autres pays n'y parviendraient-ils pas ?

Nous déployons notre pédagogie auprès d'un vaste public d'adultes (parents et enseignants) en contact direct avec de nombreux enfants. Si les mille professionnels de l'éducation que nous avons formés ces dernières années sont en contact en moyenne avec une vingtaine d'enfants par an, nous avons indirectement touché vingt mille enfants par an. Et c'est déjà ça ! Nous avons aussi plusieurs moyens de toucher en direct plus d'enfants.

Les clubs

Nous accueillons des enfants d'autres écoles tous les mercredis dans notre Wednesday Club et pendant les vacances dans notre Holiday Club. Même si l'imprégnation avec notre pédagogie est moindre que pour un enfant inscrit à l'année, les résultats sont toutefois remarquables. Les enfants développent au fil du temps une meilleure confiance en eux-mêmes, une plus grande empathie et une meilleure gestion de leurs émotions. Ils développent aussi un intérêt certain pour les sujets d'écocitoyenneté. Mauve, en charge des activités extrascolaires, apporte ce témoignage : « Léonie est une petite fille de quatre ans qui est inscrite au Wednesday Club depuis un an. Elle vient à Living School une fois par semaine et le reste du temps elle est scolarisée dans une école du quartier. Un jour, ses parents décident de l'inscrire dans notre club vacances une semaine entière, afin de lui faire bénéficier de notre pédagogie de façon plus suivie et approfondie. À l'issue de cette semaine de club vacances, je croise la maman dans la rue qui m'interpelle : “Mauve, je voulais te dire quelque chose. Tu sais, Léonie a passé une semaine de club vacances avec vous et nous avons vu un grand changement. Habituellement, Léonie est plutôt timide et n'ose pas trop aller vers les autres. Après la semaine à Living School, nous sommes partis en vacances et Léonie nous a impressionnés. Nous l'avons sentie beaucoup mieux avec elle-même et beaucoup plus spontanée avec les autres. Au restaurant, elle allait vers les autres, elle discutait avec les gens alors qu'avant, elle n'aurait jamais fait ça. Nous avons senti qu'elle avait beaucoup plus confiance en elle, c'est incroyable. Nous sentons que c'est vraiment lié à la semaine qu'elle a passée avec vous. Merci beaucoup pour votre travail !" »

Le Forum des enfants

Nous avons aussi eu l'opportunité de toucher un bon millier d'enfants d'écoles publiques et de centres de loisirs entre 2013 et 2016 lors des Forums des enfants que nous avons conçus et animés, en collaboration avec la ville du Havre, dans le cadre du Forum de l'économie positive lancé par Jacques Attali.

Au travers de témoignages d'enfants et de jeunes adolescents ayant déjà lancé des initiatives remarquables en France et dans le monde et de témoignages d'adultes engagés, le Forum des enfants visait à montrer que les plus jeunes ont en eux le potentiel d'être acteurs du changement et de transformer positivement la société. L'objectif du Forum des enfants était de sensibiliser les plus jeunes aux enjeux du monde, de leur présenter des solutions existantes qui les inspirent et de leur permettre de passer à l'action, grâce à des ateliers interactifs animés le jour J par des experts, puis pendant toute l'année au sein de leur classe en y portant des « Projets pour la planète ». À chaque nouvelle édition (trois cent trente enfants la première année, cinq cents la deuxième, trois cent cinquante la troisième), les anciens participants sont montés sur scène pour présenter les « Projets pour la planète » qu'ils avaient conduits avec leur classe l'année passée.

Nous avons eu l'immense joie de faire intervenir des jeunes engagés, qui ont non seulement inspiré les enfants par leurs actions, mais aussi démontré qu'il n'y a pas d'âge pour changer le monde. Voici une rapide présentation de certains d'entre eux qui ont durablement marqué les esprits et touché les cœurs.

À l'âge de cinq ans, Hannah Taylor, une petite canadienne de Winnipeg, est témoin d'une scène qui va la bouleverser profondément. En plein hiver, elle voit un SDF chercher de la nourriture dans une benne à ordures. Elle décide de se mettre à récolter de l'argent pour pouvoir offrir des repas chauds aux SDF de sa ville.

À l'âge de huit ans et forte de son implication, Hannah crée la Ladybug Foundation pour venir en aide aux sans-logis partout au Canada. À l'heure actuelle, sa fondation a récolté plus de deux millions de dollars. Maintenant âgée de vingt et un ans, Hannah continue de sensibiliser les Canadiens aux enjeux de la pauvreté et des inégalités sociales, en intervenant dans des écoles et auprès des politiciens du pays. Elle est venue témoigner au Forum des enfants.

En 2009, alors âgée de treize ans, Ondine Eliot est une jeune fille passionnée par le milieu aquatique. Elle découvre les requins dans un magazine et est touchée par la menace qui plane sur ces animaux. Elle se met alors à faire des recherches et des exposés sur le sujet. Son jeune âge ne lui ferme aucune porte, au contraire : elle fait la connaissance de Jean-Michel Cousteau, le fils du célèbre commandant, qu'elle interviewe. En 2010, elle rejoint la Shark Alliance qui regroupe des ONG investies dans la défense des requins et monte l'association Passion des requins pour collecter des fonds qui serviront à soutenir d'autres associations impliquées dans la même démarche de sauvegarde des requins et du monde marin dans son ensemble. En parallèle, elle poursuit ses études en licence pour devenir biologiste marine. Âgée aujourd'hui de vingt et un ans, elle est venue témoigner au Forum des enfants en compagnie de sa mascotte « Sharky ».

En 2013, un groupe de douze collégiens de SEGPA du collège Marx-Dormoy (Paris XVIIIe), encadré par leur professeur Gregor Gaudin, crée une micro-entreprise appelée Life Kit. Leur objectif est de fournir gratuitement un kit de survie aux SDF comprenant savon, dentifrice, brosse à dents, cotons-tiges, antiseptique, compresses et pansements, ainsi qu'une bonne paire de chaussettes et un poncho imperméable... Ils décrochent un budget de 2 000 euros auprès de la SNCF et fournissent leurs kits aux Enfants du canal. L'année suivant leur succès, ils viennent témoigner au Forum des enfants.

Nous avons aussi eu la chance d'accueillir de nombreuses personnalités adultes lors de ces événements : l'explorateur Jean-Louis Étienne, le paléoanthropologue Pascal Picq, l'innovateur Gunter Pauli, la spécialiste des bonobos Claudine André, l'océanographe

Anne-Claire Bihan-Poudec, la spécialiste des abysses Laure Ducos de l'association Bloom, le navigateur explorateur Patrick Deixonne à l'initiative de l'Expédition 7e continent (sur la plastification des océans), l'ex-grand reporter Catherine Berthillier de Shamengo qui filme partout dans le monde des entrepreneurs sociaux, Pierre-Emmanuel Grange, le fondateur de MicroDon, ou encore Cyril Dion, co-réalisateur du film documentaire *Demain*, pour n'en citer que quelques-uns… Chacun d'entre eux a su sensibiliser les enfants aux enjeux de notre monde et leur donner des pistes concrètes pour passer à l'action. Lors des trois éditions que nous avons conduites de 2013 à 2016, nous avons sensibilisé les enfants au recyclage, à la protection de la forêt, des espèces en voie de disparition, des océans et des fonds marins, à la solidarité avec les SDF, aux énergies renouvelables et aux maisons autonomes, à la santé et la vitalité, aux modes de consommation responsables, à l'entreprenariat social et à l'innovation au service de la planète.

Et bien sûr, nous avons fait le choix innovant de mettre l'accent sur le savoir-être. La confiance en soi, l'empathie, la justesse, l'affirmation, la capacité à coopérer et gérer les conflits de façon constructive sont autant de compétences clés nécessaires à la conduite du changement pour une société plus juste et plus positive. De ce fait, nous n'avons pas manqué d'apporter les repères du savoir-être aux enfants participants au travers de conférences, d'ateliers sur les cahiers de réussites ou la coopération. Nous avons également sensibilisé au savoir-être les animateurs des centres de loisirs participants de la ville du Havre lors de deux modules de formation dont l'impact a été très positif.

Voici quelques témoignages des enfants à l'issue de ces Forums et du programme à l'année conduit dans les classes.

« Cette année, quand nous avons étudié en CM2 les idées nouvelles du siècle des lumières, en regardant un tableau de l'époque, un élève a réagi en disant que cela lui rappelait le Forum des enfants. Tous les deux représentaient des lieux où l'on se rassemble pour partager et échanger des idées. […] On n'a pas besoin d'être adulte pour protéger la planète et être plus solidaire. » Un enfant d'une école participante.

Théodore, huit ans, nous écrit : « Pour un monde plus juste, il faut des lois justes et universelles. Je demande aux grands qu'ils aident les enfants à se réunir dans un Forum international de la génération du futur. Les enfants doivent obligatoirement participer à la construction du futur et du monde juste. »

« Et moi, j'aimerais pouvoir arrêter la déforestation pour protéger l'humanité et toutes les autres choses. Et pouvoir s'apaiser à l'intérieur de soi et arrêter de penser qu'à l'argent. » Elias, CM1.

« Je pense qu'il faudrait plus s'intéresser aux rêves des enfants, car c'est grâce à eux qu'on peut aboutir à de grands projets pour un monde meilleur. » Chamazighth, 3e.

« J'aimerais aider plus les handicapés, car ils en ont besoin et les rendre plus heureux. Créer d'autres associations comme celle d'Hannah Taylor. » Loriane, 3e.

« J'aimerais être comme la Canadienne, elle a un grand cœur. Je t'admire Hannah. Merci d'être venue du Canada et merci aux deux élèves du collège [Marx-Dormoy]. » Rislaine, CM2.

« Je vais aider les animaux en voie de disparition. » Rayan, CM2.

« On doit échanger les objets pour leur donner une nouvelle vie et ça profite à tous. » Charlène, CM2.

Durant ces trois années, les élèves ont conduit avec leurs classes de nombreux « Projets pour la planète » : mise en place de clubs de troc, recyclage d'ampoules, fabrication d'hôtels à insectes et de nichoirs, nettoyage de plage, création de chansons engagées avec Jean Nô des Enfantastiques[1], livre sur les animaux en voie de disparition, challenge inter-écoles sur la réduction des déchets...

Notre vision du déploiement

Living School a fêté ses dix ans en septembre 2017. Pour mon équipe et moi-même, ce premier établissement représente une « école pilote » qui a fait ses preuves. Notre objectif dans les prochaines années est de nous déployer dans d'autres villes, à d'autres niveaux (collège puis peut-être lycée), dans d'autres contextes (dans des zones défavorisées, au vert...) et à l'international. Nous avons notamment à cœur d'apporter ce modèle dans des pays émergents ou en voie de développement.

Nous sommes persuadés d'être au tout début de l'aventure. Et nous prendrons le temps d'assurer les étapes du développement de

1. Dont on peut retrouver six chansons sur l'album *Tu fais de moi* des Enfantastiques.

façon à ce que le déploiement reste vraiment qualitatif. Au bout de dix ans, nous formons une équipe de dix-sept personnes dont quatre formatrices. Et bientôt deux autres de plus. Ce développement se fait progressivement, car former au savoir-être ne s'improvise pas et le travail d'évolution sur soi en profondeur exigé pour devenir formateur demande du temps. Je croise régulièrement des personnes qui souhaiteraient créer des Living School*s* et qui me demandent si nous comptons franchiser notre « concept ». Je suis très heureuse qu'il y ait autant d'élan pour déployer notre modèle dans d'autres lieux. Maintenant, je sais aussi que le savoir-être à la base de notre pédagogie exige une intégration en profondeur par ceux qui portent le projet. Nous sommes donc bien loin d'un « concept » avec un mode d'emploi qu'il suffirait de suivre, il s'agit plutôt d'un vécu. Autrement dit, il n'est pas tant question d'apporter un changement que d'incarner ce changement. Voilà pourquoi nous sommes convaincus que le développement d'autres Living Schools se fera à partir d'une dynamique interne. Ceux qui porteront les projets de déploiement auront vécu l'expérience de l'intérieur et en auront intégré les repères (par le biais de formations en psychologie d'évolution) qu'ils pourront transmettre. Plusieurs projets ont émergé dans ce sens. Mon adjointe, Anne-Sophie, a pour projet de créer un collège Living School et nous commençons à travailler concrètement sur le sujet. Mauve, notre responsable extrascolaire et écocitoyenneté, se voit d'ici quelques années créer une Living School au vert. Andrea, une enseignante nouvellement manager, qui a travaillé quelque temps dans une école en Ouganda, aimerait pour sa part aider au développement de Living School*s* dans les pays en voie de développement. Enfin, Julie, enseignante et manager de l'équipe anglophone, voudrait contribuer au niveau international au rayonnement de notre pédagogie. Depuis trois ans, elle nous représente régulièrement dans des sommets internationaux (Italie, Suède, Irlande...). Nous avons aussi pour objectif de démocratiser davantage nos écoles en les rendant plus accessibles financièrement. Depuis la création de l'école, nous avons toujours accueilli un ou deux élève(s) boursier(s). Les bourses sont proposées à des familles avec un bas niveau de revenus, qui ne pourrait absolument pas, en temps normal, se permettre une scolarisation dans notre école. Dans les années à venir, en nous inspirant de modèles tels que ceux des écoles Montessori 21, nous envisageons de mettre en œuvre une tarification liée aux revenus des familles.

Nous allons continuer en outre d'accompagner tous les parents, les professionnels de l'éducation et les structures (écoles, centres de loisirs, crèches) qui souhaitent se former de façon à ce qu'ils puissent déployer cette pédagogie au service de la vie dans leurs contextes. Cet axe de notre développement nous tient particulièrement à cœur, car il nous permet de toucher un public plus vaste d'enfants qui n'auraient pas accès à notre pédagogie autrement.

Enfin, nous sommes heureux de voir que certaines de nos « anciennes » ont aussi essaimé, en créant leurs structures dans l'éducation sur des principes identiques aux nôtres. Notre première enseignante francophone, Sophie Cabella, a créé la microcrèche innovante « Les Petits Trésors[1] » qui accueille les enfants de trois mois à trois ans à Paris (XIXe) sur la base du savoir-être et du maternage. Et notre première enseignante américaine, Adrienne Heim, a créé l'ONG Green Generations[2] qui intervient auprès des enfants défavorisés du Bronx pour leur apporter des repères sur le savoir-être et l'écocitoyenneté.

Un mouvement en marche

Dès la création de Living School, nous avons ressenti le besoin de nous impliquer aux côtés d'autres acteurs et innovateurs pour faire bouger les lignes et porter le renouveau éducatif dont la France (et plus largement le monde) a tant besoin. Nous sentons bien que nos institutions ont besoin d'évoluer et plus nous serons nombreux à les interpeller et à les accompagner, plus nous formerons une « masse critique » suffisante pour qu'advienne le changement.

J'ai rejoint le conseil d'administration du Printemps de l'éducation dès sa création en 2012 par Antonella Verdiani, l'auteur du livre *Ces écoles qui rendent nos enfants heureux*. Le Printemps de l'éducation est un mouvement citoyen visant à créer la rencontre

1. www.lespetitstresors.fr
2. www.greengenerations.org

et agir ensemble au service du renouveau de l'éducation. La vision que nous portons, au Printemps de l'éducation, est celle d'une société humaniste plus coopérative, plus solidaire, orientée vers le mieux-vivre, tout en renforçant l'intérêt général, la démocratie, la multiplicité des savoirs et de l'information, l'égalité des chances et la diversité culturelle. Le bonheur y est revendiqué. Notre slogan pourrait être « Des enfants heureux pour un monde heureux » : un monde qui reconsidère la richesse en termes d'amour de l'autre, de coopération, de partage, tout ce que nous recherchons dans les nouvelles formes éducatives.

Une des réalisations très positives du Printemps de l'éducation est d'avoir créé un espace de rencontre pour les acteurs de l'éducation au-delà des spécificités des différents mouvements éducatifs et pédagogiques, afin de devenir une force de proposition qui pose les premiers éléments d'une vision éducative commune, riche de l'identité et de l'expérience de chacun. Ce tour de force est repris dans un texte : « Ce qui nous réunit », rédigé de façon collaborative par une vingtaine d'acteurs du monde éducatif de tous horizons (Steiner-Waldorf, Éducation nationale, Montessori, École du troisième type, Réseau école et nature, Ashoka, CNV et de nombreuses écoles alternatives et associations citoyennes). Une vision ouverte qui favorise la diversité et la liberté pédagogique et ambitionne de faire bouger les politiques publiques en les inspirant.

Voici ce texte commun, auquel Mauve de Living School a collaboré :

« Nous reconnaissons l'existence d'un plein potentiel chez chaque être humain et la tendance de ce potentiel à évoluer naturellement. Nous estimons que la réalisation du potentiel de chacun est vecteur de paix.

« Nous pensons que lorsqu'un être humain est épanoui dans sa relation à lui-même, il l'est aussi dans sa relation aux autres et à son environnement, et que ces trois bien-être ou dimensions se nourrissent vertueusement.

« Nous partageons la volonté que l'éducation permette à chacun :

1. de grandir dans la joie, le plaisir, le jeu, l'enthousiasme, la légèreté, la coopération, l'ouverture, le respect, la confiance, la tolérance ;

2. de se développer sur les plans cognitif, émotionnel et physique dans le respect de la singularité et du rythme de chacun en lien avec son environnement ;

3. d'expérimenter ce qui émerge spontanément : il est par conséquent nécessaire de prendre le temps d'observer et d'écouter ;

4. de construire ses apprentissages, d'être accompagné dans ses projets et ouvert au champ des possibles.

« Nous estimons que chaque enfant et chaque jeune a besoin :

— de pouvoir évoluer aux côtés d'éducateurs authentiques, ouverts, positifs, bienveillants, cohérents dans leurs paroles et leurs actes, conscients d'être des modèles et dont l'action est basée sur le savoir-être et la facilitation de l'accès aux apprentissages ;

— de vivre dans un espace qui est pensé, aménagé et propice pour un développement de toutes ses dimensions dans un équilibre dynamique ;

— de libérer sa curiosité, sa créativité, son imagination et son intuition ;

— de prendre conscience de sa capacité à être auteur et acteur de changement ;

« ainsi que :

— de cohérence et d'harmonie entre pensées, paroles et actions ;

— d'estime de soi et d'ambition ;

— d'altruisme, d'empathie et de bienveillance ;

— d'autonomie, de sociabilité et de responsabilité ;

— de citoyenneté, de paix et de communication non violente ;

— de sensibilité à la nature et d'amour de la Terre.

« Aujourd'hui, après des années de division et d'éloignement, nous désirons œuvrer ensemble autour de ce qui nous rassemble en acceptant nos différences comme une source d'enrichissement. Nous le faisons sans étiquettes, dans la légèreté d'une recherche qui ne s'appuie pas sur des concepts achevés, mais prend en compte la complexité du monde actuel et la volonté d'aller au-delà des clivages vers une approche transdisciplinaire. Notre désir est de faire évoluer nos pratiques au gré des observations, des échanges entre pairs et des nouvelles connaissances scientifiques sans jamais perdre de vue l'intention qui nous rassemble et nous motive, le bien-être des enfants et des citoyens qu'ils sont amenés à devenir. »

Je suis personnellement très émue de voir qu'autant de mouvements pédagogiques s'allient pour faire bouger les lignes et j'espère de tout cœur que le Printemps de l'éducation nous donnera l'occasion de peser sur nos institutions et nos politiques.

Nous avons eu la chance aussi de rejoindre très tôt le réseau des Changemaker Schools[1] d'Ashoka. Ashoka est le plus grand réseau au monde d'entrepreneurs sociaux. Cette association internationale identifie et accompagne depuis trente-cinq ans des innovateurs sociaux qui apportent des solutions aux problématiques sociales et environnementales dans quatre-vingts pays. L'éclairage et les retours des entrepreneurs sociaux du réseau ont donné à Ashoka une vision d'ensemble pour identifier les leviers clés afin d'accélérer le changement sociétal. L'éducation y est apparue comme un levier évident et essentiel. Ainsi, on peut lire sur leur site Internet : « Il ne suffit plus de savoir lire, écrire, compter ou maîtriser un savoir-faire particulier pour jouer un rôle déterminant dans un monde de plus en plus complexe et incertain : chacun doit posséder à fois la confiance et les qualités humaines indispensables – empathie, nouvelle forme de leadership plus collaboratif, capacité à travailler en équipe, prise de risque et d'initiative, etc. – pour être en capacité de contribuer activement à transformer positivement la société. Les Changemaker Schools d'Ashoka permettent à tous les élèves de devenir des acteurs de changement : des jeunes ayant les compétences et la confiance en soi nécessaires afin de changer le monde pour le bien de tous, à leur échelle. »

À ce jour, Ashoka a identifié en France treize Changemaker Schools (sept du public et six du privé)[2]. Nous avons eu l'occasion de nous rencontrer à plusieurs reprises avec beaucoup de plaisir et nous nous sommes émerveillés de voir combien nous pouvions partager une vision commune, bien au-delà des clivages privé-public. Nous partageons juste une envie : voir nos approches se démultiplier pour que tous les élèves puissent accéder à une éducation épanouissante qui leur permette de contribuer positivement à la société. Si vous souhaitez découvrir le travail de ces établissements innovants, je vous recommande de voir le documentaire *Une idée folle* réalisé

1. Littéralement : écoles d'acteurs de changement.
2. Voir la liste de ces treize établissements dans la partie « Ressources ».

par Judith Grumbach. Vous verrez, c'est très rafraîchissant de voir que le changement est déjà à l'œuvre en France.

Et ce changement dépasse largement nos frontières puisque le réseau mondial des Changemaker Schools d'Ashoka compte deux cent cinquante-quatre établissements ! Nous avons eu la chance de participer à deux rencontres internationales. Julie, enseignante et manager anglophone à Living School, a participé à une rencontre en Suède suivie d'une rencontre en Irlande. Voici ce qu'elle en dit :

« J'ai eu le plaisir de participer aux Sommets européens sur l'innovation en éducation, les Changemaker Education Summits, organisés par Ashoka depuis 2015 avec le réseau des écoles innovantes en Europe et dans le monde. Nous étions plus de cent cinquante innovateurs dans l'éducation, de plus de soixante-quinze écoles. Ces rencontres ont pour objectif de nous faire partager nos meilleures pratiques dans le but de contribuer à notre échelle à l'évolution des modèles éducatifs de nos pays. Pendant plusieurs jours, chercheurs, innovateurs, directeurs, enseignants travaillent la main dans la main, en équipe. Cela ressemble à la salle de classe de demain (celle que nous pratiquons déjà dans nos structures) : il n'y a pas de hiérarchie, mais un mélange d'idées et un vrai contact humain. On participe à des ateliers sur la pédagogie, on en anime aussi, certains d'entre nous partagent lors de conférences des innovations qui ont parfois changé des villes entières. Une professeure irlandaise nous a exposé comment la prise de parole en public peut amener les élèves à développer leur confiance en eux. Un directeur d'établissement en France nous a expliqué ses pratiques pour venir en aide aux enfants en difficulté. Le directeur d'un collège haïtien nous a raconté comment ses élèves ont eu un impact sur toute la ville grâce à leur travail pour réparer les feux de circulation. J'ai pour ma part pu partager nos repères sur le savoir-être et les résultats très positifs que nous avons avec les enfants sur cette base. Nous sortons de ces rencontres enrichis et renforcés, car nous partageons tous la vision que nous avons besoin de développer de nouvelles compétences humaines : l'empathie, la créativité, la coopération, l'humanisme… et c'est très fort de voir que cette vision n'a pas de frontières ! »

Que puis-je faire maintenant, là où je suis ?

Vous êtes déjà peut-être engagé, voire très engagé, sur le chemin du renouveau éducatif. Et dans ce cas, un grand bravo et merci pour votre action !

Maintenant, si en terminant la lecture de ce livre, vous vous demandez comment agir à votre niveau, je n'aurais qu'un mot à dire : « Osez ! » Le changement de paradigme que nous voulons faire advenir dans l'éducation a besoin de l'énergie de chacun. Ne soyez pas intimidé, car le changement commence toujours par un petit groupe de personnes engagées et conscientes. Comme le disait Margaret Mead : « Ne doutez jamais qu'un petit groupe de personnes puisse changer le monde. En fait, c'est toujours ainsi que le monde a changé. »

J'ai pu vérifier cet adage à maintes reprises : telle enseignante qui, dans une démarche personnelle, se forme au savoir-être et réussit par la suite à convaincre sa directrice de former toute l'équipe enseignante et le personnel d'éducation de son école (vingt-six personnes), telle maman d'élève émue par les « ronds d'amour » qui en parle à une amie professeur des écoles dans le public, qui apporte ce repère dans toute l'école maternelle où elle travaille… Ne sous-estimons pas l'impact qu'une personne – une seule – peut avoir dans le monde !

Si donc vous souhaitez contribuer à votre niveau au renouveau éducatif que nous appelons de nos vœux, voici quelques suggestions.

Commencer par mettre en pratique les grands principes de ce livre

— Prendre soin de soi : quelles décisions pourriez-vous prendre aujourd'hui pour être plus généreux et plus gentil avec vous-même ? Comment pouvez-vous vous organiser pour vous consacrer davantage de temps de bien-être ?

— Commencer un cahier de réussites : procurez-vous (en achetant ou en fabriquant) un beau et grand cahier aux feuilles blanches, prenez un temps régulièrement pour y célébrer vos réussites, utilisez des couleurs, laissez libre cours à votre créativité. N'hésitez pas à étendre cette pratique aux membres de votre famille et aux enfants et aux jeunes dont vous vous occupez ;

— Pratiquer le non-jugement envers les autres et envers soi-même ;

— Se valoriser et valoriser les autres davantage ;

— Pratiquer le centrage et, en cas de décentrage, apprendre à se recentrer ;

— Communiquer de potentiel à potentiel le plus souvent possible ;

— Renforcer son repère intérieur ;

— Si vous vous en sentez l'envie et l'élan, démarrer ou poursuivre un travail sur soi.

Si vous commencez à développer tous ces repères, il est fort probable que vous deveniez une personne ressource pour votre entourage et pour les enfants et les jeunes qui seront certainement inspirés par votre exemple. Pour déployer ces repères auprès de ces derniers, vous pourrez aussi vous appuyer sur les kits pédagogiques que nous avons développés et qui sont présentés dans la partie « Ressources ».

S'informer :

Vous pouvez prendre connaissance des ressources mentionnées à la fin de cette partie pour approfondir vos connaissances sur le renouveau éducatif.

Se former :

Que vous soyez parents ou professionnels de l'éducation, vous bénéficierez énormément d'une formation au savoir-être. Vous trouverez certainement, en fonction de votre sensibilité, de vos aspirations, les formations les plus adaptées à votre recherche dans la partie « Ressources ».

Diffuser :

N'hésitez pas à faire connaître autour de vous toutes les ressources qui promeuvent le renouveau éducatif. Vous pouvez offrir ce livre et bien d'autres cités dans la partie « Ressources ». Vous pouvez organiser des projections citoyennes de documentaires (*Une idée folle*) ou des conférences. Vous pouvez diffuser dans vos réseaux sociaux.

S'allier à d'autres :

Se mettre en réseau, rejoindre des mouvements déjà impliqués dans ce renouveau éducatif, vous permettra certainement de vous sentir moins isolé. Vous trouverez une liste de réseaux et mouvements dans la partie « Ressources ».

Impulser dans l'Éducation nationale :

Si vous êtes enseignant, l'expérience nous a montré que c'est l'exemplarité qui permet le mieux de démultiplier. N'essayez pas de convaincre coûte que coûte vos collègues ou votre direction. Mettez en œuvre votre pédagogie et les personnes ouvertes ne manqueront pas de s'intéresser à votre pratique. Et, bien sûr, ne manquez pas toutes les occasions de demander ou promouvoir une formation au savoir-être.

Impulser dans les associations de parents d'élèves :

Si vous êtes parents, les associations de parents d'élèves sont un lieu dans lequel vous pouvez certainement relayer et diffuser des informations et formations pour encourager le renouveau éducatif.

Créer son école :

Créer une école, c'est possible et cela permet d'expérimenter avec un peu plus de liberté et d'agilité le nouveau paradigme que nous souhaitons voir émerger. À leur création, ces écoles sont nécessairement hors contrat et cela a des limites aussi. Cela signifie la plupart du temps que le financement de l'école repose sur les familles. Cela limite donc souvent l'accès en fonction des revenus. Heureusement, de plus en plus de modèles créatifs émergent pour rendre davantage accessibles les frais de scolarité. À Living School, par exemple, nous accueillons des enfants boursiers. D'autres écoles ont fait le choix innovant de proposer des scolarités adaptées en fonction des revenus des parents et de faire participer les parents dans la gestion de l'école, un peu comme dans les crèches parentales, pour faire diminuer les coûts. C'est notamment le modèle qu'ont développé les écoles Montessori 21.

Plus largement, remettre du sens dans nos activités :

Si vous n'êtes pas un professionnel de l'éducation, vous avez certainement une activité dans un domaine ou un secteur donné. Sachez que de plus en plus de mouvements s'intéressent à redonner du sens à nos activités, pour sortir d'une logique étroite de profit à court terme et voir comment concrètement transformer positivement la société. J'ai eu l'occasion dans la première partie de ce livre de vous présenter le leadership éthique qui œuvre dans ce sens. Vous trouverez aussi dans la partie « Ressources » de nombreux mouvements, tels que l'entreprenariat social, l'économie sociale et solidaire, l'économie positive, les entreprises labellisées B Corp... Plus largement, des mouvements citoyens, tels que les Colibris, vous permettront de vous engager localement et de rejoindre d'autres personnes en chemin.

Décider et célébrer :

Enfin, j'aimerais vous présenter une occasion formidable pour prendre des initiatives positives et les célébrer. Il s'agit de la Semaine planétaire pour un monde meilleur[1], dont la neuvième édition se déroulera en juin prochain.

Durant cette semaine, toutes les organisations, les entreprises, les collectivités locales, les secteurs de l'éducation et de la santé ainsi que tous les citoyens sont invités à prendre des initiatives et des décisions afin de créer davantage de qualité de vie pour chacun sur la planète.

Il n'y a pas de format de participation imposé : chacun est libre de concevoir la façon unique qu'il a de s'impliquer. L'idée est de créer, échanger et/ou collaborer afin d'offrir davantage de qualité de vie dans les relations avec vos concitoyens. Le symbole de la Semaine planétaire est l'Arbre de l'engagement : un arbre sur lequel chacun vient accrocher un engagement pour l'année sur un papier coloré.

Cette période doit permettre de se repositionner de manière globale : ne plus agir sur la base de visions étriquées à court terme mais développer des perspectives innovantes et de qualité sur place et pour chacun sur cette Terre. Cette semaine entend offrir plutôt que revendiquer, donner plutôt que prendre et encourager plutôt que critiquer.

Si vous participez à cette semaine, si vous prenez des engagements pour un renouveau éducatif, vous vous sentirez certainement porté par l'émulation et la dynamique de cet événement hors du commun ! Je vous souhaite en tout cas beaucoup de réussites et de joie dans toutes les initiatives que vous prendrez et que vous partagerez peut-être dans le cadre de la Semaine planétaire pour un monde meilleur.

---

1. www.the-planetary-week.com.

Ressources

Kits pédagogiques offerts par Living School :

Afin de partager notre pédagogie avec le plus grand nombre, nous avons conçu des kits pédagogiques à destination des professionnels de l'éducation. Vous pouvez les télécharger gratuitement depuis notre site Internet dans la partie « Pédagogie » où vous trouverez une sous-partie « Ressources » qui comprend :

— Un kit « Tous les enfants du monde ont des talents », traduit en anglais, espagnol, italien et portugais, conçu pour encourager et valoriser tous les enfants avec plus d'une dizaine d'activités déclinées séance par séance, pour vous aider pas à pas dans la mise en place ;

— Un kit « Savoir-être et coopération », conçu pour vous aider à mettre en place au travers d'activités et de jeux un climat de coopération et d'entraide avec les enfants et les jeunes ;

— Un kit « Mettre en place un club de troc et sa monnaie alternative », réalisé avec TAOA en partenariat avec la Nef pour promouvoir une autre qualité d'échange entre les enfants où le « lien vaut plus que le bien ».

Livres de référence sur la psychologie d'évolution :

Edel Gött, Louise Courteau, *Now or never, l'urgence d'agir*, 2009
Qu'est-ce qui te ferait danser de joie, Nicolas Métro, Eyrolles, 2014
Oser dire non pour dire oui à la vie, Stéphanie Boulay, Vitrac Éditeur, 2014

Livres sur l'éducation :

Ken Robinson, *Changez l'école*, PlayBac, 2017
Céline Alvarez, *Les Lois naturelles de l'enfant*, Les Arènes, 2016

Catherine Gueguen, *Vivre heureux avec son enfant*, Robert Laffont, 2015
Catherine Gueguen, *Pour une enfance heureuse*, Robert Laffont, 2014
Isabelle Filliozat, *Au cœur des émotions de l'enfant*, Poche Marabout, 2013
Eline Snel, *Calme et attentif comme une grenouille*, Les Arènes, 2017
Frédéric Lenoir, *Philosopher et méditer avec les enfants*, Albin Michel, 2016
Antonella Verdiani, *Ces écoles qui rendent nos enfants heureux*, Actes Sud, 2012
Idriss Aberkane, *Libérez votre cerveau*, Robert Laffont, 2016
Jane Nelsen, *La Discipline positive*, Poche Marabout, 2014
Isabelle Peloux, *L'École du Colibri*, Actes Sud, 2014
Sophie Rabhi, *La Ferme des enfants*, Actes Sud, 2011
Howard Gardner, *Les Intelligences multiples*, Retz, 1996 puis réactualisé en 2004
Mathieu Ricard, *Plaidoyer pour l'altruisme*, NiL, 2013
Edgar Morin, *Enseigner à vivre et les 7 savoirs nécessaires à l'éducation du futur*, Points, 2015
André Giordan et Jérôme Saltet, *Apprendre à apprendre*, Librio, 2011
André Giordan et Jérôme Saltet, *Changer le collège, c'est possible*, PlayBac, 2010
François Taddei, *Réveiller le désir d'apprendre*, Albin Michel, 2016
Catherine Dumonteil-Kremer, *Élever son enfant autrement*, La Plage, 2003
Brazelton, *Points forts*, tome 1, Livre de Poche, 1999 ; tome II, livre de Poche, 2004
Olivier Maurel, *Oui, la nature humaine est bonne*, Robert Laffont, 2009
Olivier Maurel, *La Fessée*, La Plage, 2004
Alice Miller, *C'est pour ton bien*, Champs Essais, 2005
Marshall Rosenberg, *Les Mots sont des fenêtres ou bien ce sont des murs*, Jouvence, 2005
Maria Montessori, *L'Enfant*, Desclée de Brouwer, 2006
Cathérine Marquot, *Lorsque l'élève s'épanouit*, Le Souffle d'or, 2017

Film documentaires :

Judith Grumbach, *Une idée folle*, 2017
Erwin Wagenhofer, *Alphabet*, 2013

Cyril Dion et Mélanie Laurent, *Demain*, 2015
Michael Moore, *Where to Invade Next*, 2016
Bernard Martino, *Le Bébé est une personne*, 1989

Se rencontrer et agir pour le renouveau éducatif :

Le Printemps de l'éducation est un mouvement citoyen pour créer la rencontre et agir ensemble au service du renouveau de l'éducation, qui comporte notamment un annuaire du renouveau éducatif (www.printemps-education.org).

Se former au savoir-être :

Edel Gött, créatrice de la psychologie d'évolution et du leadership éthique [www.psychologiedevolution.com et www.leadership-ethique.com].

Living School, école maternelle et élémentaire privée innovante dont la raison d'être est de permettre, par l'éducation et la formation, l'émergence de citoyens épanouis et responsables, contributeurs d'une réelle évolution de l'humanité. Les trois axes clés de sa pédagogie sont le savoir-être, l'écocitoyenneté et l'aide à la parentalité. [https://www.livingschool.fr/fr/]

Savoir-être et éducation, association dont l'objectif est de promouvoir une éducation au savoir-être et à l'éthique. L'association dispense des formations auprès des professionnels de l'éducation et des parents, favorise le partage de bonnes pratiques et soutient la création d'écoles adeptes d'une éducation au savoir-être et à l'éthique. [http://www.savoir-etre-et-education.org]

Communication non violente, association qui vise à développer la communication non violente en mettant en relation les professionnels qui la pratiquent, en évaluant son impact et en facilitant la formation à ce type de communication. [http://cnvfrance.fr/]

Discipline positive, association qui se donne pour mission de promouvoir une éducation positive, ferme et bienveillante au service d'une autorité plus juste. Pour cela, l'association constitue un lieu de partage de nombreuses ressources sur cette thématique. [http://www.disciplinepositive.fr/]

Isabelle Filliozat, psychothérapeute spécialiste des émotions et notamment de l'émotivité. Elle a écrit dix-huit livres dont trois best-sellers sur ces thèmes. Elle a créé l'École des intelligences relationnelle et émotionnelle où elle réalise des formations et des actions de développement personnel. Elle a également créé Filliozat & co où elle organise des conférences et des ateliers. [http://www.filliozat.net/]

Fondation SEVE, fondation créée par Martine Roussel-Adam et Frédéric Lenoir en août 2016, qui a pour vocation de favoriser le développement de compétences au savoir-être et au vivre-ensemble. Pour cela, la fondation organise des stages pour acquérir un savoir-faire afin d'animer des ateliers de développement au savoir-être et au vivre-ensemble dans les écoles. La fondation soutient et accompagne les projets d'associations ou de diverses personnes qui favorisent le développement d'aptitudes au savoir-être et au vivre-ensemble. [http://www.fondationseve.org/]

Gordon, des ateliers pour fournir aux parents des outils simples et efficaces pour mieux communiquer en famille. Ils donnent aux parents les moyens d'exercer une autorité juste. [http://www.ateliergordon.com/]

Faber et Mazlich, deux universitaires américaines qui ont développé une nouvelle approche de la communication entre adultes et enfants. Un regard bienveillant, basé sur l'écoute active, l'empathie, le respect mutuel pour mieux gérer les difficultés du quotidien. [https://auxeditionsduphare.com/rezoanimatrices/]

Catherine Dumonteil-Kremer, créatrice de la parentalité positive et de nouveaux schémas familiaux notamment par les ateliers « Mieux vivre ensemble ». Rédactrice en chef de *PEPS*, le magazine de la parentalité positive. Elle est auteure de dix ouvrages sur l'éducation respectueuse, dont *Élever son enfant… autrement.* [http://www.cdumonteilkremer.com/]

MBSR, Mindfulness-Based Stress Reduction, le nom d'une forme de méditation dont l'apprentissage a été formalisé, dans le cadre du soin, sous la forme de deux protocoles appelés MBSR, pour la réduction du stress et la régulation des émotions, et MBCT, pour le traitement de la rechute dépressive. On l'appelle aussi la « pleine conscience ». [https://www.association-mindfulness.org/]

Liste des Changemaker Schools identifiées par Ashoka :

À ce jour, Ashoka a sélectionné treize Changemaker Schools en France (sept du public et six du privé) dont voici la liste :

Living School – Paris 19 (75)

L'École du Colibri – La Roche-sur-Grane (26)
L'École des Bosquets – Épiais-Rhus (95)
Collège Clisthène – Bordeaux (33)
L'École la Marelle – Saint-Pantaly-d'Ans (24)
L'École du Blé en Herbe – Trébédan (22)
La Maison de l'enfant – Boulogne-Billancourt (92)
L'École Montessori du Morvan – Bard-Le-Régulier (21)
L'École Émile-Zola – Lorgues (83)
L'École publique de Tourouzelle – Tourouzelle (11)
Collège Frédéric-Mistral – Feyzin (69)
Collège Pierre-Faure – Chauffailles (71)
Collège-lycée expérimental Hérouville-Saint-Clair – Hérouville-Saint-Clair (14)

Remettre du sens dans nos activités :

Le leadership éthique, mouvement présenté dans ce livre [www.leadership-ethique.com].

Les Colibris est une association créée en 2007 sous l'impulsion de Pierre Rabhi. Les Colibris se mobilisent pour la construction d'une société écologique et humaine. L'association place le changement personnel au cœur de sa raison d'être, convaincue que la transformation de la société est totalement subordonnée au changement humain. Elle s'est donné pour mission d'inspirer, relier et soutenir les citoyens engagés dans une démarche de transition individuelle et collective. [https://www.colibris-lemouvement.org/]

Ashoka est une ONG internationale qui se donne trois missions. Repérer les innovations sociales à plus fort potentiel, à travers le monde. Faire dialoguer les acteurs complémentaires pour résoudre des problématiques sociétales. Détecter et accélérer les tendances et les modèles de demain qui émergent de ce réseau. Elle se mobilise pour soutenir les solutions entrepreneuriales qui ont le plus d'impacts dans divers domaines. [https://www.ashoka.org/fr]

L'économie sociale et solidaire (ESS) est un concept qui désigne l'ensemble des entreprises organisées sous forme de coopératives, associations, mutuelles ou fondations. Celles-ci partagent des activités fondées sur un principe de solidarité et d'utilité sociale. Elles adoptent des modes de gestion démocratiques et participatifs et encadrent strictement l'utilisation des bénéfices qu'elles réalisent. [https://www.economie.gouv.fr/cedef/economie-sociale-et-solidaire]

L'économie positive est une économie qui met en commun toutes les entités produisant des biens ou des services, marchands ou non marchands, d'une façon économiquement viable et utile pour les employés et clients mais aussi pour les générations futures. Elle a pour ambition de réorienter l'économie vers la prise en compte des générations futures. [http://positiveeconomy.co/fr/]

Le mouvement B Corp est une organisation qui détient une certification octroyée aux sociétés (ou compagnies) à but lucratif par l'ONG B Lab, un organisme sans but lucratif établi aux États-Unis, en Europe, en Amérique du Sud, au Canada, en Australie et en Nouvelle-Zélande. Elle se base sur une évaluation de l'impact sociétal et environnemental de la société plus poussée que la plupart des certifications. En date du mois de mars 2017, le mouvement B Corp compte 2 064 sociétés certifiées, issues de 131 secteurs d'industries et provenant de 51 pays. [http://bcorporation.eu/France]

Les Entrepreneurs d'avenir est une communauté de dirigeants engagés partageant une même vision de la société. Elle cherche à promouvoir un nouveau modèle pour l'entreprise et la société où la compétitivité doit se conjuguer avec le respect de l'individu, de son bien-être au travail, des normes éthiques, sociales et environnementales. Les entreprises d'avenir sont celles capables de générer un nouveau type de croissance fondé sur l'efficacité et la responsabilité, l'équité et la durabilité. Chaque événement s'appuie sur une grande thématique de société et cherche à interpeller les citoyens sur les enjeux essentiels. [http://www.entrepreneursdavenir.com/]

La responsabilité sociétale des entreprises (RSE) est un concept dans lequel les entreprises intègrent les préoccupations sociales, environnementales et économiques dans leurs activités et dans leurs interactions avec leurs parties prenantes sur une base volontaire. Elle permet d'évaluer et de proposer des solutions pour la contribution des entreprises aux enjeux actuels du développement durable. [https://www.ecologique-solidaire.gouv.fr/responsabilite-societale-des-entreprises]

Créatifs culturels est un mouvement socioculturel qui regroupe des individus partageant les mêmes valeurs qui sont « l'écologie, l'implication solidaire dans la société, le développement personnel et spirituel, la consommation responsable ». Les notions de vision globale et « intégrale » du monde sont aussi des bases importantes de ce groupe. [http://www.creatifculturel.com/]

L'économie bleue est un modèle économique conçu par Gunter Pauli, qui s'attache à des questions de régénération qui vont au-delà de la préservation ou de la conservation. Pour Pauli, l'objectif n'est pas de faire « moins » de déchets mais, en s'inspirant de la nature, d'arriver à « zéro déchet ». Il souhaite utiliser les avancées technologiques ainsi que de la créativité pour arriver à cette fin. Il se fonde notamment sur des principes de l'économie circulaire car il considère que les déchets sont dotés de valeur. [http://www.gunterpauli.com/]

L'économie circulaire s'inspire du fonctionnement des écosystèmes naturels. C'est un modèle qui repose sur la création de boucles de valeur positives à chaque utilisation ou réutilisation de la matière ou du produit avant destruction finale. Il met notamment l'accent sur de nouveaux modes de conception, production et consommation, le prolongement de la durée d'usage des produits, l'usage plutôt que la possession de biens, la réutilisation et le recyclage des composants. [http://www.institut-economie-circulaire.fr/]

Remerciements

Tout d'abord, je tiens à remercier la personne par qui tout a commencé, ma mère. Merci de m'avoir donné la vie et de m'en avoir fait découvrir une deuxième, plus profonde et plus riche, en m'ouvrant la voie du développement personnel.

Ma profonde reconnaissance va ensuite à Edel Gött, qui restera certainement la rencontre la plus déterminante de ma vie. C'est grâce à son accompagnement intègre et bienveillant et son enseignement d'une qualité exceptionnelle que j'ai pu déployer mon potentiel, trouver mon projet de vie et le réaliser, m'épanouir dans ma vie professionnelle comme personnelle. Edel, tu aimes danser la Vie et tu nous apprends si bien à la danser aussi... et à entraîner d'autres dans la danse. Merci d'être qui tu es.

Je salue au passage tous mes compagnons de route, ces pionniers qui déploient depuis des années le leadership éthique à leur niveau et dans leur secteur d'activité respectif : Véronique Chabernaud dans la santé et la vitalité, Nicolas Métro dans le développement rural grâce aux arbres, Eric Allmang dans l'efficacité énergétique et le multiservice, Cola Bonnan et Ayuko Yonemura dans l'art... suivis par bien d'autres. Merci de votre présence joyeuse et engagée, chers amis.

Je remercie également ceux qui ont cru dans mon projet dès la première heure et s'y sont investis en le parrainant, en le soutenant ou en y adhérant. Mon amie Caroline Arnaud. Pierre-André, mon frère qui, arrivé 17 ans après moi, a renforcé mon élan pour l'éducation. Nos trois parrains, Jean-Louis Servan-Schreiber, Patrick Viveret et André Giordan. Nos investisseurs par ordre d'apparition, mon frère Nicolas Sost, Thomas Friedberger, Antoine Marsot, Alexandre de Carvalho, Véronique Chabernaud, Nicolas Métro, Estelle et Stéphane Chambet-Weil, Romain Faure, François Badelon, Benjamin Patrice Magnard, Élodie Beaucent et Dino Bendiab. Mon père, qui au moment du lancement m'avait envoyé un beau chèque avec ce petit mot « petite aide pour grand projet ». Les tout premiers parents de Living School qui ont inscrits leurs enfants alors que je n'avais pas encore d'équipe pédagogique ou de locaux à leur montrer et tous les parents qui ont suivi.

C'est le cœur plein de gratitude que j'adresse mes remerciements à toute l'équipe de Living School, qui contribue tous les jours avec beaucoup de talent auprès des enfants, des parents et des professionnels de l'éducation. Ceux qui les connaissent savent combien ce sont des personnes investies, joyeuses, aimantes et professionnelles. Merci à Benjamin, Andrea, Élodie, Christine, Delphine, Mary, Anna, Annelaure, Lena, Antonin, Mika, Siva, Marie-Manita et Anette... Parmi toutes ces belles personnes, je tiens à remercier plus particulièrement les piliers de notre école : Anne-Sophie de Oliveira, directrice adjointe, Mauve Doyen, responsable extrascolaire et écocitoyenneté, et Julie Foubert, responsable anglophone. Ce sont des femmes inspirantes et des formatrices hors pair ! J'ai aussi une pensée pour les anciens membres de notre équipe, notamment Sophie et Adrienne avec qui tout a commencé et qui sèment à leur tour dans leurs propres structures – les Petits Trésors et Green Générations –, puis Fatouman, Alan, Christelle G. et Christelle C. qui ont grandement contribué.

Évidemment, je remercie tous les enfants dont j'ai croisé le chemin et qui m'ont tant appris. Merci à tous ceux qui ont accepté que je livre quelques anecdotes et qui ont apporté leurs témoignages précieux. Voir nos élèves – actuels comme anciens – épanouis, affirmés et heureux est un cadeau inestimable.

Merci à tous ceux et celles qui, formés par nous, font du « Living School » hors les murs, bien souvent dans des contextes difficiles (REP, ULIS...) et démultiplient auprès de leurs collègues : Marion, Blandine, Irène, Bruno, Camille, Avila, Véronique, Myrtille, Clémentine, Yasmine, Séverine, Valérie, Pascale, Marie, Anaïs et bien d'autres...

Merci à Roman Perrusset des Éditions Robert Laffont pour notre collaboration fructueuse.

Enfin, je remercie mon conjoint, Alex, qui est un merveilleux compagnon de route et qui m'a soutenue tout au long de la rédaction de cet ouvrage, et notre fille Mia, qui nous apporte tant de joie et me permet de mettre en application à la maison tout ce que j'enseigne à l'école.

Table

Composition et mise en pages
Nord Compo à Villeneuve-d'Ascq

Imprimé en France par CPI
en décembre 2017

N° d'édition : 56524/01
N° d'impression : 144666